Johannes Esser (Hrsg.)

Wege aus der Gewalt

Jahrbuch des Arbeitskreises FRIEDEN
in Forschung und Lehre an Fachhochschulen

LIT

Johannes Esser (Hrsg.)

Wege aus der Gewalt

LIT

Umschlagbild: Prof. Klaus Düwal, FH NON, Fachbereich Sozialwesen, Lüneburg

Die Deutsche Bibliothek – CIP-Einheitsaufnahme

Wege aus der Gewalt / Johannes Esser (Hrsg.). – Münster : LIT, 1998
(Jahrbuch des Arbeitskreises FRIEDEN in Forschung und Lehre
an Fachhochschulen)
ISBN 3-8258-3923-0

NE: GT

Dieckstr. 73 48145 Münster Tel. 0251–23 50 91 Fax 0251–23 19 72

INHALT

Vorwort des Herausgebers 7

GISELA ADAM-LAUER
Begrüßung zur Tagungseröffnung 9

Gewaltrealitäten und Subjektivität 11

DIETER VON KIETZELL
Biographische Zugänge zum Tagungsthema „Wege aus der Gewalt" 12

PETER KRAHULEC
Was bleibt vom Fulda Gap? – Ein Rückblick auf die Jahre,
als der Krieg kalt, unser Herz aber heiß war 18

Aspekte zur Minderung internationaler Gewaltprobleme 25

BARBARA DIETRICH
Tschad: Hirse, Schwarzes Gold und Menschenrechte 26

BARBARA MÜLLER
Aufgaben und Aktionen Dritter Parteien im Konfliktverlauf
am Beispiel des ehemaligen Jugoslawien - Überlegungen
zur Konzeptionsbildung 39

Verständigungsprozesse über Gewalt-Bedrohungen 52

WOLFGANG EHMKE
Castor-Transporte 53

CHRISTOPH BUTTERWEGGE
Standortnationalismus - Ausgrenzung und Gewalt im
Zeitalter der Globalisierung 61

Zukunftsweisende innergesellschaftliche Innovationen 88

HAGEN BERNDT
Ausbildung und Training von Friedensfachkräften 89

ROLAND GEITMANN
„Sozialgestaltung" als Bildungsauftrag 106

ANGELA MICKLEY
Mediation an Schulen - Gewaltäußerungen und soziale Strukturen 120

BERNHARD NOLZ
Gewinner? Verlierer? Egal! - Wege aus der Gewalt für Schülerinnen und Schüler 128

Zur Konstruktiven Gewalt- und Konfliktbearbeitung 142

KURT SÜDMERSEN
Gewaltfreier Widerstand und kreative - gewaltmindernde - Konfliktbearbeitung 143

GÜNTHER GUGEL
Konstruktive Konfliktbearbeitung in der Friedenserziehung 158

JOHANNES ESSER
Didaktische Strukturelemente zu einem offenen Curriculum „Zivile Konfliktbearbeitung" 171

FRANCO REST
Wege aus der Gewalt – Annäherungen an ein Thema auch für die Pflege 177

UWE KOCH
Das Instrument „Runder Tisch" als Kommunikationsmedium und Konfliktbearbeitungsinstanz der DDR-Opposition 1989/1990 195

HELMUT METZLER
Hilfe gegen Abwege in die Gewalt 209

TeilnehmerInnen und ReferentInnen 219

In eigener Sache
Die Jahrbücher des Arbeitskreises FRIEDEN in Forschung und Lehre an Fachhochschulen 222

Vorwort des Herausgebers

„Wege aus der Gewalt“ lautete das Thema zur 12. Jahrestagung, die der Arbeitskreis FRIEDEN in Forschung und Lehre an Fachhochschulen vom 18. bis 20. September 1997 in Lüneburg durchgeführt hat.

Die fachwissenschaftlichen Beiträge der Jahrestagung werden mit diesem Band veröffentlicht.

Für die Unterstützung der Jahrestagung ist insbesondere der Hochschulleitung und dem Fachbereich Sozialwesen der Fachhochschule Nordostniedersachen Lüneburg zu danken.

Die technischen Arbeiten bei der Manuskripterstellung hat Frau Sabine Kruse, Dipl.-Wirtschaftsinformatikerin, Fachbereich Sozialwesen, ausgeführt. Vielen Dank dafür.

Der Herausgeber bedankt sich im Auftrag des Arbeitskreises FRIEDEN bei den Autorinnen und Autoren des 9. Jahrbuchs für ihre Mitarbeit.

Zweifellos hat sich der Arbeitskreis FRIEDEN ein komplexes und schwieriges soziales und politisches Problemthema vorgenommen. Denn „Wege aus der Gewalt“ zu entwickeln, das ist schon in der theoretischen Auseinandersetzung richtungsweisend für die subjektiven, die institutionellen, die innergesellschaftlichen und die internationalen Lebensverhältnisse und Zukünfte. Und um für die unverzichtbaren „Wege aus der Gewalt“ Handlungskonzepte zu strukturieren, ist es erforderlich, vor allem die Eckpunkte zur Gewaltfreiheit mit den Essentials einer Kultur des Friedens zu integrieren.

Denn Wachstum in gewaltfreiem Bewußtsein, das eine fortgesetzte Aufklärung über unterschiedlichste gesellschaftliche Gewaltsituationen bedingt, ist auch als eine Investition einzustufen, die als tragende Säule Gewalt im Alltag vermindert und Konfliktfähigkeit, konstruktive Konfliktbearbeitung sowie eine breite institutionelle und lokale Gewaltprävention fördern kann.

Aber nicht nur das. Wachstum in gewaltfreiem Bewußtsein und Handeln initiiert aufgrund von sozialer und politischer Handlungskompetenz soziale bzw. politische Engagements gegen verborgene und öffentliche Gewalttätigkeit. Eine Gestaltungskompetenz und partizipative Verantwortungsübernahme ist hier mitbestimmend. Dem qualifizierten Zusammenleben von Menschen muß ein zentrales Leitinteresse gelten. Der zivilgesellschaftliche Boden einer Kultur des Friedens ist dabei im Blick zu behalten.

Denn persönliches, politisches, institutionelles, allgemeines Wachstum in gewaltfreiem Bewußtsein und Handeln stützt als entscheidende Schlüsselaufgabe ein Bündel von Friedensverantwortungen in der Zivilgesellschaft.

Lüneburg, im Juli 1998 Johanes Esser

Begrüßung zur Tagungseröffnung

GISELA ADAM-LAUER

Sehr geehrte Damen und Herren, liebe Kolleginnen und Kollegen, liebe Studierende,

als Prodekanin des Fachbereichs Sozialwesen der FH NON darf ich Sie ganz herzlich in unseren Räumen begrüßen.
Das Thema Ihres Treffens ist ein wichtiges und notwendiges. Es hat vielfältige Bezüge zu unseren Lehrinhalten und zur Praxis sozialer Arbeit, für die wir qualifizieren wollen.

Als Lehrende an diesem Fachbereich und als AnleiterInnen von Projekt- und JahrespraktikantInnen in Bereichen der Sozialarbeit/Sozialpädagogik, manchmal leider auch im internen Miteinander, haben wir uns oft mit den Problemen auseinanderzusetzen, die Sie in Ihren verschiedenen Tagungen thematisiert und bearbeitet haben. Wir sehen und reagieren häufig bestürzt - und ich verkenne nicht, manchmal auch mit emotionalem Zorn - auf Gewalt und Mißbrauch direkter wie struktureller Art, auf Vernachlässigung, Mißachtung, Diskriminierung und Ausgrenzung.

Wir haben in den vergangenen Jahren eine Reihe neuer Erkenntnisse, Theorien und auch Hypothesen zur Erklärung und zum Verständnis destruktiver Verhaltensweisen und ihrer Verursachungen entwickelt. Und dennoch bleibt häufig die Feststellung, daß dieses Wissen uns noch lange nicht in die Lage versetzt, diesen Erkenntnissen gemäß zu handeln bzw. - wenn wir denn handeln - auch "effektiv" im Sinne des Bewirkens von deutlich sichtbaren Veränderungen zu sein.

Das darf uns nicht demotivieren. Soziale und sozialpolitische Arbeit bewegt sich nun einmal in Praxisfeldern, in denen sich die vielfältigen Nöte, Probleme und eingefahrenen Verhaltensmuster von einzelnen Menschen, Gruppen von Menschen und manchmal ganzen Gesellschaften widerspiegeln, mit denen wir uns auseinandersetzen müssen: in der theoretischen Analyse ebenso wie im praktischen Handeln. Und um festgefahrene Strukturen und Verhaltensweisen zu verändern bedarf es der Geduld, des immer-wieder-Versuchens und des

immer-wieder-Modifizierens von Erklärungsansätzen, die handelnd nicht zum Erfolg führen.
Für das Verständnis und das Entwickeln von Wegen aus der Gewalt ist auch die Vernetzung von unterschiedlichen Fachdisziplinen Voraussetzung. Diese Herausforderung haben Sie - wie die Zusammensetzung des Arbeitskreises zeigt - aufgegriffen. Lassen Sie mich an dieser Stelle darum bitten, über dem notwendigen Prozeß des interdisziplinären Nachdenkens die Notwendigkeit des Handelns nicht aus den Augen zu verlieren.

Ich bin gespannt auf die Ergebnisse Ihrer Beratungen. Der Kollege und Vorgänger im Amt, Johannes Esser, wird sicherlich berichten. Ihm möchte ich für Organisation und Planung danken. Und Ihnen allen wünsche ich einen interessanten und erfolgreichen Verlauf der Tagung.

Gewaltrealitäten und Subjektivität

Biographische Zugänge zum Tagungsthema „Wege aus der Gewalt“

DIETER VON KIETZELL

Naheliegend war es in einem doppelten Sinn, die Lüneburger Tagung des Arbeitskreises FRIEDEN in Forschung und Lehre an Fachhochschulen 1997 mit Besuchen und Gesprächen im Landkreis Lüchow-Dannenberg zu verbinden. Diese abgelegene Region hatte im Frühjahr vorher wegen der Castor-Transporte, des gewaltigen Aufgebotes an Polizei und des vielfältigen, überwiegend gewaltfreien Widerstandes dagegen politische Aufmerksamkeit erregt. Seit über zwanzig Jahren wehrt sich dieses Gebiet, zur Müllhalde der Atomwirtschaft zu werden.

Naheliegend war diese Fahrt aber nicht nur, weil der Tagungsort Lüneburg dicht am Geschehen liegt, und die Erregung dieser Region deutlich zu spüren gewesen ist (vgl. Esser 1997: „Castor kommt! Schule findet nicht statt!“). Die Besuche und Gespräche vor Ort des Konflikts lagen nahe, weil wir es bei den Treffen des Arbeitskreises in den letzten Jahren immer so gehalten hatten, daß wir reale oder symbolische Stätten aufgesucht haben, wo „Wege aus der Gewalt“ gegangen werden oder in jüngster Vergangenheit gegangen wurden.

Unsere Anwesenheit an solchen Orten ist Ausdruck unseres Selbstverständnisses als Hochschullehrer, die das Thema Frieden vermitteln: Am Ort Hochschule können wir in Forschung und Lehre den Wegen aus der Gewalt nach - denken und sie dabei auch weiter - denken, aber wir können sie uns nicht ausdenken, wir können sie nicht erfinden, wir nehmen darauf Bezug, daß es in der gesellschaftlichen Realität nicht nur Gewalt, sondern auch Verweigerung und Widerstand und Alternativen zur Gewalt gegeben hat und weiterhin gibt.

Bei der Jahrestagung in Hamburg zum Beispiel waren wir in der Hafenstraße und haben uns von Günter Zint über den dortigen Widerstand der Bewohner gegen ihre Verplanung informieren lassen. In Potsdam haben wir über Frieden in einer ehemaligen Kaserne gearbeitet, die von der deutschen Wehrmacht und von der russischen Armee benutzt worden war. In Kassel haben wir an jenem heute unter Büschen verborgenen Denkmal eines Mannes gestanden, der sich geweigert hatte, als Soldat zu „dienen" und haben uns über die Kämpfe berichten lassen, die in einer Garnisonstadt erforderlich waren, um eine solche Figur aufzustellen, um nur einige Beispiele in Erinnerung zu rufen. In den Vorworten der Jahrbücher sind diese Ortsbesichtigungen festgehalten, sie waren immer etwas anderes als ein kulturelles Rahmenprogramm, sie waren integrierter Bestandteil unserer Arbeit, die wahrnehmend nachspürt und kritisch reflexiv begleitet, was an Engagement für den Frieden außerhalb der Hochschule geschieht.

Bei der Lüneburger Jahrestagung haben wir am 2. Tag in Gorleben an dieser mit herkömmlichem Beton und Stacheldraht und mit modernster elektronischer Technologie gesicherten Anlage gestanden, in der die abgebrannten Brennelemente lagern, deren Gefährlichkeit im Detail strittig, insgesamt aber eindeutig erwiesen ist. Nachdem Eisenbahntransporte von atomarem Restmaterial aus Deutschland nach Osteuropa in einer diplomatisch peinlichen Aktion zurückgenommen werden mußten, nachdem man von Verschiffung atomarer Rückständen nach Albanien nun Abstand nimmt und auch Pläne, den Müll im Südpazifik zu versenken, aufgegeben wurden, werden die derzeit nicht mehr verwertbaren Rückstände zur „Zwischenlagerung" nach Gorleben gebracht. Die Endlagerung dort wird noch erforscht.

Der Widerstand des überwiegenden Teils der Bevölkerung markiert einen Konflikt, der für die Analyse von Gewaltstrukturen beispielhaft ist: Die Gewaltförmigkeit der derzeitigen Energiewirtschaft und -politik wird erst an ihren Enden direkt als solche erkennbar. Der Energieverbrauch wird dem Konsumenten, der in Deutschland zu 21% Kernenergie verwendet, nicht als Gewalt erfahrbar, ebensowenig wie die Kernforschung oder eine Energiepolitik, die die Atomwirtschaft hoch subventioniert. Am Ende des Energieverbrauchs aber, da also, wo der nicht mehr verwertbare Müll aufbewahrt werden muß, wird Gewalt sinnlich erfahrbar: In dem für eine Demokratie kaum faßbaren Polizeiaufgebot, in dem Haß, der sich in dort lebenden Jugendlichen aufstaut, in den permanenten Überwachungsmaßnahmen gegen die Protestinitiativen, insgesamt in der Daueranwesenheit eines staatlichen Kontrollapparates, der die Privatsphäre durchdringt und Bürgerrechte obsolet macht. An diesem Endpunkt der Energiewirtschaft und -politik materialisiert sich Gewalt, wird in den Sperren und insbesondere im Einsatz der Polizeikräfte körperlich.

Hier muß der Widerstand gegen diese Gewaltstruktur mit Einsatz der Körper ausgetragen werden. Menschen legen sich „x-tausendmal quer", wie es in dem Aufruf hieß, ketten sich an Zugänge, hängen sich in die Bäume der Zufahrtsstraßen für den Castor-Transport.

Wenn der Castor rollt, dann halten ihn keine Konzepte und wissenschaftlichen Abhandlungen mehr auf, dann ist das Denken und Schreiben, das Diskutieren und Entwickeln von Alternativen an ein Ende gekommen. Dann muß der Gewalt direkt, also körperlich widerstanden werden.

Zur Vorbereitung auf die Besuche und Gespräche in der Region haben wir am Tag vorher zu Beginn unserer Konferenz einen „biographischen Zugang" genommen. Wir Fachhochschullehrer und -lehrerinnen, deren Profession darin liegt, Gewalt und Auswege aus der Gewalt denkend zu bearbeiten, haben uns in einem ersten Schritt erinnernd gefragt, an welchen Orten wir im Laufe unseres Lebens „Wege aus der Gewalt" (mit-) gegangen sind. Wann waren wir körperlich beteiligt, als es darum ging, der Gewalt zu widerstehen? Wer erinnert sich an Straßen, durch die ein Protest getragen wurde, an Parolen, an Lieder? Wer kann Empfindungen vergegenwärtigen, als er bzw. sie den Apparaten der Macht direkt gegenüberstand?

Nach einer Weile des Nachdenkens fingen Kollegen und Kolleginnen an zu erzählen. Es waren unterschiedliche Situationen, es waren auch unterschiedliche „Wege aus der Gewalt". Es waren, wie konnte es anders sein, wenn Körpererfahrungen geschildert werden, sehr persönliche Wege, die darum hier nicht nacherzählt werden können.

Im Abstand betrachtet lassen sich drei Richtungen ausmachen, in die „Wege aus der Gewalt" verlaufen. Es sind die drei Richtungen, die auch im weiteren Verlauf der Tagung durch konzeptionelle Überlegungen bestätigt und analysiert wurden.

- Ein Weg aus der Gewalt wurde berichtet als Verweigerung, sich weiterhin am Vollzug der Gewalt zu beteiligen. Kollegen berichteten, wie sie beauftragt wurden, etwas durchzuführen, was ihnen als indirekte oder direkte Gewalt einsichtig wurde. Sie konnten sich an Orte erinnern, an Gegenüber, denen sie ihr „Nein" entgegnet haben. Ihnen wurden die Einschüchterungsversuche wieder präsent, die Argumente, mit denen an ihre „Vernunft" oder an ihren eigenen Vorteil appelliert wurde, die Überraschung, die ihr Nicht-mehr-mitmachen ausgelöst hat. Als derartige Verweigerung kann man auch den Auszug aus einer Sitzung, das Niederlegen von Ämtern, die Rückgabe von Ehrungen ansehen, von denen berichtet wurde.

- Ein anderer Weg aus der Gewalt wurde erinnert als der körperliche Widerstand gegen Gewalt, sei es in Form einer Blockade oder eines Demonstrationszuges, mit dem Widerstand öffentlich gemacht wurde. Symbolische Blockaden und der Versuch realer Absperrungen gingen ineinander über. Derartiger Widerstand gegen Gewalt definierte sich selbst als „gewaltfrei", und zwar nicht in der Ausübung politischer ober direkter Machtmittel, jedenfalls aber in dem eindeutigen Verzicht auf Menschen verletzende Gewalt.

- Ein dritter Weg aus der Gewalt wurde berichtet, der nicht als eine Aktion zu einem bestimmten Termin oder Ort angelegt ist, sondern als längerfristiger Versuch, in der eigenen Lebensweise die Ausübung von Gewalt zu reduzieren und sich selbst zu sensibilisieren für die Anwendung von Gewalt gegen andere Menschen, gegen sich selbst oder gegen die natürliche Mitwelt. Auch dies ist ein Bemühen, sich an der Gewaltausübung nicht mehr zu beteiligen, aber anders als beim zuerst genannten Ausweg nicht als terminierte Verweigerung, sondern als eine die gesamte Lebensführung bestimmende Grundhaltung.

In einem zweiten Schritt haben wir uns erinnernd überlegt, was uns damals und was uns heute diese Aktionen bedeutet haben. Biographiearbeit nach Schütze (1981) kennt die beiden Phasen: In der ersten Phase wird wieder hervorgeholt, was sich in der Lebensgeschichte faktisch ereignet hat. Dabei geht es insbesondere darum, was Menschen real, also unter Einsatz ihrer Körper, getan haben. Erst in der zweiten Phase geht es um die Deutungsmuster und Interpretationen, die sie ihrem Tun beimessen. Derartige Deutungen lassen sich, so Schütze 1981, Kohli 1981 erst dann verstehen, wenn sie im Zusammenhang der realen Tatsachen ermessen werden.

Handeln, mit dem wir uns Erwartungen widersetzt haben oder sogar in einen offenen Konflikt treten, und Verhaltensweisen, mit denen wir von vorher gelebten, üblichen Mustern abweichen, haben für unsere Selbstinterpretation hohe Bedeutung. Wir stehen dabei nicht nur nach außen, sondern auch vor uns selbst unter erheblichem Legitimationsdruck. Andererseits sind es Augenblicke intensiven Ich-Bewußtseins. Noch in der Erinnerung entsteht der Eindruck, daß wir im Widerstehen gegen Gewalt am richtigen Ort, zur richtigen Zeit präsent gewesen sind. Es klingt bis heute Stolz an: Es hat Situationen in meinem Lebensverlauf gegeben, da war ich dort, wo ich falsche Entwicklungen aufhalten konnte und Richtige zum richtigen Zeitpunkt getan habe.
Die Distanz, aus der heute im biographischen Zugang derartige Situationen erinnert werden, hat für kritisches Bewußtsein eine wichtige Funktion: Aus biographischen Erzählungen von rechtsextremistischen Jugendlichen wissen wir, welche identitätsstiftende Bedeutung die Tatsache des Widerstandes haben kann. Die Erinnerung an frühere Taten des Widerstandes kann zu einem verklärenden Ersatz für heute notwendiges Tun werden. Deshalb bedurfte dieser Schritt des biographischen Zugangs der kritischen Frage: Wie reflektieren wir heute die Deutung solchen Verhaltens? Und wie können wir solches Verhalten heute so formulieren, daß es nicht nur in den Worten der je subjektiven Erinnerung, sondern im wissenschaftlichen Diskurs kommunizierbar wird (vgl. Holzkamp 1997)?

Was kann mit dem biographischen Zugang erreicht werden, zumal wenn er nicht Arbeitsform einer längeren Tagung, sondern nur als Einstieg in eine Tagungsthematik eingesetzt wird?

- Dieser Zugang kann sensibilisieren für die direkte körperliche Dimension des Widerstandes gegen Gewalt, deren Risiken und erforderlichen persönlichen Fähigkeiten. Erinnern im eigenen Erleben kann das Verstehen dafür eröffnen, welche persönlicheVoraussetzungen erforderlich sind, um Wege aus der Gewalt zu wagen.

- Dieser Zugang kann die Aufmerksamkeit auf situationsbezogene Details lenken, auf die es bei den Wegen aus der Gewalt ankommt. Das denkende Ordnen achtet auf generelle Merkmale, auf das jeweils Typische. Es reduziert die Komplexität des Handelns auf das, was als wesentlich angesehen wird.

Im biographischen Erinnern sind es Kleinigkeiten, der jeweiligen Situation gemäße Reaktionsweisen, die dazu führen, daß ein Verhalten zu dem genau treffenden Widerstand, zu dem überraschenden Ausweg aus der Gewalt wurde.

Der biographische Zugang ist für einen fachlichen Diskurs von Lehrenden zum Thema Frieden an Fachhochschulen von Belang. Denn Friedensforschung und Friedenslehre sollen dafür qualifizieren, Wege aus der Gewalt nicht nur zu denken, sondern zu gehen.Das aber setzt voraus, daß die Lehrenden ihre eigene Qualifizierung dazu erinnernd reflektieren.

Literatur

Ehmke, Wolfgang und Marianne Fritzen 1996: „Die Gewaltfreiheit ist das Credo...“. In: gewaltfreie aktion, Nr. 108 - 110, S. 42 – 55.

Esser, Johannes 1997: Castor kommt! Schule findet nicht statt! In: SOZIAL EXTRA, Nr.3, S. 14 – 15.

Holzkamp, Klaus 1997: Schriften I: Normierung Ausgrenzung Widerstand, Hamburg.

Kohli, M. 1981: Wie es zur „biographischen Methode“ kam und was daraus geworden ist. Ein Kapitel aus der Sozialforschung. In: Zeitschrift für Soziologie, H. 3, S. 273 – 293.

May, Michael 1997: Politische Bildung, Körper, Bewegung. In: Hafeneger, Benno (Hrsg.): Handbuch politische Jugendbildung, S. 280 – 301.

Schütze, Fritz 1981: Prozeßstrukturen des Lebensablaufs. In: Matthes, Joachim u.a. (Hrsg.): Biographie in handlungswissenschaftlicher Perspektive, Nürnberg, S. 124 - 160.

Was bleibt vom Fulda Gap? - Ein Rückblick auf die Jahre, als der Krieg kalt, unser Herz aber heiß war[1]

PETER KRAHULEC

Vom „biographischen Zugang“ hat Dieter von Kietzell im hinführenden Kapitel dieses Sammelbandes gesprochen und den „Augenblicken intensiven Ich-Bewußtseins“, in denen wir FachhochschullehrerInnen uns der genuinen Selbstverpflichtung unseres Faches innewerden, „Gewalt und Auswege aus der Gewalt denkend zu bearbeiten“.

Vergegenwärtige ich mir, der ich die Mehrheit meiner Berufsjahre an der FH Fulda verbracht habe, Situationen und Orte, an denen ich „den Apparaten der Macht direkt gegenüberstand“, wie der Hannoveraner Kollege ausführt, dann sehe ich mich - trotz Startbahn West und Gorleben und alledem - in den Bergen und Wäldern meiner zweiten Heimat Rhön, Vogelsberg und Spessart unterwegs - im damals so benannten und bekannten Fulda Gap"; und ganz besonders am exemplarischen Ort „Point Alpha“, dem vorgeschobensten Posten der US-Army im „Osten des Westen“ just gegenüber dem vorgeschobensten Posten der NVA im „Westen des Osten“. „Die deutschen Kinder“, die ich sah, hatte mich der BBC-Journalist Nigel Calder, einer meiner frühen Gewährsleute, alarmiert, „waren liebevoll gegen jede materielle Not abgeschirmt und gegen jede Krankheit geimpft, und dennoch wuchsen sie an dem gefährlichsten Ort der Erde auf. Wenn der nukleare Vulkan ausbricht, wird das umfangreiche Arsenal schlagkräftiger Waffen auf beiden Seiten ihr Vaterland rasch in eine radioaktive Wüste verwandeln.“[2] „Was lokal wird, wird real“, mit dieser Maxime antwortete ich als Pädagoge mit einer als Aufklärung und Widerstand gemeinten Spurensuche zu einer „antimilitaristischen Heimatkunde“.[3]

1. Vorbei und vergessen - auch eine Fußnote der Weltgeschichte ?

Nun: „Das Fulda Gap scheint noch immer für die Amerikaner ein interessantes Thema zu sein“, schrieb unser Heimatblatt, die „Fuldaer Zeitung“ am 16. Januar 1997 und berichtete vom Besuch Joel Garreaus, einem hoch angesehenen

---

[1] Ich verstehe diesen Beitrag als eine kleine Hommage auf Dieter von Kietzell, der mir in diesen Jahren bis heute mit Rat und freundschaftlichen Anregungen zur Seite stand.

Journalisten der „Washington Post“. Am Rasdorfer Point Alpha und anderswo interviewte er Offizielle (fast durchweg der konservativen Mehrheitspartei Angehörige), wie „die Menschen direkt an der Grenze die Bedrohung des Kalten Krieges empfunden haben“. Was er da gehört haben mag, kann durchaus dazu angetan gewesen sein, den von retournierten GIs „back to the world“ (so nennt der universal soldier seine US-Heimat) verbreiteten Eindruck nicht zu stören: „Fulda was magic, it was our home“ (ebenda). Aber ob es auch mehr als nur die Hälfte der Wahrheit (gewesen) sein mag?

Auf der anderen Hälfte der Wahrheit recherchierte 1997 mal wieder Helmut Kopetzky, Fulda-Berliner SFB-Redakteur und Buchautor, der u.a. 1983 das preisgekrönte Funkfeature „Fulda Gap - Ein Schlachtfeld wird besichtigt“ über alle bundesdeutschen Sender brachte. Mitten im bunten Ikarus-Treiben eines Drachenfestes hielt er mir im Mai 97 am Fuldaer Sickels Airfield das Mikrofon hin - an jenem Ort, den wir seinerzeit als „Startbahn Ost“ skandalisierten. Für mich ein Anlaß, reflektierend zu resümieren: Was bleibt nach 15 Jahren - einer knappen Generation - von jenem „Menschenbeben“[4] (Robert Jungk) auf dem „integrierten Schlachtfeld“ mit „conventional-nuclear operations“, dem „Zebra-packet“ mit 141 Atombomben auf Osthessen zu angeblichen „Verteidigungszwecken“ und Sprengkammern mit „atomic demolition munition“ oder auch „nur“ mit TNT allerorten und vor jeder Haustür ?

2. Sechs Postulate

Sechs Postulate bleiben mir „Veteranen der Friedensbewegung“ und überdauern auch als berufliche Herausforderung in den ganz anders sensibilisierten neunziger Jahren und darüber hinaus.

1. Wer sich ein wenig unterhalb der Oberfläche mit den Plan- (ausgeheckt in Fort Leavenworth / Texas) und Manöverkriegsspielen im NATO-Park Rhön, Vogelsberg und Spessart beschäftigt und über den „Schrecken“ im „Gleichgewicht“ der bipolaren Machtstruktur nachgedacht hat, für den hat sich der von Eisenhower so genannte „militärisch-industrielle Komplex“ als „organisierte Friedlosigkeit“ (Senghaas) in toto diskriminiert. Und er wird nach der Organisierung von Friedensfähigkeit mittels gewaltärmerer Einmischung suchen.

2. Die „Mit-TäterInnen" und „Mit-WisserInnen" jener „Tödlichen Utopie der Sicherheit" (Erhard Eppler, Rowohlt 1983) haben Namen und Adresse. Manche zeigten Einsicht, ja „tätige Reue" (wie es in unserem Land des Katholizismus heißt). Im Großen seinerzeit schon die Präsidentenberater Daniel Elsberg und Roger Molander unvergessen, jüngst erst Ex-US-Kriegsminister Robert McNamara. In unserer kleinen Lebenswelt etwa die Bürgermeister Klee aus Schlitz und Rosenkranz aus Grebenau, die sich ab einem gewissen Punkt mit an die Spitze der lokalen Friedensbewegung setzten und dem Gelände heischenden Militär jegliche Kooperation verweigerten[5] . Doch es waren wenige, viel zu wenige. „Wer" also wußte „was"? Von der „Organisation der Kreise und kreisangehörigen Gemeinden im Verteidigungsfall" (Kommunale Gemeinschaftsstelle für Verwaltungsvereinfachung, Bericht Nr.9/1983) über die Bereithaltung von Lebensmittelkarten für den „V-Fall" (s. etwa Muster des vorauseilenden Gehorsams aus Baden-Württernberg) bis hin zu konkreten Stationierungsfragen in Depots (z.B. Atomlandminen in Bimbach) und Kasernen (z.B. die chemische Kampfeinheit 19/S4 in den Fuldaer Downs Barracks)? Was hat er/sie dafür oder dagegen getan?
Spurensuche zu mangelnder Zivilcourage bleibt angesagt, damit nicht die Mitscherlichsche „Unfähigkeit zu trauern" gefolgt wird von einer neueren „Unfähigkeit zu fragen" im Abarbeiten einer unvermeidlichen „dritten deutschen Vergangenheit", will sagen: Nebst unserem Nachfragen an vorausgegangene Generationen zu ihrem Verhalten in Zeiten des NS-Regimes, aber auch zu Zeiten der SED-Herrschaft, werden wir selber uns Fragen der Nachgeborenen stellen müssen, und zwar zu unserem eigenen Tun und in Zeiten der Blockkonfrontation und des damit verbundenen Rüstungswahnsinns.

3. „Womit zusammenhängt" (wie die legendäre Überleitung in den erwähnten „Grundlagen kollektiven Verhaltens" Mitscherlichs 1969 hieß): Von „The First Battle of the Next War" (so der Titel eines Brettspiels zum Atomkrieg mit dem Handlungsmittelpunkt Fulda) bis zum „Schicksal der Erde" (Jonathan Schell , Piper 1982), der Unbewohnbarkeit der Biosphäre, sind Fixpunkte eines noch nicht definierten Menschheitsverbrechens sui generis. PädagogInnen stellt sich zumindest dessen Vermittlungsaufgabe

an die Nachgeborenen - auch sie „schuldlos Beladene“ (nach Ralph Giordano).

4. Doch es hinterbleibt auch Humanistisch-Optimistisches. Gehörten für uns Friedensbewegte schon in den Achtzigern Todesangst und Lebenslust zusammen, so sehen wir heute um so klarer: Mit der Gefahr wächst das Rettende! Meine Generation war in der Schulzeit der Adenauer-Jahre angetan und angespornt von Thornton Wilders Bühnenstück, das dem Ende des Zweiten Weltkrieges galt: „Wir sind noch einmal davon gekommen“ (By the Skin of our Teeth"). Echt rhönisch hat es 1989 (wenn auch in ganz anderem Zusammenhang) der Lokalschriftsteller Walter Heller treffend so formuliert: "Es hääd au nuch schlimmer könnd gewaärr'. Ohne Garantie für die orthographische Lautschrift will ich im Brustton der Überzeugung hinzufügen: woarlich woar!

5. Ich lasse mich damit auf einen gewagten Vergleich ein: Von den Holocaust-Überlebenden wird berichtet, daß sie ihr „zweites Leben“ als „geschenkte Zeit“ und als Verpflichtung zugleich sehen, Zeugnis abzulegen und den „Aufbau einer neuen Welt des Friedens und der Freiheit“ voranzutreiben (so heißt es etwa im Buchenwald-Schwur vom April 1945). Mit dem Risiko, ins falsche Pathos abzugleiten, borge ich mir solche Verpflichtung auch für uns „Überlebende“ des geplanten und auf Sieg hin gedachten Atomkrieges in Europa („Victory is possible“, Colin S. Gray in Foreign Policy 39/1980). Und welches „Leben aufs Neue“ wäre möglich! Mußten wir uns als PädagogInnen bislang mit Kriegsursachen und Kriegsverhütung befassen, so scheint mir in den von der unmittelbaren Umklammerung befreiten Neunzigern wirkliche Friedenspädagogik „begreifbar“ zu machen: Wie, wann und warum leben Menschen friedlich miteinander und mit der Natur? Und wann und warum tun sie es nicht? Der Gegenstand ist also derselbe geblieben, nur die „Seiten“ haben gewechselt, sozusagen von der kalten auf die beschienene Seite des Mondes!

6. Ja, und auch uns hat - trotz Kohlscher Stationierungspolitik - der „Mantel der Geschichte“ umweht. Ich hatte Gelegenheit, anläßlich eines Münsteraner Kolloquiums von Johan Galtung zu erfahren[6]: „In der Sowjetunion glaubte man nicht, jemals mit Amerika in einen militärischen

Konflikt zu kommen. Aber man glaubt kaum, welche Angst vor dem deutschen Revanchismus, etwa dem Geist der Vertriebenentreffen, in Moskau herrschte. Erst 1985 erschien dort ein Gutachten von Georg Arbatow, einem hochrangigen Westexperten (und Freund Galtungs). Es sagte aus, daß der Revanchismus in Deutschland keine ernsthafte Gefahr mehr ist, weil Brandts Ostpolitik und die Friedensbewegung von der Mehrheit der Bevölkerung getragen werde. Da ist die historische Entscheidung für Gorbatschows Linie gefallen. Ein Erfolg der Friedensbewegung (...)". Welch ein Kompliment! Ob eben diese Geschichte uns Osthessen mehr als nur einen „Knopfloch-Status" in ihrem Mantel bescheinigen wird?

3. ... und eine kollegiale Bestätigung

Diese Thesen hatte ich im Vorfeld unseres Lüneburger AK-Kolloquiums an einige KollegInnen zur Diskussion gesandt, nicht zuletzt wegen einer doppelten Unsicherheit: Ist es nicht anmaßend, einen Vergleich, wenn auch nur minimal, zum Holocaust mit einem "Überlebenden-Konzept" anzustrengen. Und daraus auch noch einen historisch bedeutsamen Moment herzuleiten („Mantel der Geschichte")?

Insbesondere Dieter von Kietzell von der Evangelischen Fachhochschule Hannover, ein langjähriger „Kommilitone" im guten und nachhaltigen Sinne, hat mir im Dezember 1997 ausführlich geantwortet. Ich zitiere ihn in seiner klaren, warmherzigen und weiterführenden Redeweise:

„Ja, nach einiger Zeit des Nachdenkens scheint mir der Vergleich der Menschen im Fulda-Gap mit den Holocaust-Überlebenden zu hoch gegriffen. Wer aus einem Todeslager herausgekommen ist, trägt die sinnliche Erfahrung zeitlebens mit sich, wie die Kameraden neben ihm der Mordmaschine zum Opfer gefallen sind, die Erfahrung der Zufälligkeit, selber verschont geblieben zu sein... Sicher, auch in der Rhön hätte es schlimmer kommen können, aber der atomare overkill ist keine sinnliche Erfahrung".

Gleichwohl empfindet auch er „geschenkte Zeit und Verpflichtung zugleich". Hinzu käme wohl gelegentlich „die Einsicht, daß die Ressource Lebenszeit nicht unerschöpflich ist und der Verweis im Selbstdialog auf das, was ich später alles noch machen will, langsam illusorisch wird. Ja, was habe ich denn mit der geschenkten Zeit gemacht?" Und der Kollege postuliert notabene: „Wir sind das, was unsere (hoffentlich reflektierte) Praxis ausweist".

„Aber wie kann Aufhebung der Verdrängung und Beschäftigung mit Geschichte im Nahbereich der möglichen Alltagserfahrung bewirkt werden? Wohl nicht durch das Ausmalen des Horrors. Was macht die Berichte von Zeitzeugen authentisch? Vielleicht dies, daß sie vom Alltag in der Situation der Gefährdung erzählen, von Angst und Widerstand und Zusammenhalten berichten. Ich erinnere, wie Du manchmal vom <Menschenbeben> erzählt hast, in dem Du mitten drin warst, von Wirtshausversammlungen, Aktionen vor Kasernen und Zäunen. Von <Lebenslust>, die aus der <Todesangst> erwächst. Die Erfahrung der Verläßlichkeit von Menschen, deren Gesichter man nie vergißt. Die Erfahrung, daß politische Solidarität eine sehr intensive Form von Freundschaft ist, ganz eigenartig, wichtig und sehr schön."

Und Dieter von Kietzell schlußfolgert sodann eine wichtige, auch didaktische These, die ich über das Private hinaus gerne fachöffentlicher vermitteln möchte: „Die Tausende von Sprengkraft, die da angehäuft waren, kann man sich nicht vorstellen; nicht die Inhalte der Depots und auch nicht die Kopfgeburten militärischer Planungsvernunft. Wenn wir davon heute erzählen, wird es so gehört wie die Schilderungen aus dem 30-jährigen Krieg. Vielleicht aber macht die heutigen Studenten nachdenklich, was an <Menschenbeben> wirklich geschehen ist. Ich finde es enorm wichtig zu berichten, was Menschen tun können und getan haben. Darin kommt mein Optimismus zum Ausdruck, daß ich am liebsten von den Potentialen der Menschen rede, von den kreativ Frieden schaffenden Potentialen und mich richtig verstanden fühle, wenn die Studenten mich gelegentlich einen Optimisten nennen."

Und ich fühle mich von Dieter von Kietzell richtig verstanden, wenn er konkordant schließt: „Es gibt Augenblicke, in denen sich die Lebensbedingungen tief verändern, und es ist unsere Verpflichtung, die darin liegende Herausforderung zu erkennen. Du hast so Recht mit Deinem Appell: Wir dürfen die Chance der geschichtlichen Gegenwart für eine <wirkliche Friedenspädagogik> nicht so wegdrängen, wie zur Raketenzeit von Vielen die Kriegsbedrohung weggedrängt wurde". Sic!

4. ... und eine zugewachsene Chance

Manche Orte behalten ihre Aura. Um die des „Point Alpha" kümmert sich seit jüngstem ein hessisch-thüringischer Förderverein, um eine „Mahn-, Gedenk- und Begegnungsstätte" an jenem Ort zu errichten, der „ein unvergleichlicher Zeitzeuge des Machtkampfes zweier politischer Systeme war und bleibt (wie es mittlerweile in einem Faltprospekt heißt). Ich habe meine Mitarbeit angeboten, um auch eine Bildungsstätte aus einem der ehemaligen „deutschen Vulkane" zu machen. Das Angebot wurde dankend angenommen. Ich werde ab dem Wintersemester ein entsprechendes FH-Projekt „vor Ort" anbieten. Ein kleiner Kreis könnte sich schließen.

Ich werde berichten.

Anmerkungen

[2] vgl.: Nigel Calder: Atomares Schlachtfeld Europa. Report über die Wahrscheinlichkeit eines Atomkrieges in den 80er Jahren. Hoffmann und Campe, Hamburg 1980, S.45

[3] Da, mit Brecht zu sprechen, „das Gedächtnis der Menschheit" kurz ist, empfehle ich gegebenenfalls zur nachholenden Lektüre mein Buch „Sieben Legenden über Hiroshima. Antworten aus der Geschichte, Fragen an die Gegenwart", Verlag Jugend und Politik, Reinheim 1986, ISBN 3-88203-114-X. Ich habe dort Strategien zur Führung von Atomkriegen (und den Widerstand dagegen) von Hiroshima bis Fulda beschrieben.

[4] vgl.: Robert Jungk: Menschenbeben. Der Aufstand gegen das Unerträgliche. C. Bertelsmann-Verlag, München 1983. Auf S. 158 "adelte" der Verehrte uns Regionalisten durch Zusammendenken in einem kulturellen "internet": „So wurde Larzac weithin zum Vorbild einer neuen Kultur des ländlichen Widerstandes (...) An vielen Brennpunkten des Protestes, am Vogelsberg und bei Gorleben, bei Wyhl und Mörfelden, am Kaspischen Meer und im Baskenland, bei Santa Fé und beim umkämpften Flughafen von Tokio sind solche Schulen der Erfahrung und der Hoffnung entstanden. In ihnen findet (...) Friedensarbeit nicht nur in Seminaren statt, sondern an der Basis der Bevölkerung, im Alltag und am Arbeitsplatz, im unüberschaubaren Feld der Kommunalpolitik".

[5] Zur Verdeutlichung s.u.a. meinen Aufsatz: Antimilitaristische Heimatkunde. Ein Beitrag zur Verträglichkeit von „Aktionslernen" und „institutioneller Bildungsarbeit"; in: Materialien zur Politischen Bildung 3/1985, S. 50ff; oder aber auch meine Würdigung des "Schlitzer Ftiedenskartells", in: "Sieg ist möglich!". Perspektiven einer Friedensarbeit auf dem Lande; in: Hillenbrand/Luner/Oelschlägel (Hg): Neue Soziale Bewegungen, Jahrbuch 2 der Gemeinwesenarbeit. SPAK-Verlag, München 1985, S.75ff. - Auch unserem AK-Kollegen Roland Geitmann gilt in diesem Zusammenhang ehrendes Angedenken für seine Zivilcourage im seinerzeitigen Bürgermeisteramt!

[6] Nachzulesen u.a. auch in: Päd extra, 11-12/1995, S.27

Aspekte zur Minderung internationaler Gewaltprobleme

Tschad: Hirse, Schwarzes Gold und Menschenrechte

BARBARA DIETRICH

Tschad, seit 1960 formal unabhängig, Land mitten in Afrika, Nachbar des Sudan, Libyens, Nigers, Nigerias, Kameruns, der Zentralafrikanischen Republik: also ohne eigenen Zugang zum Meer.

Der äußerste Norden mit fast 50% der Gesamtfläche des Tschad, etwa 2 1/2mal so groß wie Frankreich, ist Wüste, der mittlere Teil, der „Norden" genannt wird, ist Teil der semiariden Sahelzone. Im Süden - tropisches bzw. randtropisches Gebiet - (22, S. 488) konzentriert sich auf 25% der Gesamtfläche ca. 60% der insgesamt 6,4 Mio. Einwohner des Tschad (1995) (24, S. 705; 22, S. 490).
An Verkehrswegen besitzt der Tschad insgesamt ca. 250 km asphaltierte Straßen; im Süden gibt es wegen des Baumwollanbaus und der Vermarktung dieses Produkts ein regelmäßig gewartetes Pistennetz (22, S. 488).

Im Tschad leben, Resultat der kolonialen Grenzziehung, ca. 200 Ethnien. Es gibt 12 verschiedene Sprachgruppen mit mindestens 110 Sprachen und Dialekten. Französisch ist Amtssprache, seit 1982 auch arabisch (22, S. 489).

In der Sahelzone leben Angehörige islamisch-sunnitischen Glaubens, die, teilweise nomadisierend, Viehzucht und Handel betreiben. Im Süden leben dagegen christlich und animistisch orientierte Ethnien, die Ackerbau treiben (23, S. 579). Die Ethnie der seßhaften Sara dominiert im Süden (1 Mio.) und stellt bis heute die administrative Elite, wiewohl seit 1982 ein Muslim Präsident ist (22, S. 489; 21, S. 679f.).

Wirtschaftlich zählt der Tschad zu den ärmsten Ländern der Welt und ist als LDC (Least Developed Country) klassifiziert (Klassifikation nach UN-Kriterien, vgl. 18, S. 42; vgl. auch die ab 1992 modifiziert geltenden Kriterien in 19, S. 58f.). Als Indikatoren hierfür seien folgende genannt (Zahlen für 1995):

- Bevölkerungswachstum 1985 - 1995: durchschnittlich 2,5 % pro Jahr
- Kindersterblichkeit: 15,2% (24, S. 705)
- Schulbesuch der Kinder: 25%

- Analphabetenrate: 52%
- Zugang zu sauberem Trinkwasser: 1/3 der Bevölkerung (7, S. 1)
- Durchschnittseinkommen pro Kopf (1993) - 210 US $ jährlich (20, S. 6)
- Bruttosozialprodukt: 144 Mio. US $
- Auslandsverschuldung: 908 Mio. US $ (24, S. 705)

Importprodukte sind Industriegüter, Maschinen, Transportausrüstungen, Nahrungsmittel, Brennstoffe.
Exportgüter sind Baumwolle (mit 80% Anteil), Erdnüsse, Gummi Arabicum sowie Lebendvieh (24, S. 705).

Der Tschad besitzt bisher nicht erschlossene Bodenschätze: Uran, Gold, Zinn, Bauxit (21, S. 680) im äußersten Norden; in dem von Libyen ehemals besetzten Azouzou-Streifen (26, 178 f.; 25, 94 f.) sind es Wolfram, Zinn, Blei und Uran (22, S. 488f.), vor allem aber ist es Erdöl (dazu i.e. unten).

Der mehr als 30 Jahre dauernde Krieg und Bürgerkrieg und die Dürre der Jahre 1982 bis 1985, während der 80% des Viehbestandes zugrundeging, haben zu Migrationsbewegungen größeren Umfangs geführt (25, S. 95): von Norden noch Süden (ca. 500 000 Flüchtlinge), dort vor allem in die Städte und in andere Nachbarländer. Dort lebten tausende von Flüchtlingen in Lagern. Die Überschwemmungen durch die beiden großen Flüsse im Jahre 1988 hatte ca. 50 000 Personen obdachlos gemacht, die ebenfalls im Süden Zuflucht suchten. Dadurch verschob sich das Ungleichgewicht zwischen Norden und Süden erneut nach Süden mit der Folge, daß die ohnehin unzulänglich entwickelte Infrastruktur, hier z.B. im Hinblick auf Gesundheits- und Wohnungsversorgung, Ausbildungs- und Transportmöglichkeiten, total überlastet wurde (22, S. 489; 21, S. 680)

Politisch wird der Tschad durch den im Jahre 1990 nach einem Militärputsch an die Macht gekommenen Idriss Déby regiert, der durch die Wahl vom Juli 1996 in seinem Amt bestätigt wurde. Allerdings wurden bei Durchführung der Präsidentschaftswahlen u.a. zwei aussichtsreiche Kandidaten gerichtlich von der Teilnahme ausgeschlossen, ein anderer Kandidat wurde inhaftiert und mußte seinen Wahlkampf vom Gefängnis aus führen (13, S. 1).

In der neuen Verfassung des Tschad vom März 1996 ist das Prinzip der Gewaltenteilung verankert. Der Katalog der Grundrechte enthält zugleich die Verpflichtung des Staates, diese zu achten und zu schützen. Willkürliche Verhaftungen sind verboten; es gilt die Unschuldsvermutung. Die Möglichkeit der Verteidigung wird ebenso garantiert wie der Anspruch des Einzelnen auf rechtliches Gehör. Auch Polizei und Gendarmerie werden zur Beachtung der Menschenrechte verpflichtet (13, S. 1f.).
Die Regierung des Tschad hat überdies die Allgemeine Erklärung der Menschenrechte der UN von 1948, die Banjul Charta der Menschenrechte und Rechte der Völker von 1981, das Übereinkommen gegen Folter von 1984 sowie andere internationale Übereinkommen zum Schutz der Menschenrechte unterzeichnet. Sie hat ferner durch Gesetz vom August 1994 eine nationale Menschenrechtskommission etabliert, welche die Regierung in Angelegenheiten der Menschenrechte, in Frauen- und Minderheitenfragen beraten soll (13, S. 2).

Diese rechtsstaatlich-liberalen Grundpositionen stehen jedoch nur auf dem Papier. Das von Déby bei Amtsantritt und in Abgrenzung zu seinem Vorgänger, dem seit 1982 diktatorisch herrschenden Oberst Hissène Habré abgegebene Versprechen der Demokratisierung von Staat und Gesellschaft, wurde nicht umgesetzt (20, S. 4ff.). Vertreter von tschadischen Menschenrechtsorganisationen, amnesty international sowie MitarbeiterInnen von Eirene und anderen Organisationen berichten detailliert und kontinuierlich von

- willkürlichen Verhaftungen
- Langzeitinhaftierung ohne Anklage bzw. Gerichtsverfahren
- Isolationshaft
- Verschwinden von Personen
- Überfällen auf Häuser, Wohnungen oder ganze Dörfer
- Morddrohungen
- außergerichtlichen und öffentlichen Hinrichtungen
- Vergewaltigung und Mißhandlung von Frauen seitens der Sicherheitskräfte,

von einer Zunahme unterschiedlicher Erscheinungsformen von Gewalt also, bei der die Täter unverfolgt und unbestraft bleiben (20, S. 5; 15; 8, S. 3f.; 12, S. 1).

Einen vorläufigen Höhepunkt erreichte die Gewaltspirale Ende 1996, als der Generaldirektor der Gendarmerie mit Unterstützung des Präsidenten Déby anordnete, Taschendiebe, die auf frischer Tat ertappt werden, sofort zu erschießen, ein Befehl, dem Anfang 1997 seitens Polizei und Militär in zahlreichen Fällen Folge geleistet wurde (17, S. 1; 7, S. 2; 24, S. 706).

Demgegenüber sind im Tschad aktive dynamische zivilgesellschaftliche Organisationen entstanden, die sich für mehr Demokratie, für Menschenrechte und Umwelt einsetzen und die z.B. eine gewisse Pressefreiheit erkämpft und auch bewahrt haben (2, S. 4; 20, S. 7).

Die Ursachen für die gravierende Mißachtung der Menschenrechte sind vielfältig. Sie resultieren z.B. aus der kolonialen Vergangenheit, aus krassen ökonomischen und politischen Disparitäten. Nicht zuletzt aber sind die Ende der 80iger Jahre entdeckten Ölvorkommen im Umfang von ca. 930 Mio. to Grund für eine weitere Zunahme von massiven Verstößen gegen die Menschenrechte (2, S. 1; 3, S. 63).
Die Ölfelder, deren Ausbeutung anvisiert wird, liegen im Tschad-See (Sidigui) und im Doba-Becken im südlichen Tschad (Miandoum, Bolobo, Komé) (1, S. 3; 6, S. 1).
Ein Konsortium von Esso (Exxon; 40%), Shell (40%) und elf aquitaine (20%) (2, S. 3) bereitet auf der Grundlage eines Vertrages mit der Regierung des Tschad vom Februar 1995 die Ölförderung vor. Die Vorkommen sollen mit 300 Bohrbrunnen erschlossen und ab dem Jahr 2001 täglich 225 000 barrel gefördert werden (2, S. 2; 5, S. 1). Der Abtransport des Öls wird mittels einer neuen unterirdisch geplanten Pipeline erfolgen, die 170 km durch tschadisches, knapp 1000 km durch kamerunisches Territorium geführt werden soll. Sie geht mitten durch das Siedlungsgebiet von Pygmäen und endet in Kribi, einer kamerunischen Hafenstadt, die von Naturschutzgebiet umgeben ist (14, S. 6ff.; 2, S. 9). Dort wird das Öl zum Weitertransport auf Schiffe verladen (3, S. 63).

Die Mitbenutzung der bereits vorhandenen Pipeline nach Limbé, die ausschließlich durch anglophones kamerunisches Gebiet führt, wurde von elf aquitaine abgelehnt, weil die neue Pipeline ausschließlich durch den frankophonen Teil Kameruns geführt und damit gleichzeitig dem französischen

Militär ein rascher Zugangsweg zum Tschad für den Fall künftig notwendiger Kriseninterventionen eröffnet werden soll (2, S. 9; 6, S. 1).

Nachdem Vorbereitungsarbeiten für die Ölförderung bereits begonnen haben, wird nun die Weiterführung des mindestens 3,5 Mrd. US $ teuren Projekts seitens des Konsortiums von der externen Mitfinanzierung durch die Weltbank und ihre Tochtergesellschaften IDA (International Development Agency) und IFC (International Finance Corporation) abhängig gemacht (5, S. 1; 6, S. 1). Dabei wollen sich die Ölgesellschaften den Ruf der Weltbank, nur ethisch integre Projekte zu fördern, zunutze machen (3, S. 1).

Die Probleme, die mit der Erdölförderung im Tschad einhergehen, sind immens: Nicht umsonst wird in der Diskussion immer wieder auf die Probleme in Nigeria verwiesen, die - durch die Erdölausbeutung der Shell-Gesellschaft hervorgerufen - erst durch den Widerstand der im Niger-Delta lebenden Ogoni öffentliche Aufmerksamkeit fanden (1, S. 4; 27, insb. S. 34 ff.).

Das Doba-Becken, als Zentrum der Ölförderung vorgesehen, ist das fruchtbarste Gebiet im Tschad. Hier wird der größte Teil der Nahrungsmittel, vor allem Hirse, Sorghum, Maniok, Süßkartoffeln produziert, ebenso wie Baumwolle, das wichtigste Exportprodukt (1, S. 2; 5; 21, S. 680).

Landwegnahmen für die Herstellung der erforderlichen Infrastruktur haben bereits begonnen. Aus den Fördergebieten werden mindestens 1500 Familien vertrieben. Weitaus mehr werden es sein, die der projektierten Pipeline weichen müssen. Damit einher geht die Zerstörung von Häusern, Bäumen, fruchtbaren Feldern, also die Gefährdung der ausreichenden Versorgung mit Nahrungsmitteln (5, S. 2; 10, S. 2). Die geleistete Entschädigung hat lediglich Symbolwert. Sie stellt die zuvor vorhandenen Reproduktionsmöglichkeiten für die Betroffenen auch nicht annähernd wieder her (2, S. 6ff.; 3, S. 63; 10, S. 2). Experten gehen überdies davon aus, daß, auch bei Einsatz modernster Technik, Öl in den Boden sickern wird und Grundwasser wie Flüsse im Umfeld der Pipeline kontaminiert werden. Daß die Pipeline unterirdisch verlegt wird, erschwert zudem Reparaturen, die angesichts erhöhter Korrosionsgefahren um so notwendiger sein werden (2, S. 9 f.).

Nicht zuletzt aber birgt das Ölprojekt auch politische Gefahren: Zum einen wurde es ohne Information und Einbeziehung der betroffenen Bevölkerung konzipiert und vorbereitet (3, S. 64; 4, S. 18 f.; 7, S. 2); zum anderen gibt es in verschiedenen Landesteilen einen bewaffneten Widerstand, z.B. die in der Doba-Region operierende Rebellenbewegung, die einen föderativen Staatsaufbau zu ihrem Hauptziel erklärt hat. Ein zusätzlicher Unsicherheits- und Destabilisierungsfaktor ist die Tatsache, daß die Angehörigen der Armee überwiegend aus der Ethnie rekrutiert werden, welcher der Präsident angehört bzw. aus verbündeten Ethnien (2, S. 5; 20, S. 22f.; 36).

Der in Aussicht stehende Ölreichtum aus den Förderquellen des Südens hat Forderungen nach größerer Autonomie dieses Landesteils bzw. nach einer föderativen Staatsorganisation reaktualisiert.

Der gegenwärtige Waffenstillstand zwischen Regierung und Rebellen im Südtschad ist äußerst gefährdet, wozu der Ärger im Süden darüber, daß die Kontrolle über die Gewinne aus der Ölförderung ausschließlich im Norden erfolgt, entscheidend beiträgt (2, S. 5; 10, S. 2). Daß die Ende Oktober 1997 stattgefundenen Kämpfe zwischen Sicherheitskräften und Föderalisten bereits ein Wiederaufleben des Bürgerkriegs signalisieren, ist nicht auszuschließen (2; 1; 10, S. 2; 9, S. 1).

Die Regierung ist bestrebt, kritische Stimmen auszuschalten bzw. mundtot zu machen. Dem entspricht es z.B., daß dem oppositionellen Parlamentarier Ngarlejy Yorongar, der seine Kritik öffentlich aussprach, eine erneute Verhaftung droht (3, S. 64), daß kritische Menschenrechtler mit Verfolgung und Mord bedroht werden (11, S. 1) und daß häufige und vielfältige Menschenrechtsverletzungen gegenüber oppositionellen Journalisten stattfinden. All dies ist von amnesty international detailliert nachgewiesen worden (15, S. 25ff.; 20, 4ff.).

Die Bevölkerung - soweit sie über die Ölvorkommen informiert ist - verbindet Hoffnung mit deren Ausbeutung. Hoffnung auf Förderung des Wirtschaftswachstums und der Infrastruktur, auf Arbeitsplätze und eine Verbesserung der Lebensbedingungen. Die Chancen hierfür sind minimal. Vor allem, weil die Gelder der Weltbank-Organisationen nicht in konkrete soziale Projekte fließen, sondern in den Bau der Pipeline und anderer Infrastruktureinrichtungen im Kontext des Ölprojekts bzw. an das Konsortium direkt ausbezahlt werden (10, S. 1; 3, S. 64). Erst Einnahmen aus dem Ölgeschäft werden in einen staatlichen Entwicklungsfonds zur Bekämpfung der Armut eingezahlt, doch entscheidet allein die tschadische Regierung über die Verwendung dieses Geldes, so daß Zweifel angebracht sind, ob es tatsächlich all jenen zugute kommt, die es am dringendsten brauchen (2, S. 4; 3, S. 64f; 5, S. 2).

Dieser Zweifel wird genährt durch die Tatsache, daß die Regierung dem Konsortium, mit Rücksicht auf die hohen Kosten für den Bau der Pipeline und den Erdölhafen von Kribi, hohe und total unangemessene Steuervorteile eingeräumt hat. Während der ersten 30 Jahre der Ölförderung resultiert daraus ein Verzicht auf Steuereinnahmen in Höhe von 21 Mrd. US $. De facto bezahlt somit der Tschad dafür, daß elf aquitaine sich geweigert hat, die bereits vorhandene Pipeline zu nutzen (6, S. 1). 3 Mrd. US $ Tantiemen aus dem Verkauf des Erdöls bezahlt die Regierung außerdem an das Konsortium für die Errichtung einer kleinen Raffinerie am Tschad-See, von dem aus das dort gewonnene Öl nach N'Djamena gepumpt und im Tschad verbraucht werden soll. Die derzeitigen jährlichen Einnahmen des Staates betragen hingegen lediglich etwa 100 Mio. US $ für die Erteilung der Erdöllizenzen (6, S. 2).

Wege aus der Gewalt: Die Arbeit der Menschenrechtsorganisation ATNV (Association Tchadienne Non Violente)

Die krassen Erscheinungsformen phyischer und struktureller Gewalt im Tschad haben zur Gründung von Menschenrechts- und Umweltorganisationen geführt, die mit dem Ziel arbeiten, dieser Gewalt entgegenzuwirken.

Stellvertretend soll hier die ATNV vorgestellt werden, die im Jahre 1991, kurz nachdem sich Präsident Déby an die Macht geputscht hatte, von Christen im südlichen Tschad als erste gewaltfreie Organisation in Anknüpfung an Theorie und Praxis der Gewaltlosigkeit bei Gandhi und in der christlichen Tradition gegründet wurde.

Die Gründer setzen sich für den Frieden im Land, für Freiheit und Menschenrechte, für Versöhnung und Demokratie, gegen Unwissenheit, Elend und Unterentwicklung ein. Heute hat die Organisation 5000 aktive Mitglieder und 61 lokale Komitees. Auch Frauen sind in dieser Organisation aktiv (16).

Die ATNV hat im oben geschilderten Konflikt zwischen Ackerbauern und Viehzüchtern aktiv vermittelt mit dem Ziel, ihn ohne weitere Gewalt einer Lösung zuzuführen. Nachdem die lokalen Dialog-Komitees zunächst mit beiden Parteien getrennt zusammen gekommen waren, um die jeweiligen Sichtweisen kennenzulernen und nachdem sie die durch die Nomaden-Viehzüchter verursachten Schäden auf den Feldern inspiziert hatten, brachten sie die Konfliktparteien zusammen, um über Schaden und Entschädigung gemeinsam zu beraten und zu beschließen.

Ähnlich ging die Organisation bei der Konfliktvermittlung zwischen Rebellen und Regierung vor, jeweils Schlichtungstraditionen mit einbeziehend, wie sie in afrikanischen Gesellschaften existieren. Im April 1997 führte diese Mediation zum Friedensschluß zwischen der Regierung und den Rebellen, ein Friedensschluß, der inzwischen zwar auch wieder durchbrochen wurde, der aber dennoch ein erstes Beispiel praktischer und - zumindest zeitweilig - effektiver Mediations- und Friedensarbeit darstellt.

Neben Mediationsarbeit ist die ATNV bestrebt, in die Öffentlichkeit hineinzuwirken. Sie prangert Menschenrechtsverletzungen an, appelliert an die Regierung, die in der Verfassung garantierten Grundrechte zu beachten, fordert die Ahndung repressiver und gewaltsamer Menschenrechtsverstöße seitens der Sicherheitskräfte und macht der Bevölkerung ihre Rechte und Pflichten als Staatsbürger in einer Demokratie bewußt, z.B. indem sie die Allgemeine Erklärung der Menschenrechte der UN in lokale Sprachen übersetzt und die Menschen in öffentlichen Versammlungen mit ihrem Inhalt vertraut macht (16, 8, S. 2).

Aus Protest gegen schwere Menschenrechtsverletzungen durch Polizei und Militär organisierte ATNV im Jahr 1993 die Aktion "ville morte" - gestorbene Stadt, eine afrikanische Version gewaltfreien Widerstandes. Alle in der Stadt Moundou lebenden Menschen verweigerten die Arbeit, blieben zu Hause, kauften nicht ein. Dieser "Generalstreik" wurde von vielen getragen und machte die Organisation und ihre Zielsetzung in der Bevölkerung bekannt (7, S. 3).

Darüber hinaus beschäftigen sich die MitarbeiterInnen von ATNV bereits seit 1994 mit dem Erdölprojekt. Anlaß hierfür war damals die Erschießung eines Bauern, der zu einem Esso-Flugplatz gelaufen kam, um ein Flugzeug landen sehen zu können. Die Erschießung durch die für die Sicherheit von ESSO zuständige Gendarmerie wurde mit der Behauptung legitimiert, daß es sich bei dem Getöteten um einen Rebellen gehandelt habe. Nachforschungen durch ATNV und EIRENE ergaben die Unwahrheit dieser Behauptung; eine Strafverfolgung der Täter und eine Entschädigung der Familie des getöteten Bauern blieben aus (7, S. 2; 8, S. 4; 1, S. 6).

Die Organisation hat auch gegen die Einführung der Todesstrafe für Taschendiebe öffentlich und scharf protestiert und erreicht, daß sie ausgesetzt wurde (16).

ATIV geht nicht davon aus, daß das Erdölprojekt verhindert werden kann. Im Gegenteil: Auch ihr Vorsitzender verspricht sich davon einen wirtschaftlichen Aufschwung im Lande, vorausgesetzt, das Geld wird zugunsten der Bevölkerung verwendet (16; 8, S. 5).

Vor allem aber geht es ATNV und anderen Nichtregierungsorganisationen (NGO) darum, die vorprogrammierten Folgeschäden des Ölabbaus zu verhindern bzw. zu minimieren. Durch beharrliche Öffentlichkeitsarbeit und Forderung nach Offenlegung hat ATNV in Kooperation mit anderen bereits einige Erfolge zu verzeichnen. So wurde z.B. die Entscheidung der Weltbank über deren finanzielle Beteiligung am Ölprojekt von September 1997 auf Mitte 1998 verschoben, nachdem die NGOs darauf hingewiesen hatten, daß die tschadische Bevölkerung über das Projekt bisher so gut wie nicht informiert wurde (16; 3, S. 64f.), dies aber im Widerspruch zu den Förderrichtlinien der Weltbank stehe. (5, S. 1). Eine Umweltverträglichkeitsstudie wurde von Esso, der führenden Gesellschaft innerhalb des Konsortiums (8, S. 4), in Auftrag gegeben und Ende 1997 der Weltbank überreicht und veröffentlicht (11, 28).

Liest man allerdings die zusammenfassenden Ergebnisse dieser Auftragsstudie, so entsteht der Eindruck, daß eine Reihe von Problemen, die das Ölförderungsprojekt mit sich bringt (Sicherheitslage, Folgen des Projekts für die ansässige Bevölkerung, insbesondere im Hinblick auf Reproduktionsbedingungen, Folgen für die Umwelt), thematisiert, sie aber zugleich als mehr oder minder gelöst dargestellt bzw. verharmlost werden (28): Eine "Verträglichkeitsstudie" also, im wahrsten Sinne dieses Wortes. Die in seinem Vortrag geäußerte Befürchtung Julien Beassemdas, des Vorsitzenden der ATNV, es werde sich um ein „Gefälligkeitsgutachten" handeln, hat sich damit als berechtigt erwiesen.

Anhand des Ölförderungsprojekts hat sich die Kooperation der AZNV mit anderen tschadischen Menschenrechts- bzw. Umweltorganisationen vernetzt und verstärkt. Gleichermaßen ist die Kooperation mit ausländischen Organisationen weiterentwickelt worden, um die Probleme im Tschad einer breiteren Öffentlichkeit zugänglich zu machen und vielseitige Unterstützung zu initiieren. Um die Öffentlichkeits- und Lobbyarbeit in der BRD zu intensivieren, haben sich amnesty international, EIRENE, Brot für die Welt, WEED, Misereor auf die Durchführung einer gemeinsamen Kampagne verständigt, wobei die Modalitäten der Kooperation derzeit diskutiert werden. (11, S. 1)

Im Januar 1998 organisierten ATNV und andere lokale Organisationen eine Zusammenkunft im südtschadischen Donia - in der Förderregion gelegen -, an der Repräsentanten von Exxon, der Weltbank, der tschadischen Regierung, Gäste aus Nigeria, Kamerun und Europa sowie etwa 100 Repräsentanten von NGOs teilnahmen.

Die Erfahrungen in Nigeria (1, S. 4; 8, S. 6; 4, S. 18; 27) als Präzedenzfall vor Augen, wurde die Umweltverträglichkeitsstudie auf der Konferenz seitens der NGO-Vertreter heftig kritisiert. Auf der Grundlage dieser Kritikpunkte und ihres Selbstverständnisses initiierten sie den Dialog mit Regierung, Konsortium und Weltbank und forderten u.a., Bedingungen für die friedliche und sichere Durchführung des Ölprojekts zu schaffen, und zwar unter Einbeziehung der betroffenen Bevölkerung und unter Nutzung ihrer Kompetenzen vor Ort.
Dazu müßten gesetzliche Regelungen bezüglich des Umweltschutzes und der Ölgewinnung formuliert, die Einnahmen aus dem Projekt kontrolliert werden und eine Entschädigung in adäquater Höhe erfolgen. Außerdem müßten weitere Untersuchungen zu den soziokulturellen und anderen Folgeproblemen seitens der Regierung in Auftrag gegeben werden.
Die Weltbank wird aufgefordert, strengstens auf Einhaltung der von ihr aufgestellten Verfahrensregelungen zu bestehen und die Regierung in Richtung

auf eine Verhandlungslösung mit der Rebellenbewegung zu beeinflussen. Kompetente und erfahrene Fachleute sollen eingesetzt werden, um die Kontrolle der Ölförderung zu sichern (29; 30; 31).

Schließlich ist noch das Bildungszentrum vorzustellen, das ATNV in Moundou seit 1996 mit dem Ziel einrichtet, der Idee der gewaltlosen Konfliktregelung weiterreichende Geltung zu verschaffen. Dieses Martin-Luther-King-Zentrum soll zu einem Treffpunkt in der Region werden. Das Büro der Organisation soll dort angesiedelt sein, und es soll Raum bieten für eine Beratungsstelle, für Versammlungen und Bildungskonferenzen, sowie für eine Dokumentationsstelle zu Fragen von Menschenrechten, Gewaltlosigkeit, Erdölförderung etc. (8, S. 4; 7, S. 4). Außerdem sollen im MLK-Zentrum Menschen aus verschiedenen Teilen der Sahel-Zone und des gesamten Landes zusammengeführt werden, um miteinander in Austausch und ins Gespräch kommen zu können (8, S. 4).

In seinem Vortrag hat Julien Beassemda die Wichtigkeit der Anliegen seiner Organisation eindrucksvoll und mit großer Überzeugung deutlich gemacht. Während seines Aufenthalts in der BRD im Oktober 1997 wurde sein Haus in Moundou im Rahmen einer Militäraktion gegen Oppositionelle geplündert. Nach seiner Rückkehr in den Tschad hat er, ebenso wie andere, Morddrohungen von seiten der Sicherheitskräfte erhalten. Die Menschenrechtssituation hatte sich, seit dem Ende Oktober 1997 erneut Kämpfe zwischen Rebellen und der Armee ausgebrochen sind, wiederum deutlich verschlechtert, so daß amnesty international sich veranlaßt sah, urgent actions zugunsten von Julien Beassemda und anderen mit dem Ziel einzuleiten, sein und das Leben seiner Kollegen zu schützen (12; 9; 11)

Im Moment ist die Situation ein wenig entspannter. Verlauf und Ergebnisse der geschilderten Konferenz beweisen es.
Ob die in Nigeria gemachten Erfahrungen eine vorsichtigere Durchsetzung der Interessen der an der Ölförderung Interessierten zur Folge haben werden?

Literatur

- Für die Überlassung von Materialien und Dokumenten und für die Diskussion bei der Abfassung des Manuskripts danke ich Günter Schönegg (EIRENE), Martin Petry (Brot für die Welt) und Martin Zint (Journalist).

1) Martin Zint, Ölrausch im Tschad - die Christen und das Erdöl, Hörfunkfeature Hessischer Rundfunk, 2. Programm, 12.2.1997 (Masch.Man)
2) Korinna Horta (Environmental Defense Fund), The World Bank and Chad/Cameroon Oil and Pipeline Project, February 1997
3) Michael Bauchmüller, Ölrausch im Doba-Becken, in: BUNDmagazin 4/1997, S. 63ff.
4) Martin Zint, Martin Petry, Manna oder Gift, in: Eine Welt 2/1997, S. 17f.
5) Maike Rademaker, Ein zweites Ogoniland? Die Weltbank und das Chad/Kamerun Öl - und Pipeline Projekt, o.O., o.J. (1997), Masch.Man., 3 S.
6) Yorongar Ngarlejy, Memorandum über das von der Weltbank finanzierte Tschad-Kamerun-Ölprojekt, Masch.Man, o.O., Sept. 1997, 5 S.
7) Claudia Duppel, Martin Petry, Rundbrief vom Oktober 1997, Gärtringen 1997, 5S.
8) Julien Beassemda, Présentation de l'ATNV et Projet Petrolier au Tchad, o.J., 6 S.
9) amnesty international, urgent action, Extra 151/97: Tschad: Staatliche Morde/Sorge um Sicherheit, Bonn, 4.11.1997, 2 S.
10) WEED (Weltwirtschaft, Ökologie und Entwicklung e.V.), Weltbankpräsident Wolfensohn zu Besuch in der Bundesrepublik. Der Tschad: Mit der Weltbank auf dem Weg in ein neues Ogoniland? Pressemitteilung vom 14.11.1997, 2 S.
11) Eirene, Informationsbrief vom 13.11.1997, Odernheim, 1 S.
12) amnesty international, urgent action, UA 315/97-1 Tschad: Misshandlung/Sorge um Sicherheit, Bonn 11.12.1997, 2 S.
13) Auswärtiges Amt, Lagebericht über die asyl- und abschiebungsrelevante Situation im Tschad, Stand: Dezember 1996, Bonn, 16.12.1995, 6 S.
14) Leurres à l'heure de l'oléoduc, in: le Messager No 658 vom 27.8.1997, S. 5 ff.
15) amnesty international, Chad. A country under the arbitrary rule of the security forces with the tacit consent of other countries, London, 10. October 1996
16) Julien Beassemda, Vors. des ATNV, "Schwarzes Gold - schwarze Zukunft." Ölförderung im Tschad und Auswirkungen auf die Menschenrechts-

situation, Vortrag, gehalten am 24.10.1997 in Herrenberg (eigene Notizen)

17) amnesty international, urgent action, UA 296/96: Tschad: Drohende Staatliche Morde, Bonn 19. Dezember 1996,2 S.

18) Walter Michler, Weißbuch Afrika, 2. Aufl., Bonn 1991

19) Victor Beermann, Wirtschaft und Entwicklung, in: Vereinte Nationen, Heft 2/1992, S. 58f.

20) amnesty international, Tschad. Nie wieder? Das Morden geht weiter in den 90iger Jahren, Düsseldorf 1993

21) Tschad, Stichwort, in: Dieter Nohlen (Hsg.), Lexikon Dritte Welt, Reinbek 1993, S. 679ff.

22) Hanspeter Matthes, Tschad, in: Dieter Nohlen, Franz Nuscheler, Handbuch der Dritten Welt, Westafrika und Zentralafrika, 3. Aufl., Hamburg 1993, S. 488ff.

23) Joseph Ki-Zerbo, Die Geschichte Schwarz-Afrikas, Frankfurt am Main 1992,S. 579f.

24) Tschad, Stichwort, in: Fischer Weltalmanach 1998, Frankfurt am Main 1997,S.705

25) Dietmar Herz, Tschad, in: Peter J. Opitz, Das Weltflüchtlingsproblem, München 1988, S. 92ff.

26) Tschad. Stichwort in: SIPRI, Jahrbuch 1988, Rüstung und Abrüstung, Baden Boden 1988, S. 91

27) Doris Danler/Markus Brunner, Shell in Nigeria. Multinationale Konzerne in der Dritten Welt am Beispiel von Shell im Niger-Delta, Lagos / Köln 1996 (Studie für Brot für die Welt, Stuttgart)

28) Dames and Moore, ESSO Exploration and Production Chad Inc., Environmental Assessment, Chad Export Project (Chad Portion), Executive Summory, October 1997

29) Martin Zint, Neues aus Westafrika, Moundou, 26.Januar 1998, Masch. Man.,

30) Martin Zint, Déclaration du séminaire de Donia, Donia, le 25 Janvier 1998, Masch. Man., 1 S.

31) Martin Zint, Bedenken gegen Ölprojekt. Umweltschützer in Tschad sehen Landwirtschaft in Gefahr, in: Frankfurter Rundschau, 2.2.1998, S. 6

Hinweis: Der Aufsatz erschien - gekürzt - auch in der FRANKFURTER RUNDSCHAU unter dem Titel: „Das schwarze Gold im Wüstensand weckt viele Begierden. Nach Nigeria jetzt Tschad: Die geplante Ölförderung und die Spirale der Gewalt“, 13.05.1998, S. 17.

Aufgaben und Aktionen Dritter Parteien im Konfliktverlauf am Beispiel des ehemaligen Jugoslawien - Überlegungen zur Konzeptionsbildung

BARBARA MÜLLER

1. Einleitung

Dieser Aufsatz basiert auf einem einführenden Vortrag in die „Konstruktive Konfliktbearbeitung“ beim Jahreskolloqium des Arbeitskreises „FRIEDEN in Forschung und Lehre an Fachhochschulen“ an der Fachhochschule Lüneburg am 19.9.1997. Das Thema wurde eingegrenzt auf die Konzeptionsbildung, die im Bereich von zivilen Interventionen Dritter Parteien in den letzten Jahren stattgefunden hat. Als Grundlage hierzu wurde ein von Ropers 1996 entwickeltes Schema auf große Karteikarten übertragen und über mehrere Stellwände sukzessive entwickelt und mit konkreten Beispielen gefüllt. Diese Beispiele waren fast alle der „Chronik des Bosnien-Konfliktes“ (Chronik 1996) entnommen, die die Ereignisse des Konfliktes in etwa 470 Einträgen von 1990 bis 1996 auflistet: Der Eintrag vom 8.3.94 „UNO öffnet den Flughafen in Tuzla für Hilfsflüge für die dortige moslemische Bevölkerung“ wurde im Schema der „Humanitären Intervention“ zugerechnet. Fast alle Einträge wurden einem oder mehreren Stichworten zugeordnet, für die anderen wurden neue Begriffe entwickelt. Einige wichtige sind weiter unten beschrieben.

Das mit fast 40 Stichworten umfangreiche Schema kann hier aus drucktechnischen Gründen nicht wiedergegeben werden.

2. Zur Konzeptionsbildung im Bereich Dritte Parteien, Konfliktverlauf und Aufgaben

Die Diskussion um die Rolle Dritter Parteien vollzog sich im Kontext gewandelter Konfliktszenarien nach dem Ende des Ost-West-Konfliktes, die zunehmend durch innerstaatliche, gewaltsam ausgetragene Konflikte geprägt wurden. In Auseinandersetzung mit der sich ebenfalls wandelnden Rolle der Vereinten Nationen betonten Vertreter von Internationalen Nicht-Regierungs-Organisationen die Bedeutung von zivilen Mitteln bei der Konfliktbearbeitung (Rupeshinghe 1994; 1996). Was zunahm, war die Wahrnehmung einer komplexen Realität von intervenierenden Akteuren auf verschiedensten Ebenen, mit unterschiedlichsten Mitteln, zu unterschiedlichsten Zeitpunkten. 1994 noch schrieb Arno Truger: „Während des peace-making (diplomatische und militärische Aktivitäten zur Beendigung militärisch ausgetragener Konflikte) ist peace building kaum möglich". „Peace building" galt für ihn „gleichsam als Überbegriff für Friedensarbeit (...), die vor einer militärischen Austragung eines Konfliktes (...) oder nach ihrer Beendigung stattfindet". Die Scheidelinie war der Übergang von der nichtmilitärischen zur militärischen Konfliktaustragung (Truger 1994: 471f.). Dieses Bild ist inzwischen sehr viel differenzierter geworden. Einen aktuellen Versuch, der Komplexität Rechnung zu tragen und dennoch überschaubar zu bleiben, bildet das Schema „Aufgaben für Dritte Parteien im Konfliktverlauf" (Ropers 1996), mit dem sich dieser Aufsatz im Weiteren auseinandersetzt.

3. Das Schema im Überblick

3.1 Akteursebenen und Konfliktphasen

Ropers unterscheidet in „ebenenübergreifende" Aufgaben und solche, die sich an bestimmte Akteure im Konfliktgebiet richten. Nach dieser zweiten, zuerst von Lederach entwickelten Einteilung, kann man drei Akteursgruppen ausmachen, die sich hinsichtlich ihrer Symbolkraft und Führungsstärke im Konflikt unterscheiden (1997: 46). Von oben, der „obersten Führungsebene" nach unten, über die „mittlere Führungsebene" bis zur „Grassroot-Ebene" nimmt dabei die Gesamtzahl der betroffenen Personen zu, ihre Nähe zur Macht und ihre Sichtbarkeit nehmen allerdings ab. Diese Einteilung in Akteursebenen bildet die vertikale Achse des Schemas. Lederach betont die „wechselseitigen Abhängigkeiten" zwischen den einzelnen Ebenen und erläutert, „d.h. mit keiner Stufe allein ist es möglich, Frieden oder eine breite soziale Umwandlung herbeizuführen." (1997: 47). Unsere Studie über Interventionen von gewaltfreien Akteuren scheint diese Beobachtung zu bestätigen. (vgl. Müller/Büttner 1996: 53).

Die horizontale Achse bildet fünf verschiedene Phasen eines Konfliktes ab. Es sind „Konfliktlatenz bis politische Krise", „konfrontative Konfliktaustragung", „gewaltsame Konfliktaustragung", „Kriegsbeendigung" und „Nachkriegs-Konfliktbearbeitung". Diese Einteilung folgt im wesentlichen dem differenzierten Eskalationsmodell von Glasl (1990), das Fisher und Keashly auf politische Konfliktkonstellationen übertragen haben (1991). Ergänzt wird es um die „Latenz"-Phase, in der die Akteure erst entstehen (Lederach 1994: 33, Zartman 1991). Neu ist die Phase der „Kriegsbeendigung", die Ropers damit mehr in den

Blick rücken will, weil es sehr wenig systematisiertes Wissen darüber gibt, was in dieser Phase abläuft und welches die Rollen von Dritten Parteien hier sein können. Die Phasen auf der horizontalen Achse zeichnen sich durch sehr unterschiedliche Dynamiken aus. Die ersten drei Phasen sind durch eine eindeutige Eskalationsdynamik gekennzeichnet; der Übergang vom Krieg zur Stabilisierung ziviler Verhältnisse weist jedoch nicht die Eigendynamik der Eskalationsphase auf. Die Richtung der Achse von links nach rechts darf also nach der dritten Phase (Gewaltsame Konfliktaustragung) nicht als eine automatische oder quasi-automatische Abfolge verstanden werden. Eine andere Darstellungsform, die Interventionen mit der Dynamik von Eskalationen verknüpft, findet sich bei Müller/Büttner. (vgl. 1996: 12, 18, 20).

Die grundlegenden Beziehungspunkte sind also fünf Phasen und vier Ebenen.

Phasen ⟶

Konfliktlatenz polit. Krise / Konfrontation / gewaltsame Konfliktaustragung
(1) (2) (3)
Kriegsbeendigung / Nachkriegs-Konfliktbearbeitung
(4) (5)

Akteursebenen ↓
Ebenenübergreifend (1)
Top-Ebene (2)
Mittlere Führungsebene (3)
Grassroots-Ebene (4)

Die einzelnen Aufgaben werden einzelnen Phasen und Akteursebenen zugeordnet, so daß sich ein Raster ergibt.

3.2 Aufgaben nach Akteuren und Konfliktphasen

Zu den „ebenenübergreifenden Aufgaben" zählen „Menschenrechts-Monitoring und demokratische Medienkultur", „Ausbau des Minderheitenschutzes, Stärkung multiethnischer Strukturen, nachhaltige und gerechte sozioöko-

mische Entwicklung". Diese in allen Phasen geltenden Aufgaben werden ergänzt durch „Sanktionen zur Veränderung der Konfliktaustragung", die in der Konfrontationsphase beginnt und die Gewaltphase durchzieht. „Peace-keeping" wird als Aufgabe der Nachkriegszeit bestimmt.
Als Aufgabe in der ersten Phase wird das „Empowerment benachteiligter Gruppen" ausgemacht, das auf allen drei Ebenen geschehen kann. Auf der obersten Führungsebene spielen „Facilitation, Gute Dienste" eine Rolle und das „Schaffen von Institutionen der Konfliktbearbeitung", was auch noch geschehen kann, wenn sich die politische Krise zuspitzt. Auf der mittleren Ebene kann die „demokratische Konfliktkultur" gefördert und gezielt Gruppen bei ihrer „politischen Organisationsentwicklung" trainiert werden. Auf der untersten Ebene greifen „Friedens- und Konflikterziehung" und „Community building".
Die Aufgaben in der Phase der „konfrontativen Konfliktaustragung" zielen schon mehr darauf hin, den Akteuren, die sich inzwischen herauskristallisiert haben, Raum für die Regelung der Probleme zu verschaffen. Auf der obersten Führungsebene dominieren die „Mediation und Pre-Mediation". Es beginnen gegen Ende der Phase die „Mediation mit Machtmitteln" und das „Konfliktmanagement". Die Aufgaben bezüglich der mittleren Ebene sind „Konsultationsprojekte", „Trainings in Konfliktbearbeitung" und „Friedenskommissionen, Runde Tische".
In der Phase der „gewaltsamen Konfliktaustragung" konzentrieren sich die Aufgaben Dritter Parteien darauf, die Gewaltanwendung zu begrenzen oder zu beenden und das mit der Gewalt verbundene Leid der Zivilbevölkerung zu lindern. Während die Top-Ebene durch „Krisenmanagement" und zunehmend „Mediation mit Machtmitteln" bearbeitet wird, können auf der mittleren Ebene diejenigen Akteure eine Unterstützung finden, die keine Parteigänger einer Seite sind und die von daher Bindeglieder zwischen ihnen werden können. Diese eher subtile Aufgabe der „Unterstützung von un- und halbparteilichen Akteuren vor Ort" konstrastiert mit der „Öffentlichkeitsarbeit und Protestveranstaltungen zur Gewaltbeendigung", bei denen sich diejenigen Akteure artikulieren - und gestützt werden können - die innerhalb einer Gesellschaft für ein Ende der Gewalt eintreten.
Im Übergang von der mittleren zur unteren Ebene gewinnt die „Humanitäre Intervention" an Bedeutung, der es im wesentlichen um die Sicherung des materiellen Überlebens geht.

In der Phase der Kriegsbeendigung sind keine Aufgaben aufgeführt. Vielmehr bedeutet der ausgefranste Rand zu beiden Nachbarphasen, daß es hier viele Übergänge und Überlappungen gibt.
In der Nachkriegs-Konfliktbearbeitung werden die Eliten dahin gedrängt und darin unterstützt, die „Macht zu teilen“. Die „Politische Rekonstruktion“ und die „Demobilisierung und Zivilisierung der militarisierten politischen Struktur“ werden zur Aufgabe auf der obersten Ebene. Auf der mittleren Ebene sind eine „gesellschaftliche Rekonstruktion“ erforderlich sowie „Reconciliation Workshops“. Im Übergang zur untersten Ebene steht „Rehabilitations- und Traumaarbeit“. Ganz auf der Grassroot-Ebene finden sich wieder „Friedens- und Konflikterziehung“ und „Community building“.
Eine erste Frage, die sich an ein solches Schema stellt, ist die, welche der vielen Aufgaben in der Praxis tatsächlich eine Rolle spielen. Hierzu ist es hilfreich, die zunächst abstrakten Begriffe mit dem zu vergleichen, was bei einer Konfliktbearbeitung durch Dritte Parteien geschieht.

4. Die Übertragung der Kriegschronik auf das Schema

4.1 Die Datenbasis und ihre Konsequenzen

Die Datenbasis der Chronik sind verschiedene deutsche Zeitungen in verschiedenen Zeiträumen (Badische und Berliner Zeitung, Südkurier, die Blätter für deutsche und internationale Politik) von 1990 bis 1996 und eine Fernsehdokumentation. So überrascht es nicht, daß sich die Berichterstattung weitestgehend auf die Top-Akteure im Konfliktgebiet konzentriert, auf herausragende Ereignisse und auf die Verbindungen zwischen dem Konflikt und dem Verhalten der Bundesrepublik im Konflikt wie die Debatten um militärisches Eingreifen, um die Aufnahme von Flüchtlingen und um ihre Rückführung.

4.2 „Action“, das Desaster des Peace-keeping und Militärische Intervention

Die Schwerpunkte der Chronik liegen - was nicht weiter erstaunt - bei der Beschreibung von Ereignissen der verschiedenen Konfliktphasen, wobei die Phase der Konfliktlatenz bis zur politischen Krise kaum eine Rolle spielt (3 Belegstellen) und der Schwerpunkt in der Phase der Konfrontation (75) und der gewaltsamen Konfliktaustragung (127) liegt. Die Nachkriegszeit (35) ist aufgrund der zeitlichen Begrenzung der Chronik nur in den Anfängen erfaßt. Als Kriegsbeendigung (24) wurden auch die zahlreichen ausgehandelten und

wieder gebrochenen Waffenstillstände erfaßt: „31.12.94: (...) Trotz der Vereinbarung wird weitere Kampftätigkeit gemeldet“. Auch die Beendigung von Teileroberungen fällt darunter: 3.5.95: „Kroaten erklären Offensive für beendet“. Erst im Nachhinein wird deutlich, welcher Waffenstillstand -bislang- Vorbote einer tatsächlichen Kriegsbeendigung war. „Kriegsbeendigung“ ist also manchmal zeitlich und räumlich begrenzt und fällt mit weiterer Kriegsführung zusammen: 21.9.95: „Ruhe um Sarajewo, Kämpfe in Westbosnien.“
Die Mittel der Konfliktbearbeitung, über die am meisten berichtet wird, sind die „üblichen“ der - nicht im Schema vorhandenen - militärischen Maßnahmen (68), des Peacekeeping (47), der diversen Vermittlungstätigkeiten (41), der Sanktionen (33) und der Humanitären Aktionen (24). Hinter den Schlagwörtern verbergen sich jedoch dramatische Entwicklungen. Insbesondere ist das Drama des letzten „klassischen“ Blauhelme-Einsatzes hier nachzuvollziehen und die Ablösung durch eine Militärintervention, die sich zunächst durch die Absicherung von Humanitären Interventionen ankündigt, immer mehr aktive Rollen übernimmt, schließlich Gefahr läuft, von einer Dritten zu einer Kriegspartei zu werden und letztlich eine Peacekeeping-Rolle „nach Nato-Art“ (14) entwickelt und nach Dayton etabliert.

4.3 Vermittlungsbemühungen

Die zahlreichen Vermittlungsbemühungen sind in zwei Kategorien enthalten, die der Mediation und Pre-Mediation (41) oder der Mediation mit Machtmitteln (15). Die Abgrenzung zwischen beiden ist nicht immer ganz leicht zu treffen. Grundsätzlich wurde unter Mediation und Pre-Mediation alles das einsortiert, was nicht ausdrücklich einen „Stick“ im Hintergrund vermuten ließ. Genauer betrachtet werden müssen aber noch die Sorten von Vermittlungsaktion, die mit Drohungen, Ultimaten und Appellen verbunden waren, die von den Kriegsparteien nicht ernst genommen zu werden brauchten. Was für eine Rolle spielten sie? In welchem Spiel erfüllten sie ihre Funktion? Dieses Phänomen wurde „Einsatz von Renommee, Prestige, Sozialen Beziehungen zur Verhaltensänderung“ (16) genannt.
Manche Aktivitäten auf der Top-Ebene, die vermutlich als Prävention gemeint waren, wurden als „Parteinahme“ (17) benannt, weil sie mit einer Unterstützung von inhaltlichen Positionen einer Konfliktpartei einhergingen, z.B. der Forderung nach staatlicher Souveränität. Inwieweit kann hier noch von einer vermittelnden Rolle oder einer „Dritten Partei“ die Rede sein? Das

Rollenverständnis von Dritten Parteien, vor allem auf der Top-Ebene, schließt bei der „Power-Mediation" durchaus ein, daß die „Dritten" auch über die Konfliktinhalte entscheiden. Aber was ist die Konsequenz, wenn diese Entscheidungen den inhaltlichen Vorstellungen bestimmter Konfliktparteien entsprechen und die anderer zurückweisen?

4.4 Andere Aufgaben des Schemas

Die meisten „Aufgaben", die das Schema benennt, werden in der Chronik nur mit wenigen Einträgen erwähnt. Es sind: „gesellschaftliche Rekonstruktion (14), „politische Rekonstruktion"(14), „Krisenmanagement" (9), „Unterstützung bei Machtteilung" (8), „Menschenrechts-Monitoring und Demokratische Medienkultur" (6), „Ausbau des Minderheitenschutzes etc." (4), „Öffentlichkeitsarbeit und Proteste zur Gewaltbeendigung" (4), „Rehabilitation und Traumaarbeit" (4), „Demobilisierung und Zivilisierung der militarisierten politischen Struktur"(3) und die „Unterstützung un- und halbparteilicher Akteure vor Ort" (1)

Vor allem die Aufgaben, die sich auf die Nachkriegsphase beziehen, wie die der politischen und gesellschaftlichen Rekonstruktion, Machtteilung, Rehabilitation und Demobilisierung, sind darüberhinaus unter umgekehrten Vorzeichen zu lesen: Die Ereignisse berichten im Wesentlichen über das Nicht-Erledigen dieser Aufgaben. Zur politischen Rekonstruktion gehört auch die Regelung der neuen inner- und zwischenstaatlichen Beziehungen mit vertrauensbildenden Maßnahmen, Regelungen von Grenzfragen. Zur Rehabilitation und Traumaarbeit gehören auf der gesamtgesellschaftlichen Ebene die Aufarbeitung von Kriegsverbrechen und die Nachforschung über das Schicksal von Verschwundenen.

4.5 Fernsehhelden und Namenlose: die Akteursebenen

Die Führungsfiguren Milosevic, Karadzic, Tudjman und Izetbegovic sind als Repräsentanten ihrer Parteien allseits bekannt. Im Gegensatz dazu fällt hier das „Fehlen" der mittleren Führungsschicht auf. In der Chronik werden sie nur an zwei Stellen, und dann mit widersprüchlichen Aktivitäten in Bezug auf die Konfliktlösung, erwähnt. Im Juni 1992 nimmt die serbisch-orthodoxe Kirche in Belgrad an einer Massendemonstration gegen den Krieg teil. Im März 1993 lehnt das Parlament der bosnischen Serben den Beitritt zur geplanten Konföderation mit Muslimen und Kroaten ab. Lederach betont, „daß vom

Standpunkt der Dauerhaftigkeit aus gesehen der mittlere Bereich am wenigsten verstanden wird, aber das größte Potential zur Sicherung einer Infrastruktur des Friedens enthält. Unser Interesse wendet sich der Bedeutung des unteren und mittleren Bereichs zu, Bereichen, die sowohl Chancen als auch Gefahren beinhalten" (Lederach 1997: 47). Die Gefahr, als Katalysator von Konfrontation zu wirken, wird aus der Gegenüberstellung der Zitate sichtbar. Vermutlich kommt den Akteuren in diesem Bereich auch eine zentrale Bedeutung beim Aufbau von „Peace-Constituencies" zu, unter der Ropers „Netzwerke von Personen" versteht, „die erstens ein persönliches Interesse an der nachhaltigen Regelung ethnopolitischer Konflikte haben und die zweitens über den Einfluß und die Fähigkeiten verfügen, um dieses Interesse auch realisieren zu können." (Ropers 1996: 440).

Die „Grassroot-Ebene" kommt mit vier Belegstellen kaum vor. Darüberhinaus wird bei der Mehrzahl der Ereignisse, bei denen überhaupt die Bevölkerung als Akteur ins Spiel kommt, über Widerstände gegen die Umsetzung des Dayton-Abkommens berichtet. M.E. kommt an dieser Stelle die Labilität der Situation sehr deutlich zum Ausdruck - ein übergestülpter Friede, dessen Verwurzelung fehlt. Hinweise auf die Aufgaben des „Community Building" und der „Friedens- und Konflikterziehung" fehlen ganz.

4.6 Überlegungen zu den „Leerstellen" im Schema und zu ihrer Bedeutung

Ist aus den Leerstellen der Schluß zu ziehen, daß es an Aktivitäten auf diesen unteren Akteursebenen mangelte oder sie für die Konfliktbearbeitung keine Rolle spielten? Gilt dies auch für diejenigen Aufgaben Dritter Parteien, die kaum benannt wurden?

Hier ist der Hinweis von Large zu beachten, die sich mit „second-track intervention" im ehemaligen Jugoslawien beschäftigt hat. Unter „second track" versteht sie - im Unterschied zur „first track"-Ebene, die die offiziellen zwischenstaatlichen Beziehungen meint, eine horizontale Verbindung von internen und externen Gruppen und ein im Grunde informelles Engagement. Die Aktivitäten von Frieden-, Menschenrechts- und humanitären Gruppen können hierunter verstanden werden. Large zufolge besteht gerade in der „multiplicity - the sheer numbers- of actors", eine der Schwierigkeiten, mit der jede Studie über Interventionen in diesem Kontext zu kämpfen habe (1997: 67). Weniger die mangelnden Aktivitäten als ihre Menge und Vielfalt und ihre mangelnde Aufarbeitung sind demnach auch dafür verantwortlich, daß dieser

Bereich so unterbelichtet ist. Um diese Lücke zu füllen, erscheint es erforderlich, die Selbstzeugnisse von Akteuren genauso durchzuforsten wie die einschlägigen Publikationen der entsprechenden Sozialen Bewegungen (wie Peace News und Friedensforum beispielsweise, wollte man den europäischen Kontext einigermaßen vollständig erarbeiten, gehörten hier niederländische, französische, österreichische, schweizerische und italienische Gruppen und Organisationen ebenso hinzu). Ähnlich könnte sich das Bild erweitern, wenn andere Akteursgruppen oder bestimmte Aufgaben oder Phasen genauer untersucht würden.

Läßt sich so möglicherweise das Bild der Aktivitäten und Aktionen vervollständigen, die von Dritten Parteien im Krieg im ehemaligen Jugoslawien ausgegangen sind, so bleibt doch die Frage, was dadurch für den Prozeß von konstruktiver Konfliktbearbeitung gewonnen ist? Lassen sich Konflikte besser bearbeiten, wenn man weiß, wer alles wo was macht?

Eine Antwort läßt sich aus dem Schema dann ableiten, wenn man es nicht nur beschreibend, sondern auch normativ versteht: Ein Konflikt sollte nicht unterdrückt, sondern in einer möglichst frühen Phase bearbeitet werden. Eigentlich sollte sich kein Konflikt über die Phase der „politischen Krise“ hinaus bewegen.

Die Realität sieht jedoch anders aus - viele Aktivitäten beginnen erst, wenn sich die Krise bis zur Gewaltanwendung verselbständigt hat. Dennoch läßt sich die Forderung nach Gewaltprävention anhand dieser Übersicht auf den verschiedenen Ebenen in konkrete Aufgabenstellungen „übersetzen“, die unterschiedliche Akteure umzusetzen hätten. Hieraus ergeben sich dann weitere Fragen: Warum ist der Bereich der präventiven Diplomatie so dünn bestückt? Selbst wenn man der Staatengemeinschaft das Überraschungsmoment des Krieges im Jahr 1991 zugute hält und die im Nachhinein so ersichtlichen Krisenmomente vernachlässigt (vgl. Calic 1996: 31, 35f., 38, 63f.), so kann doch beim Übergreifen des Krieges auf Bosnien nicht mehr davon gesprochen werden (vgl. Calic 1996: 19, 63, 70). Was ist mit den Konzepten der „konstruktiven Konfliktbearbeiter“? Calic kritisiert, zusammenfassend für den gesamten Kriegszeitraum, die fehlende konzeptionelle Stringenz, das in der Tat komplexe Problem anzugehen, die Unklarheit der Rollen bei EU und UNO, die

der Krise nicht angemessenen Entscheidungsverfahren und Instrumentarien sowie den in der Regel zu späten Zeitpunkt ihrer Anwendung und den Vorrang nationaler Interessen bei den intervenierenden Nationen (vgl. 1996: 229-241). Hier stellt sich die Frage, welche konzeptionelle Reife Dritte Parteien entwickeln müssen, um ihren Aufgaben gerecht zu werden? Hierzu gehörte dann auch eine kritische Reflexion von bundesdeutscher Anerkennungspolitik gegenüber Kroatien, um vielleicht schärfer die Trennlinie zwischen Parteinahme und Intervention als Dritter Partei und abgestimmtem Vorgehen von Dritten Parteien herausarbeiten und politische Lehren für die Zukunft ziehen zu könnnen (vgl. Calic 1996: 237; Dokumentation 1996; Ronnefeldt 1997).
Wenn durch ein verbessertes Vorgehen der Top-Akteure und ihrer Institutionen Fortschritte bei der konstruktiven Bearbeitung künftiger Konflikte zu erreichen wären, wäre dies ein wichtiger Schritt vorwärts. Die Frage bleibt, welche Bedeutung die Akteure der anderen Ebenen für die Konfliktbearbeitung wirklich haben. Die Regelung des Konfliktes im ehemaligen Jugoslawien durch „Power-Mediation" läßt unter Führung der USA das Schwergewicht auf der Top-Ebene vermuten. Welche Rolle den beiden anderen Ebenen zukommen kann, ist noch nicht deutlich erkennbar. Aber gerade die Atomisierung der Gewaltausübung macht die Bedeutung einer lokal ansetzenden Eskalationsdynamik deutlich. Calic schreibt: „Flüchtlinge aus gemischtethnischen Gemeinden berichteten, daß die Extremisten als erstes die gemäßigten Kräfte ausschalteten und durch linientreue Anhänger ersetzten. Terrorisierung und Traumatisierung gingen Hand in Hand: Punktueller Terror- und Gewaltakte gegen Angehörige anderer Nationalitäten führten unweigerlich zu einer Polarisierung der multiethnischen Gemeinschaft." (1996: 92f.). Einer solchen Dynamik können lokale Kräfte möglicherweise stärker entgegenwirken - sie haben dies in Einzelfällen bereits erfolgreich getan. Wintersteiner berichtet, wie ein einzelner Mann eine gespannte Situation zwischen Nachbardörfern entspannte, in der es leicht hätte zu Kämpfen kommen können (vgl. 1993: 21). Um einschätzen zu können, welche Bedeutung solche verhinderten Eskalationen in diesem Krieg hatten, wäre eine systematische Erfassung solcher Fälle wichtig. Aber die Art der Kriegführung läßt die Wirkung solcher Personen und Kräfte als nicht zu gering erscheinen, und, übertragen auf die Aufgaben Dritter Parteien, kommt der Stärkung solcher Kräfte ein großes Gewicht zu, nicht nur auf der mittleren Ebene, wo es jetzt im Schema verankert ist als Unterstützung „un- und halbparteilicher Akteure". Wie muß eine zivile Gesellschaft beschaf-

fen sein, um die Spirale von Konfrontation und Gewalt durchbrechen zu können? Hier liegen ungeheure konzeptionelle Herausforderungen auf der Ebene von Basisbewegungen und ihren Organisationen, die die Aufarbeitung der Erfahrungen im Krieg im ehemaligen Jugoslawien als dringend geboten erscheinen lassen - trotz oder vielleicht gerade wegen der Menge und Vielfalt des Engagements.

5. Überlegungen zur weiteren Konzeptionsbildung

Nach der hier vorgenommenen, noch recht oberflächlichen Übertragung von empirischen Daten auf das Schema müßte weiter überprüft werden, ob die Abgrenzungen mancher Aufgaben zwischen den Ebenen stimmen, ob nicht einige in der Realität wichtige Aktivitäten übersehen worden sind – ob also neue Begriffe eingeführt werden müssen - ob die Differenzierungen passen und die gewählten Begriffe stimmen.

Anregungen, diesen Fragen weiter nachzugehen, geben für den Konflikt im ehemaligen Jugoslawien vor allem die Aktivitäten im Bereich der Grassroots-Ebene. Hier könnten sich bei weiterer Recherche die Begriffe des „Community building“ und der „Friedens- und Konflikterziehung“ möglicherweise weiter ausdifferenzieren: In Aktivitäten im Konfliktgebiet und solche im Ursprungsland, z.B. die Betreuung von Flüchtlingen und politische Proteste gegen Abschiebung. Sie werden sich vermutlich mit den Phasen in den Schwerpunkten verändern: Mit dem Ende der gewaltsamen Konfliktaustragung hin zur Reintegration, Versöhnung und zum Wiederaufbau (vgl. Schwelle 1994: 4-6, 1996:2-4). Möglicherweise würde sich die Grenze zwischen „Humanitären Interventionen“ und Projekten der Versöhnung verwischen (vgl. Vack 1996: 442, 464f.). Large typologisiert die Aktivitäten von Interventen des „second-track“-Pfades in „aid, advocacy, communications, education and training, facilitation, mediation and negotiation, reconstruction, therapeutic work, witness.“ (1997: 67). Zwischen einigen Bereichen gibt es Überlappungen, so daß sich hier möglicherweise eine Abfolge von aufeinander aufbauenden Aktivitäten in verschiedenen Phasen der Entwicklung von Gruppen und ihrer Aktionsfähigkeit andeutet (1997: 71), eine Vermutung, die sicherlich noch geprüft werden muß, die aber die bisherigen Begriffe doch in Frage stellen kann.

Ergänzungen könnten auch notwendig werden durch die Ergebnisse von Studien, die sich gezielt einzelnen Aufgaben von Dritten Parteien widmen, wie dem Konzept der Präventiven Diplomatie durch „Fact-Finding" (Birckenbach 1997).

Schließlich regt der normative Anspruch des Schemas an, über dieses selbst hinauszugehen und dahinter zu blicken: auf die Träger der Interventionen, ihre Fähigkeiten dazu, ihre Verantwortung darin und ihre BündnispartnerInnen. Die Definition von Rollen und Aufgaben Dritter Parteien bei einer konstruktiven Konfliktbearbeitung erscheint noch im Fluß; die Identifikation von entschlossenen, konzeptionell fähigen und kooperationsfähigen „Dritten Parteien" verdient m.E. genauere Beachtung.

Literatur

Birckenbach, Hanne-Margret: Preventive Diplomacy: Conclusions from international intervention into the Estonian and Latvian Conflicts over citizenship. Schiff-texte Nr. 44, Kiel 1997.

Chronik des Bosnienkonfliktes: Gerhard Meder, Michael Reimann. Diskussionsbeiträge Nr. 33/1996 der Projektgruppe Friedensforschung. Konstanz 1996.

Dokumentation zum Balkankrieg: „Dies könnte der Funke sein, der Bosnien-Herzegowina in Brand setzt.", S. 8-10 in: Versöhnung. Rundbrief des Internationalen Versöhnungsbundes, Deutscher Zweig, 2/1996.

Fisher, Ronald J. und Loraleigh Keashly: The Potential Complementarity of Mediation and Consultation within a Contingency Model of Third Party Intervention, S. 29-42 in: Journal of Peace Research, Bd. 28, Nr. 1, 1991.

Friedensforum, Hrsg. Netzwerk Friedenskooperative, Römerstr. 88, 53111 Bonn, email friekoop@link-k.cl.sub.de

Glasl, Friedrich: Konfliktmanagement. Ein Handbuch zur Diagnose und Behandlung von Konflikten für Organisationen und Berater, Bern/ Stuttgart 1990.

Large, Judith: The war next door. A study of second-track intervention during the war in ex-Jugoslavia, Lansdown (1997)

Lederach, John P.: Building Peace. Sustainable Reconciliation in Divided Societies, Harrisonburg, Eastern Mennonite University, 1994.

Lederach, John Paul: Der Beitrag Dritter beim Aufbau des Friedens. Eine Perspektive des 'Friedens von unten', S. 45-56 in: Die Wahrheit der Absicht ist die Tat. Friedensfachdienste für den Norden und den Süden. Herausgeber Josef Freise und Eckehard Fricke, Mitherausgeber Forum ZFD, Idstein, 1997.

Müller, Barbara und Christian Büttner: Optimierungschancen von Peacekeeping, Peacemaking und Peacebuilding durch gewaltfreie Interventionen? Studie zur methodischen und systematischen Operationalisierung dieser Fragestellung. Arbeitspapier Nr. 4 des Instituts für Friedensarbeit und Gewaltfreie Konfliktaustragung, Wahlenau 1996.

Peace News, 5 Caledonian Rd, London N1 9DY email peacenews@gn.apc.org

Ronnefeldt, Clemens: Wie es zur Anerkennung Kroatiens kam. Der frühere Botschafter in Belgrad packt aus, S. 5 in: Versöhnung. Rundbrief des Internationalen Versöhnungsbundes, Deutscher Zweig, 2/1997.

Ropers, Norbert: Rollen und Funktionen Dritter Parteien bei der konstruktiven Bearbeitung ethnopolitischer Konflikte, S. 417-441 in: Die Friedenswarte. Blätter für internationale Verständigung und zwischenstaatliche Organisationen, Bd. 71, H 4, 1996.

Rupesinghe, Kumar: Preventive Diplomacy and Conflict Management in Situations of Internal Conflict: The Role of International NGOs and Humanitarian Agencies, Bericht für die Friedrich Ebert Stiftung, 6.6.1994. International Alert.

Rupesinghe, Kumar: Multi-track solutions to armed conflicts, S. 10-17 in: Prevention and Management of Conflicts. An International Directory. Herausgeber Dutch Centre for Conflict Prevention, Amsterdam 1996.

Stiftung „die Schwelle". (Schwelle 1994, 1996): Beiträge zur Friedensarbeit. Jahresberichte 1994 und 1996.

Truger, Arno: „International Civilian Peace-Keeping and Peace-Building Training Program" Eine weltweit einzigartige Initiative, S. 470-481 in: Peaceful Settlement of Conflict- a task for Civil Society: „Third Party Intervention". Herausgeber: Jörg Calließ und Christine M. Merkel, Loccumer Protokolle 9/94, Loccum 1995.

Vack, Klaus: Ein Sonnenstrahl im lange abgedunkelten Keller, S. 441-466 in: Komitee für Grundrechte und Demokratie, Jahrbuch 1995/96, Einhausen 1996

Wintersteiner, Werner: Das „Wunder" von Gorski Kotar: Ein alter Mann als Friedensstifter zwischen Serben und Kroaten, S. 21 in: Friedensforum 1`93.

Zartman, William: Negotiations and Prenegotiations in Ethnic Conflict: The Beginning, The Middle, and the Ends, S. 511-533, in: J.V. Montville, Conflict and Peacemaking in Multiethnic Societies, Lexington, New York 1991.

Verständigungsprozesse über Gewalt-Bedrohungen

Castor-Transporte

WOLFGANG EHMKE

Das große Aufräumen begann, gleich nachdem der dritte Castortransport Anfang März '97 das Zwischenlager Gorleben erreicht hatte. Tunnel werden verfüllt, Straßen repariert, Zäune gerichtet, Scherben und Müll zusammengekehrt. Der Castortransport hinterließ Spuren. Tief eingegraben hat sich das Bild des Ausnahmezustands im Wendland. Turnhallen wurden beschlagnahmt, protestierende Kinder mit ihren Eltern und Lehrern wurden herausgetragen. Ein Demoverbot wurde verhängt, am Tag X wurde es den Dörflern der Route Quickborn und Langendorf untersagt, den Ort zu verlassen, die Straßen wurden für jeglichen öffentlichen Verkehr gesperrt.
Im Wendland leben ungefähr 50.000 Menschen. Jugendliche und Alte, Bauern und Geschäftsleute stellten sich quer. Schulen und Läden blieben verwaist. 14.000 BGS-Beamte und Polizist/innen kamen allein im Landkreis Lüchow-Dannenberg zum Einsatz, bilanzierte der niedersächsische Innenminister Glogowski am "Tag danach", rund 30.000 Uniformierte waren bundesweit zum Schutz der Atommülltonnen vor dem Volk eingesetzt.
Die Kosten für den größten Polizeieinsatz der Nachkriegsgeschichte liegen bei 157 Millionen DM. Der politische Preis ist größer. Die Schlußszene ging um die Welt: Rund 10.000 Menschen verstopfen mit einer gewaltfreien Sitzblockade die Zufahrt zum Castorverladebahnhof, von wo aus der Sixpack die letzten 19 Straßenkilometer rollen wird. Sie werden bei Minusgraden von Wasserwerfern durchnäßt, getreten und am Ende mit dem Knüppel traktiert. Helikopter landen wenige Kilometer entfernt, 20 Polizisten stürzen heraus und zerstechen die Reifen ineinander verkeilter Traktoren der Bauernblockade in Splietau.

Zur Durchsetzung des Rechts der Atomkraftbetreiber bricht der Rechtsstaat Recht und Gesetz.
Immer, wenn es brenzlig wurde im Wendland, also im Vorfeld geplanter Castortransporte oder auch nur aus Anlaß von Aktionstagen, wurde vom Landkreis Lüchow-Dannenberg oder seitens der Bezirksregierung Lüneburg das Demonstrations- und Versammlungsrecht eingeschränkt. Das war schon in den Jahren 1984, als erstmalig Atommüll in Gorleben eingelagert wurde, und 1985 anläßlich von Aktionstagen der Fall. Das war in den Jahren 1994 -1997 wiederholt der Fall. Diese Verbote fanden bei den Protestierenden allerdings

kaum Beachtung, als Folge gab/gibt es eine Vielzahl von Ordnungswidrigkeitenanzeigen, die die Gerichte abzuarbeiten haben. Das Verwaltungsgericht Lüneburg hat jedoch am 30. April 1996 die entsprechenden Verfügungen der Jahre 1994/95 für rechtswidrig erklärt, allerdings steht eine Berufungsverhandlung unmittelbar bevor, weil die Bezirksregierung Lüneburg dieses Urteil nicht hinnehmen will.

Für uns geht es dabei - wie schon in der ersten Instanz - um Grundsätzliches, um die Grundrechte.
Der Castor, um den es sich immer wieder dreht, ist kein Fabelwesen, das der griechischen Mythologie entsprungen ist, sondern steht für *Cask for storage of radioactive material.* Ein gußeisernes Ungetüm, je nach Baureihe zwischen 60 und 120 Tonnen schwer, in dem abgebrannte Brennelemente oder verglaste hochradioaktive Abfälle aus der Wiederaufarbeitung transportiert sowie - mangels Endlager - dauerhaft "zwischengelagert" werden sollen. Und doch schimmert in der Namensgebung Mythologisches hindurch, gäbe es sonst den Pollux, den Behälter, der für die Endlagerung der heissen Fracht konstruiert wurde? Der Castor, also "Retter in höchster Not", soll die Atomindustrie aus höchster Not, dem Atommülldilemma, befreien.

Im November 1961 ging der erste (Versuchs-)Reaktor in Kehl mit 15 Megawatt Leistung ans Netz. Joachim Radkau zitiert in seinem Grundlagenwerk mit dem Titel "Aufstieg und Krise der deutschen Atomwirtschaft" einen Bericht des zuständigen ministeriellen Arbeitskreises aus dem Jahr 1961, welche geringfügige Bedeutung der Atommüllfrage beigemessen wurde. Es heißt dort, zu berücksichtigen sei "nicht zuletzt die Tatsache, daß mit einem einmal angelegten Lager eine säkuläre Anhäufung radioaktiven Materials geschaffen" werde; dies alles gebe der Endlagerung "eine gewisse Endgültigkeit", und daher solle sie "nicht unter Zeitdruck getroffen und wohl erwogen werden" (Radkau, S. 302). Es sollte noch rund 15 Jahre dauern bis zur Novelle des deutschen Atomgesetzes im Jahr 1976, in dem seitdem verlangt wird, daß radioaktive Abfälle entweder schadlos zu verwerten oder in eine Anlage des Bundes zur Endlagerung zu verbringen sind. Die Zwischenlagerung radioaktiver Abfälle war gar nicht vorgesehen, sie war eine Notlösung mangels Entsorgungsvorsorge. Erst vor vier Jahren, 1994, wurde die Praxis der Brennelementzwischenlagerung im nachhinein durch eine entsprechende Novelle des Atomgesetzes legalisiert.

Die Auseinandersetzung um Castortransporte ist vielschichtig motiviert. Es geht um Transportrisiken und Unfallgefahren, es geht um die sträflich unterschätzte Schadwirkung der Neutronenstrahlung für das Begleitpersonal und Anwohner-/innen der Transportrouten. Wir fragen auch, was passiert "danach".- Wie weit schreitet bei einer Dauerlagerung mit entsprechend dauerhafter radioaktiver Bestrahlung der Behälter aus Sphäroguß die Materialermüdung voran, in welchem Zustand befinden sich dann die Brennelementhüllrohre, hält das Deckelsystem die Radioaktivität zurück?

Uns geht es auch im Grundsätzliches, um das Atommülldilemma; denn ein Entsorgungsbeitrag ist es eben nicht, die Behälter für 40, 50 oder 100 Jahre in ein, zwei oder drei Hallen wie in Ahaus, Greifswald oder Gorleben abzustellen.

Besorgnis erregt die Konzentration hochradioaktiver Abfälle in externen Zwischenlagern. Könnte dies nicht auch ein politisches Druckmittel für Erpresser oder Aktionsziel für Attentäter in globalen Krisensituationen sein? Werden in Gorleben alle 420 Stellplätze belegt, so wird dort das schier unvorstellbare radioaktive Inventar von 40 Atomkraftwerken konzentriert. Gorleben ist immer noch das (un-)heimliche Atommüllzentrum der Bundesrepublik Deutschland mit einem Faß- und Brennelementzwischenlager, einer Atommüllfabrik (der PilotKonditionierungsanlage) und der Endlagerbaustelle. In einer kürzlich publizierten Studie der Universität Köln plädiert deren Autor Ingo Hensing gar dafür, den Salzstock Gorleben-Rambow aus Kostengründen als internationales Atommüllgrab zu nutzen.

Früher sind wir gegen festungsartige Mauern in Brokdorf, Kalkar und Wackersdorf angerannt und haben den Sofortausstieg gefordert. Das erstere haben wir satt (das mit den Mauern), das zweite (das mit unseren Forderungen) natürlich nicht. Der Castor hat die alte Symbolik der Anti-AKW-Bewegung der 70er und 80er Jahre, den „Kampf gegen's AKW / gegen die WAA“ ersetzt.
Die reisenden Atommülltonnen sorgen in den 90er Jahren für ein flächendeckendes Aktionsprogramm, sie vernetzen die Initiativen. Dann und wann öffnen sich die Pforten der atomstromproduzierenden Hochsicherheitstrakte, wenn wieder so ein "Retter" auf die Reise geht, damit eröffnen sich uns vielfältige Handlungsperspektiven. Mit Blockaden, Gleisbesetzungen und Demonstrationen gegen die Castortransporte, mit der Störung des nuklearen Alltags, zu dem das Hin- und Herschieben des Atommülls gehört, rücken wir

ins öffentliche Bewußtsein, daß es für die Risikotechnologie Atomkraft keine Akzeptanz im Lande gibt, treiben wir die Kosten für die Nutzung der Atomkraft ein wenig in die Höhe. 50 Millionen DM kostete der erste Polizeieinsatz am Tag X im April 1995, 90 Millionen waren es beim Tag X2 im Mai 1996, 150 Millionen waren es an NiX3. Wer nicht hören will, muß zahlen.

Die Durchsetzung der Castortransporte mit quasi-militärischen Mitteln war stets flankiert von flächendeckenden Versammlungsverboten, die seitens der Bezirksregierung Lüneburg und des Landkreises Lüchow-Dannenberg verordnet wurden. Bereits im Sommer 1994, als die Einlagerung eines ersten Castorbehälters aus dem AKW Philippsburg unmittelbar bevorstand, dann im November des gleichen Jahres, kurz bevor das Verwaltungsgericht Lüneburg den Klagen gegen den Sofortvollzug zur Einlagerung ein letztes Mal statt gab, am Tag X im April 1995 „natürlich“ auch etc. - im Ernstfall wurde per Allgemeinverfügung die "Beschränkung von öffentlichen Versammlungen unter freiem Himmel und Aufzügen in den Landkreisen Lüneburg und Lüchow-Dannenberg" bekanntgegeben. Auch wenn die Behörden in Nuancen, z.B. durch Fettdruck und Hervorhebungen, in den seitenlangen und in ihrer räumlichen und zeitlichen Ausdehnung kaum nachvollziehbaren Verfügungen Akzentverschiebungen vornahmen, um dem Vorwurf zu begegnen, es sei ein generelles Versammlungsverbot ausgesprochen worden, das Strickmuster der Verfügungen glich sich immer wieder. Bereits mehrere Tage im Vorfeld eines Transporttermins war es verboten, die Bahnflächen, "und zwar in einer Entfernung von bis zu 50 m, gemessen ab Gleisachse", Brücken und Unterführungen zu betreten. Das galt in ähnlicher Form auch für die 19 Straßenkilometer, die der Castor nach dem Umladen von der Bahn auf einen Straßentransporter zurückzulegen hatte. Im Bereich des Brennelementzwischenlagers galt sogar eine 500 m Verbotszone. Begründet wurde das Verbot in erster Linie mit einer Gefahrenprognose.

Vor allem Bahnanschläge, die mit dem Demonstrationsgeschehen im Wendland nichts zu tun haben, wurden aufgelistet, um zu unterstellen, daß Demonstrationen gegen den Castor einen kollektiv unfriedlichen Verlauf nehmen würden. Die Aufrufe der Bürgerinitiative Umweltschutz, der Bäuerlichen Notgemeinschaft oder zahlreicher Einzelpersonen – „Stop Castor-Tag X! Wir stellen uns quer!“ – „Wir stoppen den Castor, bevor er losfährt“ – „Wir versuchen den Castor-Transport mit allen unseren Kräften zu behindern!“

- mußten für die Gefahrenprognose herhalten. Angedroht wurde allen Menschen, die das Versammlungsverbot mißachten, eine Geldbuße bis 1000 DM. Wer als Veranstalter oder Leiter einer verbotenen Versammlung in Erscheinung tritt, mußte demnach mit „Freiheitsstrafe bis zu einem Jahr oder mit Geldstrafe" rechnen (alle Zitate stammen aus der Verbotsverfügung vom 2.5.96).

Das Szenario verdient das Etikett Atomstaat.
Die staatliche Unterstützung der Atomkraftnutzung erstreckt sich nicht allein auf die gesetzliche Förderung einer spezifischen Form der Energiegewinnung, sondern auch auf eine - wie auch immer -geordnete Beseitigung der Abfälle, formaldemokratisch geregelt durch das Atomgesetz, ein Technologieförderungsgesetz, das am 1.1.1960 in Kraft trat.

Die bundesrepublikanische Geschichte, die Ära des Kalten Krieges holt uns immer wieder ein, wenn man erinnert, daß die Verabschiedung des Atomgesetzes jahrelang verzögert wurde, weil Franz Josef Strauss als Atomminister der Jahre 1955/56 weniger auf die kommerzielle Nutzung der Atomspaltung, sondern auf deren nuklearstrategische Bedeutung setzte.
Der Entstehung des Atomprogramms haftet die Option der militärischen Nutzbarkeit an, die Heftigkeit, mit der um das Atomprogramm gestritten wird, zeugt davon, daß maßgebliche Kräfte in der Bundesrepublik auch heute noch nicht allein kommerzielle Ziele, sondern Großmachtinteressen mit der Atomkraft verbinden. Das Grundrecht auf körperliche Unversehrtheit bleibt - im wörtlichen Sinne - auf der Strecke, denn ubiquitäre Gefahren, die dem Transportrisiko wie zum Beispiel der Neutronenstrahlung innewohnen, können von einzelnen Menschen nicht beklagt werden, so die jetzige Rechtssprechung. Das Grundrecht auf Versammlungs- und Demonstrationsfreiheit bleibt als nächstes auf der Strecke, schutzwürdig ist allein das "Privatinteresse" der Gesellschaft für Nuklearservice (GNS) auf einen reibungslosen Ablauf des Transports. Dazu werden zig-tausende Polizist/innen und BGS-Beamte eingesetzt, die sich in Ausübung ihres Dienstes außerdem dem Vorwurf ausgesetzt sehen, Freiheitsberaubung, Körperverletzung und Sachbeschädigung begangen zu haben. Rund 120 gut recherchierte Anzeigen haben wir im August 1996 gegen die Staatsdiener/innen bei der Staatsanwaltschaft Lüneburg erstattet, um dieser Praxis einen Riegel vorzuschieben.

Das Verwaltungsgericht Lüneburg hat - wie oben bereits angemerkt - am 30. April 1996 nach mündlicher Verhandlung gegen die Versammlungsverbote im Jahr zuvor die Allgemeinverfügung als rechtswidrig bezeichnet. In der Begründung des Gerichts heißt es: "Zum Schutzbereich des Art. 8 GG gehört ergänzend zu dem bereits durch Art. 5 GG geschützten Recht der freien Meinungsäußerung die Gewährleistung, durch Kommunikation Meinungen zu bilden und durch die Anwesenheit der versammelten Menschenmenge selbst sowie durch die Form und Art der Darstellung der Meinungen, des Lebensstils oder des Weltverständnisses etc. der Versammelten, dieser „Botschaft" Ausdruck zu verleihen und auch Eindruck erzeugen zu können ... Dem Grundrecht der Versammlungsfreiheit gebührt in einem freiheitlichen Staatswesen ein besonderer Rang. Denn sie erst ermöglicht die ständige geistige Auseinandersetzung und den Kampf der Meinungen als Lebenselement dieser Staatsform ... Namentlich in Demokratien mit parlamentarischem Repräsentativsystem und geringen plebiszitären Mitwirkungsrechten hat die Versammlungsfreiheit die Bedeutung eines grundlegenden und unentbehrlichen Funktionselementes" (VG Lüneburg, Aktenzeichen 7 A 50/95).

Die Unterstellung, unsere Veranstaltungen hätten einen kollektiv unfriedlichen Verlauf genommen, wurde vom VG Lüneburg ebenfalls zurückgewiesen. Bleibt nachzutragen, daß der Rechtsstreit natürlich längst in die nächste Runde gegangen ist und wir vor dem OVG Lüneburg erneut um unsere Grundrechte streiten müssen.

Einige Kernsätze dieses Urteils nehmen direkt Bezug auf das sogenannte "Brokdorf-Urteil" des BVerfG vom 14.5.85. Wir sind entschlossen, in dieser rechtlichen Auseinandersetzung, sofern es nötig wird, bis in die letzte Instanz zu gehen. Denn wir sind es, die ein modernes Verfassungsverständnis mit Leben erfüllen, weil die Vielgestaltigkeit des gesellschaftlichen Lebens sich auch in unserer vielschichtigen und phantasievollen Demonstrations- und Protestkultur spiegelt.

So stehen wir derzeit vor einem Paradox. Während in anderen gesellschaftlichen Fragen wie z.B. dem Asylrecht Grundrechte zur Makulatur verkommen, vollzieht das BVerfG in der Frage des Demonstrationsrechts eine gesellschaftliche Entwicklung mit, die in dem „Sitzblockadenurteil" vom 10.1.95 eine konsequente Fortsetzung fand.

Die Verfassungsrichter machen nämlich deutlich, daß zu einer verfassungskonformen Interpretation des Gewaltbegriffs des § 240 StGB auch die Einschätzung gehört, wie sich das Demonstrationsgeschehen in den vergangenen Jahren entwickelt hat. Es ist eben antiquiert, in den 90er Jahren von Aufmärschen mit einem/r Versammlungsleiter/in im Stile der 50 Jahre auszugehen. Jene „Vielgestaltigkeit des gesellschaftlichen Lebens" bringt mittlerweile andere, neue Formen des Protests hervor. Das BverG verhält sich in diesem Konflikt deskriptiv, nicht normativ, wenn es rügt, daß der § 240 StGB nicht dem Bestimmtheitsgebot des Art. 103 Abs. 2 GG entspricht. Sitzblockaden sind seitdem nicht per se verboten, vorausgesetzt, die politische Motivation der Blockierer/innen wird nicht als verwerflich eingestuft und/oder sie bezwecken nicht den instrumentellen Selbstverzug.

Mehr Freiheit also für Demonstrant/innen und Sitzblockierer/innen? Weitgefehlt! Denn es gibt eine massive Gegentendenz zur Liberalisierung des Demonstrations- und Versammlungsrechts, die sich - nicht nur in Niedersachsen - im Gefahrenabwehrgesetz niederschlägt. Das Polizeirecht hebelt die mühselig erstrittenen Grundrechte wieder aus. So hat der Niedersächsische Landtag mit seiner SPD-Einstimmen-Mehrheit am 20.5.96 eine Novelle des Niedersächsischen Gefahrenabwehrgesetzes beschlossen, das vorsieht, daß Kontrollstellen der Polizei „zur Verhütung" einer Reihe von „Straftaten" eingerichtet werden können, daß Platzverweise ausgesprochen werden können, und das eine präventive Ingewahrsamnahme zur Vereitelung von Straftaten ("Freiheitsbeschränkung") von bis zu vier Tagen ermöglicht.

In der Debatte um die Verschärfung des Gefahrenabwehrgesetzes mußten die Punkertreffen in Hannover ("Chaostage") 1995 herhalten. Im Sommer 1996 fand das neue Gesetz unter großem Mediengetöse erstmalig Anwendung. Wehe, wenn sich jemand unkonventionell kleidet, bunte Haare trägt oder Bier aus Dosen trinkt.

Uns allen ist aber bewußt, daß die Vertreibung von Punker/innen nur ein Vorgeplänkel ist, daß wir als nächstes zu Chaoten hochstilisiert werden, wenn der Protest im Wendland nicht mehr kontrollierbar sein sollte. Bundesinnenminister Kanther hat uns schon einen Vorgeschmack dessen gegeben, wie der Bürger/innenprotest im Wendland demnächst diskreditiert wird, wenn er von uns als "unappetitlichem Pack" sprach.

Es gehören Mut und Zivilcourage dazu, für Grundrechte einzutreten.
Diesen Mut und die Zivilcourage werden die Menschen im Wendland weiterhin aufbringen, weil sie in den 20 Jahren der Auseinandersetzung um Gorleben eine Riesenportion Selbstbewußtsein entwickelt haben, weil sie das Demonstrations- und Versammlungsrecht als demokratische Selbstverständlichkeit begreifen und weil wir erleben, es dreht sich beim Castor nicht allein um den Zerfall der Atome, sondern auch um den Zerfall demokratischer Grundrechte.

Standortnationalismus - Ausgrenzung und Gewalt im Zeitalter der Globalisierung

CHRISTOPH BUTTERWEGGE

Nachdem ihm die Medien und - mit einiger Verspätung - Politik, Wissenschaft und Fachpublizistik gegen Ende der 80er/Anfang der 90er Jahre sehr viel Aufmerksamkeit gewidmet hatten, ist es trotz des sensationellen Wahlerfolges der Deutschen Volksunion (DVU) in Sachsen-Anhalt am 26. April 1998 schon wieder beängstigend ruhig um das Thema "Rechtsextremismus, Rassismus und Gewalt" geworden. Das ultrarechte Gedankengut droht in die Tiefen der politischen Kultur "einzusickern", weshalb heute mehr denn je die Notwendigkeit besteht, sich mit den Ursachen, Rahmenbedingungen und Folgewirkungen dieses Prozesses auseinanderzusetzen.

Rechtsextremismus ist ein hochkomplexes und sozial heterogenes Phänomen, das Gesinnungen und Gewalttaten, neonazistische Organisationen und "jungkonservative" Orientierungen, jugendliche Schlägerbanden und "Skinheads in Nadelstreifen", "Stiefelfaschisten" und Stammtischbrüder umfaßt. Schon seit jeher erregen Rechtsextremisten "auf der Straße" mehr Aufsehen als Rechtsextremisten in Parlamenten, was die bis vor kurzem schlechte Literaturlage zur Tätigkeit letzterer (vgl. neuerdings Hafeneger 1995; Butterwegge u.a. 1997; Schmidt 1997) erklärt; noch weniger spektakulär erscheint das in der geistigen Grauzone zwischen Neokonservatismus, Nationalliberalismus und Extremismus angesiedelte Wirken rechter Intellektueller (vgl. dazu Gessenharter 1994; Weber 1997; Pfahl-Traughber 1998). Hier müßte jedoch angesetzt werden, um Beschädigungen der demokratischen Kultur rechtzeitig erkennen und ihnen - etwa durch politische Bildung - entgegenwirken zu können.

Bisher haben die Fachwissenschaftler/innen weder überzeugende theoretische Modelle zur Analyse von Rechtsextremismus, Rassismus und (Jugend-)Gewalt noch erfolgversprechende Gegenstrategien entwickelt. Die dominierenden Deutungsmuster bleiben vielmehr auf der erscheinenden Oberfläche (vgl. hierzu ausführlich Butterwegge 1996), das Wesen und die gesellschaftlichen Hintergründe im Dunkeln. Meist wird Rechtsextremismus weniger erklärt als entschuldigt, der Auslöser rassistischer Gewalt - die Zuwanderung von Arbeitsmigranten, Aussiedlern und "Asylanten" - mit ihrer Ursache verwechselt (vgl. z.B. Eckert u.a. 1996: 165). Fragt man, was Straftäter und Sympathisant(inn)en miteinander verbindet, stößt man auf die "Kernideologien" des Rechtsextremismus: Rassismus und Nationalismus, aber auch - kaum weniger wichtig - Sozialdarwinismus, Militarismus und Sexismus.

1. Politik, Wissenschaft und Publizistik im Kampf um den richtigen Begriff: "Ausländerfeindlichkeit", "Fremdenfurcht" oder "Rassismus"?

Unklarheit und Unsicherheit der Fachwissenschaft hinsichtlich des Rechtsextremismus offenbaren sich in einer Begriffsvielfalt, die nur als ein terminologisches Chaos bezeichnet werden kann. "Die Rechtsextremismusforschung ist gegenwärtig dadurch charakterisiert, daß fast jeder Forscher seinen eigenen Rechtsextremismusbegriff mit unterschiedlichen Bedeutungen zugrunde legt." (Druwe 1996: 76) Dies gilt nicht bloß für Ausdrücke wie Rechtsextremismus, -radikalismus und -populismus, die das Forschungsfeld umreißen, sondern auch für verwandte Termini.

Hierzulande spricht man überwiegend von "Ausländerfeindlichkeit", um Ressentiments gegenüber Bürger(inne)n anderer Nationalität zu charakterisieren. Kritiker/innen meiden das Wort, weil sein erster Teil irreführend und sein zweiter Teil verharmlosend ist. "Ausländerfeindlichkeit" betrifft weder *alle* Ausländer noch Ausländer/innen *allein*: Schweizer Bankiers, Skandinavier und weiße US-Amerikanerinnen leiden überhaupt nicht darunter; Afrodeutschen, z.B. den sog. Besatzungskindern, wiederum nützt es im Konfliktfall wenig, einen Bundespersonalausweis zu besitzen. Zudem wird das Phänomen zum Problem einzelner Deutscher im Umgang mit Nichtdeutschen umgedeutet, obwohl es gesellschaftlich bedingt und politisch erzeugt ist.

"Fremdenfeindlichkeit" (Flohr 1994) ist noch unschärfer und mißverständlicher. Sofort stellt sich die Frage, wie und wodurch jemand zum Fremden wird und warum Menschen abgelehnt, benachteiligt oder erniedrigt werden, die man kennt oder gut zu kennen glaubt, gerade weil sie vielleicht schon seit Generationen in der unmittelbaren Nachbarschaft wohnen (z.B. Türken in der Bundesrepublik oder Serben, Kroaten und Moslems im ehemaligen Jugoslawien). Obwohl ihn Hans Magnus Enzensberger (1993: 13) für eine "anthropologische Konstante" hält, gibt es keinen *allgemeinen* "Fremdenhaß", sondern nur die Aus- und Abgrenzung von *bestimmten* Gruppen, die dafür als "Fremde" konstruiert werden: "Gegen die Familie eines japanischen Geschäftsmannes als Nachbar wendet kaum jemand etwas ein. Denn die ist gut situiert. Zu einem Problem sind auch die sogenannten Deutschstämmigen kaum geworden, obwohl viele von ihnen außer dem Blut nichts Deutsches vorzuweisen haben, zum Beispiel keinen deutschen Satz hervorbringen können. Ihre Aufnahme vollzog sich so reibungslos, weil ihnen alle Bürgerrechte zugestanden und die notwendigen Starthilfen für eine 'ordentliche', das heißt unanstößige Existenz zuteil wurden." (Lenhardt 1993: 545)

In dem eng damit verwandten Begriff "Xenophobie" wird ein Kausalzusammenhang zwischen Furcht und Fremdenfeindlichkeit hergestellt, womit sich zuweilen die Behauptung verbindet, gemeint sei etwas Natürliches und biologisch Vorgegebenes, also nicht sozial Gelerntes und Veränderbares (vgl. Fritzsche 1995: 165 f.). Bedenklich stimmt auch, daß in Deutschland selbst von erklärten Gegnern der Übergriffe lange nicht mehr so viel von den/dem "Fremden" gesprochen worden ist wie in den letzten Jahren (vgl. Hoffmann 1994: 53), wodurch man Ausgrenzungsprozesse unterstützt, denen bestimmte Gruppen unterliegen.

Präziser ist ein Terminus, der zwar international üblich, hierzulande aber trotz seiner allmählichen Enttabuisierung zum Teil immer noch verpönt ist: "Rassismus" fand erst nach den Gewalttaten von Hoyerswerda, Rostock und Mölln Eingang in den offiziellen Sprachgebrauch. Es handelt sich dabei um ein zwischenstaatliches wie innergesellschaftliches Macht- und Gewaltverhältnis (institutioneller bzw. struktureller Rassismus), aber auch um eine Weltanschauung, die Rangunterschiede zwischen größeren Menschengruppen pseudowissenschaftlich zu rechtfertigen sucht (intellektueller Rassismus) sowie das Denken und Handeln eines Großteils der Bevölkerung stark beeinflußt (individueller bzw. Alltagsrassismus). Vorurteile, Klischees und Stereotype gelten zwar als Inbegriff des Rassismus (vgl. dazu: Zick 1997), bilden aber mitnichten seinen "harten Kern". Vielmehr sind die rassistischen Denk- und Handlungsweisen weniger eine Sache der persönlichen Einstellung als staatlicher Politik und gesellschaftlicher Mechanismen. Die strukturelle Benachteiligung ethnischer Minderheiten spiegelt sich beispielsweise in einer Ausländergesetzgebung wider, die Nichtdeutsche zu Menschen "zweiter

Klasse" stempelt: "Mit dem Begriff des institutionellen Rassismus verschiebt sich die Suche nach rassistischen Dispositionen der Individuen auf die Frage nach gesellschaftlich organisierten bzw. institutionalisierten Diskriminierungen bestimmter Menschengruppen, so daß sich die einzelnen in Anpassung an die bestehenden Normen oder Anforderungen an diesen Diskriminierungen beteiligen, ohne sich unbedingt dessen bewußt zu sein oder dies zu beabsichtigen." (Osterkamp 1996: 201)

2. Rivalität erzeugt Brutalität: Rassismus als Resultat und ideologische Ausdrucksform der Konkurrenz

Nach dem hier vorgeschlagenen Erklärungsansatz stützt sich der Rechtsextremismus (nicht nur) in Deutschland auf zwei Kernideologien, den Nationalismus und den Rassismus. Hauptdeterminanten ihrer Entstehung und Entwicklung stellen die Konkurrenzökonomie und die politische Kultur dar. War der Rassismus ein Kind der europäischen Moderne, dessen Pate die Kolonisation bildete, so wurde der unmittelbar auf die Staatsmacht orientierte (Deutsch-)Nationalismus erst im Gefolge des Industrialisierungsprozesses und bürgerlicher Machtentfaltung zu einem integralen Bestandteil der politischen Kultur.

Rassismus ist ein (Haltung und Handeln von Millionen Menschen bestimmendes) Denken, das nach körperlichen bzw. nach kulturellen Merkmalen gebildeten Großgruppen unterschiedliche Fähigkeiten, Fertigkeiten oder Charaktereigenschaften zuschreibt, wodurch die Ungleichverteilung von Rechten und materiellen Ressourcen erklärt, also die Existenz eigener Privilegien bzw. der Anspruch darauf legitimiert, die Gültigkeit universeller Menschenrechte hingegen negiert wird. Wer bei Gruppen von Menschen somatische Unterschiede (z.B. der Haut- und Haarfarbe, Physiognomie, Gesichtsform) feststellt, ist deshalb natürlich kein Rassist, selbst dann nicht, wenn er sie als „Rassen“ bezeichnet, obwohl dieser Begriff durch fragwürdige Methoden seiner Hauptprotagonisten (Schädelmessungen) und den unter Bezugnahme darauf begangenen NS-Völkermord diskreditiert und kaum geeignet ist, eine sachliche Diskussion zu ermöglichen. Rassismus beginnt dort, wo phänotypsche Merkmale oder kulturelle Spezifika einer Großgruppe von Menschen so mit deren „inneren Werten“ in Verbindung gebracht werden, daß man den Gruppenmitgliedern die Möglichkeit der Entwicklung ihrer eigenen Persönlichkeit abspricht.

Die Vorgeschichte des Rassismus reicht bis zur Herausbildung der indischen Kastengesellschaft um das Jahr 1500 v. Chr. Zurück (vgl. Geiss 1989: 49). Im antiken Griechenland waren die (als Sklaven gehaltenen) Barbaren nicht etwa „rassisch" Minderwertige, sondern zivilisatorisch Zurückgebliebene. Die Geburtsstunde des modernen Rassismus/Antisemitismus schlug vor einem halben Jahrtausend: 1492 wurden Juden wie Muslime nach der Reconquista (Rückeroberung Andalusiens durch die Christen) aus Spanien vertrieben; mit der Entdeckung bzw. Eroberung Amerikas durch Christoph Kolumbus und seine Auftraggeber einige Monate später war nicht nur die Durchsetzung einer neuen, heute nach wie vor gültigen Weltordnung, sondern auch die Notwendigkeit verbunden, koloniale Ausbeutung, Versklavung und Ausrottung fremder Völker zu rechtfertigen. Was lag näher, als Indios und Afrikaner, die sich durch ihre Hautfarbe von den weißen Kolonialherren unterschieden, für „minderwertig" gegenüber diesen Herrenmenschen zu erklären?

Die moderne Rassenlehre kann man als Reaktion auf die Große Französische Revolution von 1789 begreifen: Joseph Arthur Comte de Gobineau interpretierte den Niedergang seines adligen Standes gegen Mitte des 19. Jahrhunderts als Form der Degeneration und prophezeite, die „Vermischung des Blutes" unterschiedlicher Rassen werde zum Aussterben der Menschheit führen (vgl. Claussen 1994: 27 ff.). Houston Stewart Chamberlain und sein Schwiegervater Richard Wagner schufen später, vom Sozialdarwinismus ihrer Zeit geprägt, mit dem Germanenkult und dem Ariermythos wichtige Anknüpfungspunkte für den Nationalsozialismus (vgl. dazu Mendlewitsch 1988: 18 ff./51 ff.).

Nach dem Holocaust war der Rassismus/Antisemitismus für längere Zeit weltweit geächtet. Durch die Rückkehr zu einer seiner früheren Erscheinungsformen konnte er sich wieder vom „Geruch der Gaskammern" befreien: Der „differentialistische", *Neo-* bzw. *Kultur*rassismus (vgl. Taguieff 1991) unterscheidet sich zwar insofern vom traditionellen, biologistisch begründeten *Kolonial*rassismus, als zumindest vordergründig keine Hierarchie der „Menschenrassen" entsteht. Die angeblich kulturell bedingte Fremdheit zwischen verschiedenen Ethnien ersetzt die Höher- bzw. Minderwertigkeit der offenbar nicht mehr für zeitgemäß gehaltenen Rassen. „Ethnopluralismus" bezeichnet das neurechte Postulat, die verschiedenen Volksgruppen (im Sinne einer weltweit geltenden Apartheid) unter dem Vorwand voneinander zu trennen, man wolle auf diese Weise nur ihre Eigenarten, Traditionen und Kulturgüter erhalten. Bewohner der Entwicklungsländer werden ihrer Bildung bzw. Kultur nach als der abendländischen Hochindustrie nicht gewachsen bezeichnet. Scheinbar ergreift man sogar Partei für die ethnischen Minoritäten, wenn deren Integration mit dem vorgeschobenen Argument abgelehnt wird, daß diese ihrer Liquidation als Volk/Volksgruppe gleichkomme. Etienne Balibar (1992: 19) weist darauf hin, daß sich in den Ressentiments gegenüber dem Islam bzw. gegenüber arabischen Muslimen die beiden Hauptstränge des Rassismus, seine koloniale und seine antisemitische Variante, überlagern und verdichten.

In den (west)europäischen Staaten, die 1992 den Maastrichter Vertrag schlossen, bildet sich eine Abwehrhaltung gegenüber Migranten aus Elendsregionen heraus, die als „Wohlstandschauvinismus" bezeichnet wird und mit dem Hurrapatriotismus früherer Jahrhunderte nur wenig gemein hat. Fast überall griff eine Wagenburgmentalität um sich, welche die Durchsetzung restriktiverer Ausländer- bzw. Asylgesetze ermöglichte. Daß sich die Erscheinungsformen des Rassismus verändert haben, beruht im wesentlichen auf seinem Funktionswandel: Legitimiert wird heutzutage nicht mehr eine Politik der Expansion von Großmächten, sondern die Abwehr ihrer Folgen (personifiziert durch Arbeitsmigranten, Armuts- bzw. Ökoflüchtlinge aus der sog. Dritten Welt) mittels restriktiver Asylgesetze, technisch perfektionierter Grenzkontrollen und Abschottung der „Wohlstandsfestung" Westeuropa (vgl. dazu ausführlicher Butterwegge 1993).

3. Die "deutsche Identität" im Wandel: Nationalismus als Schlüsselelement der politischen Kultur und wichtigster Bezugspunkt für den Rechtsextremismus/Rassismus

Rassismus läßt sich zwar in letzter Konsequenz auf die Konkurrenz zurückführen, aber nicht darauf reduzieren, denn Brutalität gegenüber (ethnischen) Minderheiten erzeugt die ökonomische Rivalität nur, wenn ein geistiger Nährboden dafür existiert. Folglich bildet die Konkurrenz eine notwendige, jedoch keineswegs hinreichende Bedingung für die Existenz rassistischer Gewalt. Hier liegt auch der Grund dafür, daß Rassismus in Wirtschaftskrisen besonders gedeiht, ohne sich immer durchzusetzen, wenn der Gesellschaft ein konjunktureller Abschwung oder historischer Niedergang droht. Vielmehr bedarf es politisch-kultureller Traditionen, die dafür sorgen, daß keine anderen, also zum Beispiel demokratisch-sozialistische Deutungsmuster, dominant werden, damit eine Umbruchsituation mittels rassistischer Kategorien erklärt bzw. kollektiv "verarbeitet" wird. Verteilungskämpfe werden zu Abwehrgefechten der Einheimischen gegen "Fremde" und interkulturellen Konflikten hochstilisiert, sofern ausgrenzend-aggressive Momente in der politischen Kultur eines Landes überwiegen. Letztere spielt für die Entstehung und Entwicklung organisatorischer Zusammenschlüsse (Parteien, Gruppen bzw. "Kameradschaften"), aber auch bei der Überwindung individueller Hemmschwellen eine Rolle als Katalysator: "Einerseits kann der kulturelle Kontext die Herausbildung von Fremdenfeindlichkeit und rechtsextremen Handlungsformen direkt beeinflussen. Andererseits kann er einen vermittelnden Einfluß ausüben. Als Verstärker kann er zur Aktivierung einer schlummernden Fremdenfeindlichkeit führen, die Legitimation senken und somit die Auftrittswahrscheinlichkeit rechtsextremer Handlungsformen erhöhen." (Winkler 1996: 43)

Thomas A. Herz (1996: 487) bemängelt, die meisten Rechtsextremismusforscher hätten kulturelle Vorgänge vernachlässigt: "Wenn aber Rechtsradikalismus in Deutschland erklärt werden soll, dann muß man auf die politische Kultur eingehen. Dann muß man den Bezugsrahmen herauspräparieren, auf den sich die Akteure beziehen." Unter der "politischen Kultur" sind hier geistige Traditionslinien, Mentalitätsbestände sowie Haltungen der Bürger/innen gegenüber den staatlichen Institutionen und Machtstrukturen, also die subjektive Dimension des Politischen, zu verstehen. Für die Entwicklung der politischen (Un-)Kultur in Deutschland verdient der Nationalismus besondere Aufmerksamkeit. Während der Rassismus ein gesamteuropäisches Phänomen, wenn nicht gar ein "globales Problem" (siehe Jäggi 1992) ist, erhält der Rechtsextremismus sein Gesicht und relativ hohes Gewicht durch jene Eigenheiten der politischen Kultur, die Ursachen und Begleiterscheinungen des "deutschen Sonderweges" waren.

Handelt es sich beim Rassismus um ein Ausschließungsverhältnis zwischen Individuen bzw. Gruppen von Menschen, so begründet der Nationalismus einen Wettbewerb zwischen Staaten bzw. politischen Kollektiven. Während der Rassismus soziale Gegebenheiten "naturalisiert", indem er verschiedene "Menschenrassen" konstruiert, konstituiert der Nationalismus unterschiedliche Nationen, wodurch die Herausbildung ethnisch homogener Territorialstaaten legitimiert wird. Ursache und Wirkung darf man aber nicht miteinander verwechseln: "Es ist der Nationalismus, der die Nationen hervorbringt, und nicht umgekehrt." (Gellner 1991: 87; vgl. auch Hobsbawm 1991: 21)

Wie die "Rasse", so ist auch die "Nation" eine soziale Konstruktion. Letztere bildet jedoch eine ausschließlich politische Kategorie, die sich auf einen souveränen Staat und sein Gewaltmonopol bezieht (vgl. Richter 1996: 98 f.). Nationalismus unterscheidet sich vom Rassismus durch seine politisch-ideologische Ambivalenz: "Im Gegensatz zu anderen Quellen politischer Legitimität verfügt der Nationalismus weder über einen notwendigen institutionellen Inhalt noch eine feste ideologische Richtung; er ist eine politische Unbekannte, die von Revolutionären und Reaktionären, von Sozialisten und Konservativen, Republikanern und Monarchisten gleicherweise ausgespielt werden kann." (Sheehan 1996: 38) In seiner Frühzeit machte der Nationalismus aus Untertanen mündige Bürger; wie Hans-Ulrich Wehler (1994: 79) betont, ging er aber "von Anfang an mit Fremdenhaß, mit Feindseligkeit gegenüber vermeintlichen nationalen Gegnern außerhalb des Landes, später immer mehr auch im Innern" einher. Man berief sich nunmehr auf die "Nation", um Vorrechte beanspruchen oder mit Klauen und Zähnen verteidigen zu können.

Unter diesem Gesichtspunkt bilden Nationalismus und Rassismus zwei Seiten einer Medaille: Etienne Balibar (1990: 68) zufolge geht der Rassismus aus dem Nationalismus und dieser wiederum aus dem Rassismus hervor. Nationalismus und Rassismus sind Ideologien sozialer Ungleichheit, die heute einander komplementäre Ausschließungs- bzw. Diskriminierungspraktiken legitimieren. Gerd Wiegel (1995: 121) prognostiziert übrigens, "daß mit der tendenziellen Auflösung (bzw. Ablösung) der nationalen Gemeinschaft durch die fortschreitende Internationalisierung das Zusammenwirken von Nationalismus und Rassismus noch enger wird."

Die hegemonialen Traditionen der politischen Kultur in Deutschland, ein ausgeprägtes Freund-Feind-Denken, eine Fixierung auf Staat (Etatismus) und Obrigkeit (Untertanenmentalität), Konformismus und Harmoniesucht, Autoritarismus und Antipluralismus, Antiintellektualismus und Irrationalismus, ein Hang zum rechtlichen Formalismus sowie die preußische Ordnungsliebe und eine Schwäche für militärische Disziplin (vgl. dazu: Sontheimer 1991; Bergem 1993; Greiffenhagen/Greiffenhagen 1993), gipfeln in einem Nationalismus, der von der Reichsgründung 1871 bis zur Niederlage 1945 besonders aggressiv war, weil Deutschland als "verspätete Nation" (siehe Plessner 1992), von der Ungleichzeitigkeit zwischen Industrialisierung und Demokratisierung geprägt, unter Rückgriff auf Waffengewalt versuchte, einen "Platz an der Sonne" - will sagen: Weltmachtstatus - zu erlangen. Fragt man, woher jener militante Charakter des *Deutsch*nationalismus rührt, der sich in kriegerischer Aggression entlud, stößt man auf eine historisches Schlüsselerfahrung: die völlige Zerstörung des Landes durch marodierende Banden im Dreißigjährigen Krieg, seine politische Zersplitterung, die im Westfälischen Frieden von 1648 sanktioniert wurde, sowie den daraus erwachsenden Wunsch nach Einheit und Schutz durch einen "starken Staat".

Das sog. Dritte Reich fußte weniger auf Sympathien der Bevölkerung mit dem Nationalsozialismus als auf ihrer Identifikation mit dem Nationalismus: "Jede Binnenordnung schien akzeptabel, solange sie behaupten konnte, nationale Ziele zu verwirklichen. Die vermeintliche Stärkung deutscher Einheit und Weltgeltung wurde so zu einem Kriterium der politischen Kultur, aus dem sich autoritäre Regime nach innen und expansionistische und imperialistische Politik nach außen rechtfertigen konnten." (Lepsius 1993: 235) Das NS-Regime hat den Nationalismus nicht pervertiert, also für seine Kriegsverbrechen und Völkermord mißbraucht (so z.B. Hefty 1990), vielmehr auf die Spitze getrieben. Obwohl bedingungslose Kapitulation und Okkupation durch die alliierten Siegermächte nicht nur bedeuteten, daß der Nationalsozialismus gescheitert, sondern auch, daß der Nationalismus seiner Legitimationsbasis beraubt war, blieb er - genauso wie der Antisemitismus - im "kollektiven Gedächtnis" der Deutschen haften, welche die NS-Vergangenheit weder kritisch aufgearbeitet noch wirklich bewältigt haben (vgl. hierzu: Butterwegge/FH Potsdam 1997).

Zwar stellte die Nation in der Altbundesrepublik trotz einer von Regierung und Opposition benutzten Wiedervereinigungsrhetorik keinen zentralen Bezugspunkt der kollektiven Identitätsbildung mehr dar (vgl. Haferkamp 1993: 19), das Bewußtsein, ein besonders tüchtiges, fleißiges und begnadetes Volk zu sein, blieb davon allerdings unberührt. Für die Zeit nach 1945 wurde - durch Umfragedaten immer wieder bestätigt - ein "verdrängtes" bzw. "negatives Nationalgefühl" der (West-)Deutschen konstatiert, das die Gefahr eines neuerlichen Sonderweges in sich berge und sich leicht ins Gegenteil verkehren könne. Klaus von Beyme (1997: 97) nennt die Debatte um den Finanzierungsanteil der Bundesrepublik am EU-Haushalt als Indiz für einen durch allzu große Abstinenz im Nationalgefühl drohenden Stimmungsumschlag, welcher sich um so schlimmer auswirken würde, als "neben dem schwachen Nationalbewußtsein die starke Bundesbank steht, die den europäischen Nachbarn heute kaum weniger Ängste einflößt als einst die deutsche Wehrmacht." Walter Grab (1993: 27) spitzt diesen Gedanken dahingehend zu, daß die Ökonomie für den Nationalismus heute die Fortsetzung des Krieges mit anderen Mitteln sei.

Gegenwärtig hat der Nationalismus fast überall in Europa wieder Hochkonjunktur, obwohl er weder die Konfliktfelder der Gegenwart befriedet noch Antwort auf die zentralen Zukunftsfragen gibt (vgl. dazu: Gessenharter 1997). Hierzulande setzte sein Höhenflug nicht erst mit der DDR-"Wende" und der Wiedervereinigung, sondern bereits nach dem Regierungswechsel im Oktober 1982 ein. Damals proklamierte die CDU/CSU/FDP-Koalition eine "geistig-moralische Erneuerung", wandte sich der sog. Deutschen Frage zu und erklärte diese in "Berichten zur Lage der Nation" wieder für "offen". Gleichzeitig hielt das Deutschlandlied verstärkt in Schulbücher, Klassenräume, Fußballstadien sowie Rundfunkanstalten Einzug. Besonders das Postulat einer Neukonturierung der "nationalen Identität" (vgl. dazu: Weidenfeld 1983; Bundeszentrale 1985), die beschädigt, wenn nicht zerstört sei, erwies sich als geistige Brücke zwischen der "liberal-konservativen Mitte" und der extremen Rechten. Die unverfänglich wirkende Kategorie der "nationale Identität" unterstellt eine quasinatürliche Qualität und nimmt den Anschein für bare Münze (vgl. Schoch 1996: 55 f.). Sie lenkt von der Existenz antagonistischer Interessen, von ungerechten Eigentums-, Macht- bzw. Herrschaftsverhältnissen wie von den gravierenden Unterschieden im Lebensstandard zwischen Ländern und Kontinenten ab.

Resonanz, Brisanz und Militanz des Nationalismus in Deutschland sind nicht etwa Produkte einer durch die Schuld an zwei Weltkriegen und am Holocaust ausgelösten Krise der "nationalen Identität" oder eines "negativen Nationalgefühls", wie häufig unterstellt wird, sondern viel eher Folgen des Widerspruchs zwischen den feierlichen Bekenntnissen der Bundesregierung zur Nation und der (vermeintlichen) Untätigkeit beim Einlösen des Versprechens nationaler Größe. Vergleichbares gilt übrigens für die DDR, wo das SED-Regime die Wurzeln des Nationalsozialismus nicht - wie in der Verfassung von 1974 behauptet - ausgerottet, sondern seinerseits nationale Stimmungen zum Zweck der Sicherung bzw. Gewinnung von Massenloyalität rekultiviert hat. Traditionen des preußischen Militarismus blieben in der DDR, angefangen beim Stechschritt der Nationalen Volksarmee über die Würdigung einzelner Monarchen bis zum Schulpflichtfach "Wehrkunde", lebendig.

Die grenzrevisionistischen bzw. revanchistischen Bestrebungen innerhalb der Vertriebenenverbände wurden von der Bundesregierung mehr oder weniger offen unterstützt. 1984/85 kam es zum Eklat, als die Landsmannschaft Schlesien ankündigte, daß Bundeskanzler Kohl auf ihrem bevorstehenden Deutschlandtreffen unter dem Motto "40 Jahre Vertreibung - Schlesien bleibt unser" sprechen werde. Zwar wurde diese Losung in "40 Jahre Vertreibung - Schlesien bleibt unsere Zukunft im Europa freier Völker" abgewandelt, an der politischen Stoßrichtung dieser Veranstaltung und der Teilnahme hochrangiger Unionspolitiker änderte sich aber nichts mehr. Als Helmut Kohl am 8. Mai 1985 trotz in- und ausländischer Proteste gemeinsam mit US-Präsident Ronald Reagan den Soldatenfriedhof in Bitburg besuchte, wo sich auch die Gräber von Angehörigen der Waffen-SS befinden, wurden die NS-Täter durch einen symbolischen Akt rehabilitiert. Micha Brumlik (1989: 264) sah in diesem "obszönen Ritual" seinerzeit ein Signal zur "Rechtsverschiebung des bürgerlichen Lagers" durch die CDU/CSU: "Im Jahre 1985, vierzig Jahre nach dem Ende des Zweiten Weltkrieges, der Befreiung Deutschlands vom Nationalsozialismus, leitete die große konservative Volkspartei den ideologischen Rechtsruck ein." 1986/87 wurde im sog. Historikerstreit versucht, die Liberalisierung der politischen Kultur, meist mit dem Jahr 1968 assoziiert, durch Relativierung des Holocaust und Rehabilitierung der NS-Täter rückgängig zu machen. Langsam verschob sich das politische Koordinatensystem der Bundesrepublik nach rechts.

Die deutsche Vereinigung hat den Nationalismus wieder zu einer relevanten Größe gemacht. Nun bekamen Kräfte spürbar Auftrieb, denen "das Nationale" immer schon mehr als "das Soziale" am Herzen gelegen hatte. Zwar konnten REPublikaner, DVU und NPD von dem "Jahrhundertereignis" nicht profitieren, sondern eher die Unionsparteien, als eigentliche Sieger fühlten sich aber jene, die nach "Mitteldeutschland" nun auch die ehemaligen Ostgebiete des Deutschen Reiches "heimholen" wollten. Ulrike Liebert (1991: 82) konnte weder in Ost- noch in Westdeutschland eine Tendenz zur Reideologisierung der nationalen Frage feststellen, sondern sprach von einem "pragmatischeren Typus von Nationalbewußtsein als je zuvor in der deutschen Vergangenheit". Obwohl es nach der DDR-"Wende" im Herbst 1989 keinen die Tage der Maueröffnung überdauernden "Nationalrausch" (Herles 1992) gab, hat eine Renationalisierung der Politik und der politischen Kultur stattgefunden (vgl. dazu Mathiopoulos 1993; Noll 1993; Pflüger 1994). Die am 20. Juni 1991 getroffene Berlin-Entscheidung des Bundestages wurde als Distanzierung von der "Bonner Republik", als endgültige Abkehr von der Westorientierung und Rückbesinnung auf die Nation interpretiert. Seit nicht mehr zwei - miteinander verfeindete - Teilstaaten existieren, erscheint Deutschland wieder als politisches Kollektivsubjekt, das "selbstbewußt" handeln soll und seinen Bürger(inne)n mehr Leistungs- bzw. Leidensfähigkeit abverlangen muß (vgl. Baring 1991; Schwilk / Schacht 1994; Baring 1997).

Die 1991/93 kampagnenartig zugespitzte Asyldebatte hat nicht nur dem Grundrecht selbst geschadet, sondern auch die Verfassung und die demokratische Kultur der Bundesrepublik lädiert (vgl. dazu Prantl 1994; Söllner 1995). Günter Grass (1992: 22) sprach mit Blick auf die Asylhysterie vom "Niedergang der politischen Kultur im geeinten Deutschland", von einem "Rechtsrutsch", welcher als "bundesweite Verlagerung der politischen Mitte" begriffen werden müsse. Obwohl im Rahmen des Asylkompromisses wie der Koalitionsvereinbarung zwischen CDU/CSU und FDP avisiert, steht die Reform des Staatsbürgerschaftsrechts, das sich immer noch auf die völkische Abstammungslehre des "deutschen Blutes" stützt, bislang aus: "Trotz aller in der Bundesrepublik erfolgten Angleichung an die westliche politische Kultur scheint eine zentrale Kategorie noch nicht heimisch geworden: die der republikanischen Staatsbürgernation." (Schoch 1996: 53)

Von der Asyldiskussion führte ein gerader Weg zur Standortdebatte, die das Einfallstor für eine neue Spielart des Nationalismus darstellte. Das verbreitete Bewußtsein, auf den internationalen Märkten einer "Welt von Feinden" gegenüberzustehen und die wirtschaftsimperiale Überlegenheit des eigenen Volkes durch Erfindungsgeist, größeren Fleiß und Opferbereitschaft beweisen zu müssen, nenne ich "Standortnationalismus". Ein typisches Beispiel für dieses Denkmuster lieferte Bundeskanzler Kohl (1997: 894) in seiner Rede zur Eröffnung der 57. Internationalen Automobil-Ausstellung mit folgender Metapher: "Der Ehrgeiz der Deutschen muß sein, daß wir im Wettbewerb der Völker der Erde - olympisch ausgedrückt - auf dem Siegertreppchen stehen."

Mit der Diskussion über "Globalisierung" und die angebliche Gefährdung des "Industriestandortes Deutschland" bemühten sich Unternehmer(verbände), marktradikale Politiker und liberalkonservative Publizisten, den "Kampf aller gegen alle" populär zu machen: Wirtschaftlicher Wettbewerb wurde zum "Krieg" hochgeredet (vgl. Scherer 1993: 31). Wenn statt einer konsequenten Bekämpfung der Massenarbeitslosigkeit und -armut die Sicherung des Standortes im Mittelpunkt der Wirtschafts- und Sozialpolitik steht, ist Konkurrenzfähigkeit der strategische Dreh- und Angelpunkt, was nicht ohne Konsequenzen für das soziale Klima bleibt: "Die Betonung des ökonomischen Nutzenkalküls sieht nicht nur von schlichten mitmenschlichen Verpflichtungen ab, sie grenzt auch all jene aus, die uns tatsächlich oder vermeintlich nur zur Last fallen." (Schäfer 1993: 88)

Bei der neuen Ideologie, die fast alle Gesellschaftsbereiche durchdringt, handelt es sich nicht um jenen "klassischen" Deutschnationalismus, der schon im Kaiserreich und der Weimarer Republik parteiförmig organisiert war und auch von einflußreichen Kräften neben den Parteien, wie etwa dem Deutschen Flottenverein (vgl. dazu Eley 1991: 144 ff.), propagiert wurde, oder um aufgeklärten Wilhelminismus, vielmehr um eine modernisierte Variante des völkischen Bewußtseins, die sich als Reaktion auf eine verschärfte Weltmarktkonkurrenz präsentiert. Die Identifikation mit der Nation ist wieder ausdrücklich erwünscht, geht es doch darum, alle Kräfte im Dauerwettkampf mit anderen "Wirtschaftsstandorten" zu mobilisieren. Bis zu den Sportnachrichten dominiert die Botschaft, daß man auf Leistungen *deutscher* MitbürgerInnen, handle es sich nun um Tenniscracks, Boxchampions oder Radprofis, stolz sein und ihnen auf dem eigenen Tätigkeitsfeld nacheifern soll. "Privatinitiative", Leistungswillen und Verzicht der Bürger/innen auf ihre Besitzstände sind nun einmal notwendig, um auf den Weltmärkten bestehen zu können.

Thematisiert der Neorassismus die kulturelle Differenz, so verabsolutiert der Standortnationalismus die Konkurrenzfähigkeit und postuliert einen parteienübergreifenden Konsens im Wirtschafts- und Sozialbereich, der Konflikte mit (gewerkschaftlichen) Verbandsinteressen bzw. Gruppenegoismen nicht ausschließt. In einer Krisen- und Umbruchsituation wie der gegenwärtigen ertönt nicht nur der Ruf rechtsextremer Randalierer nach einem "starken Mann". Auch prominenten Repräsentanten der Wirtschaft, etwa BDI-Präsident Hans-Olaf Henkel, dauern die komplizierten Willensbildungs- und Entscheidungsprozesse einer föderalen Demokratie zu lange, weshalb sie eine Verfassungsrevision befürworten.

Schäuble, Vorsitzender der CDU/CSU-Bundestagsfraktion, ist mehr der Vergangenheit als der Zukunft zugewandt, knüpft er doch an die traditionelle Vorstellung der Nation als einer "Schutz- und Schicksalsgemeinschaft" an. Schäuble reformuliert die Ziele deutscher Außenpolitik im machtstaatlichen Sinne und begreift internationale Handlungsfähigkeit als Grundvoraussetzung der Verwirklichung nationaler Interessen. Gleichzeitig tritt das Soziale hinter dem Nationalen zurück, und Appelle an die nationale Opferbereitschaft paaren sich mit der Klage über "Vollkaskomentalität" und soziale Nivellierung: "Man muß sich fragen, ob wir, um unsere gegenwärtigen Probleme in den Griff zu bekommen, nicht wieder zu einer weniger 'durch-egalisierten' Gesellschaft finden müssen. Gezielt Eliten zu fördern oder überhaupt erst wieder zu ermöglichen, erscheint mit heute dringlicher denn je." (1994: 26)

Je mehr soziale Ungleichheit die Regierungspolitik unter Berufung auf Zwänge des ökonomischen Globalisierungsprozesses durch "Sparoperationen" wie das "Programm für mehr Wachstum und Beschäftigung" einerseits und Begünstigung von Kapitaleigentümern (Abschaffung der Vermögens- und Gewerbekapitalsteuer; mehrfache Senkung der Körperschaftssteuer) andererseits produziert, um so eher greifen Ideologien der Ungleichheit um sich. Durch die Verbindung von (Kultur-)Rassismus und (Standort-)Nationalismus entsteht ein hochexplosives Gemisch, das fast zwangsläufig Übergriffe auf Zuwanderer nach sich zieht. "In einer Situation, in der das 'ganze Volk' angehalten wird, 'den Gürtel enger zu schnallen', liegt es auf den Stammtischen, daß 'Fremde', seien es Arbeitsmigranten, Asylbewerber oder Flüchtlinge, nicht auch noch von den ohnehin knappen Mitteln bedient werden können. 'Deutsch sein' heißt unter den Bedingungen des modernen Wohlfahrtsstaates, den eigenen Wohlstand zu verteidigen und Ansprüche anderer Gruppen zu delegitimieren und abzuwehren." (Radtke 1996: 14)

Dadurch eröffnen sich dem organisierten Rechtsextremismus ideologische Anknüpfungspunkte. Was bereits in der Ablehnung "deutschstämmiger" Aussiedler durch Anhänger und ganze Gliederungen der REPublikaner zum Ausdruck kam, bestätigt sich: Nicht mehr der mythisch-völkische, sondern ein modernisierter, neoliberal und marktradikal orientierter Nationalismus beherrscht mittlerweile die ultrarechte Szene. Vermittelt über solche Brückenorganisationen wie die "Deutschland-Bewegung" von Alfred Mechtersheimer oder den Bund Freier Bürger - Offensive für Deutschland (BFB) unter Manfred Brunner und Heiner Kappel, rücken Nationalkonservative, Neoliberale und Rechtsextreme enger zusammen. Ohne diese Strömungen gleichzusetzen, kann man feststellen, daß sich bestehende Unterschiede zumindest teilweise verwischen (vgl. dazu: Schui u.a. 1997). Aufgrund seiner Adaption neoliberaler Ideologeme verfügt der Rechtsextremismus heute zum ersten Mal nach 1945 über eine Programmatik, die nicht nur dem gesellschaftlichen "Mainstream" entspricht, sondern auch mit den Interessen einflußreicher Gruppen bzw. den Strategiekonzepten von politischen, Wirtschafts- und Verwaltungseliten übereinstimmt. Obwohl ihr weiterhin das Image der "Hinterwäldler" anhaftet, versucht die extreme Rechte, sich an die Spitze des Entwicklungsprozesses zu setzen, was ihr um so leichter fällt, als sie die unsozialen Konsequenzen von Marktradikalität und Wettbewerbswahn - im Unterschied zur etablierten Politik - nicht scheut.

4. Rückwirkungen des Rechtsextremismus auf die politische Kultur: Ethnisierung der Gesellschaft - "Kulturalisierung" der Politik - Entpolitisierung sozialer Konflikte

Rechtsextremismus, Rassismus und Nationalismus sind eine Bedrohung für die demokratische Kultur und eine Herausforderung für die politische Bildung, nicht nur, weil sie in Gegenwart und Geschichte das direkte Gegenteil dessen verkörpern, was eine humane Gesellschaft ausmacht, sondern auch, weil sie deren Entwicklung negativ beeinflussen. Dabei geht die Hauptgefahr weder von neonazistischen Kleinstgruppen noch von rechtsextremen bzw. -populistischen Parteien wie den REPublikanern, der DVU oder der NPD, vielmehr von Intellektuellen aus, die sich in "Denkfabriken", Stiftungen und dubiosen Diskussionszirkeln als sog. Neue Rechte formieren (vgl. dazu Hethey/Kratz 1991; Mantino 1992; Kellershohn 1994; Junge u.a. 1997). Über lose organisierte Netzwerke, Zeitschriftenprojekte, Leserkreise, Herrenrunden sowie Zitier- und Rezensionskartelle verbreiten sie Konzepte, die bei einem Teil der Eliten auf Sympathie stoßen und - in popularisierter Form - die ganze Bevölkerung erreichen.

Ende der 80er/Anfang der 90er Jahre gewann die Ethnizität spürbar an Bedeutung, nicht nur in den Ländern der sog. Dritten Welt und den ostmitteleuropäischen Transformationsstaaten, sondern auch in westeuropäischen Gesellschaften. Der zu Hochzeiten des Kalten Krieges verbreiteten Angst vor einer "Unterwanderung" durch Kommunisten folgte die Angst vor (einer "Überfremdung" durch) "Asylanten" und Arbeitsmigranten. Wolf-Dietrich Bukow (1990: 425) begreift die Ethnisierung als gesellschaftlich inszenierten Vorgang: "Es handelt sich um eine (...) soziogenerative Strategie zur Bereitstellung von gesellschaftlich-praktischen wie politisch-symbolischen Verfügungspotentialen." Vordergründig geht es bei der Ethnisierung um die "kulturelle Identität"; dahinter stecken aber meist Konflikte um knappe gesellschaftliche Ressourcen. So falsch es wäre, die Funktion der Ethnisierung (vgl. dazu: Bukow 1996) zu ignorieren, so verkürzt wäre es, die Konstruktion von Minderheiten als intentionale Handlung zu interpretieren. Zwar werden ethnische bzw. nationale Identitätsmuster zwecks Sicherung von Rechten, Interessen oder Macht eingesetzt (vgl. Nassehi 1990: 261), sie können jedoch auch eine Rückzugsposition und bloße Reaktion auf die Globalisierung des Handels wie der Finanzmärkte sein.
Jeder Ethnisierungsprozeß hat zwei Seiten: Zunächst erfolgt eine Stigmatisierung "der Anderen"; mit der Konstituierung/Konturierung einer nationalen bzw. "Volksgemeinschaft" sind aber politische und ökonomische Ziele verbunden, die weiter reichen. Auf diese Weise gehen der Neorassismus und der Standortnationalismus eine Symbiose ein. Mit der Ethnisierung sozialer

Beziehungen korrespondiert eine "Kulturalisierung" der Politik, die nicht mehr auf materielle Interessen zurückgeführt, sondern auf die Wahrung kollektiver Identitäten reduziert wird, was zu einer Entpolitisierung der Konflikte beiträgt. "Die konkurrierenden 'Standortgemeinschaften' machen das Ethnische zur Grundlage einer vorgeblichen 'Solidarität', und die 'Herausgefallenen' werden mittels ethnisch-kultureller Stigmata ausgeschlossen." (Terkessidis 1995: 286)

Ein "nationaler Wettbewerbsstaat", der kein herkömmlicher Wohlfahrtsstaat mehr sein möchte (vgl. dazu: Hirsch 1995), verschärft durch seine marktradikale Wirtschaftspolitik die soziale Ungleichheit und bereitet damit den Resonanzboden für weitere Ausgrenzungs- und Ethnisierungsprozesse. Rückt die Konkurrenz in den Mittelpunkt zwischenstaatlicher und -menschlicher Beziehungen, so läßt sich die ethnische bzw. Kulturdifferenz relativ leicht politisch aufladen. Wenn international renommierte Wissenschaftler von einem "Kampf der Kulturen" (siehe Huntington 1996) oder einem "Krieg der Zivilisationen" (siehe Tibi 1995) sprechen, wundert es nicht, daß deutsche Jugendliche zur Gewalt gegenüber Fremden greifen, die sie als Konkurrenten um Arbeitsplätze, Lehrstellen, Wohnungen und Sexualpartnerinnen empfinden.

Je enger die Verteilungsspielräume einer Gesellschaft werden, um so mehr wächst die Versuchung, ganze Bevölkerungsgruppen von materiellen und geistigen Ressourcen auszuschließen. Ethnisierung ist ein dafür geeigneter Exklusionsmechanismus, der Minderheiten konstruiert, diese negativ (zum Beispiel als "Sozialschmarotzer") etikettiert und damit eigene Privilegien zementiert. Arno Klönne (1997: 140) bemerkt, daß sich "Erste" und "Dritte Welt" im Zuge der Globalisierung verschränken, die peripheren Armutszonen auf hochentwickelte Länder übergreifen und die Bundesrepublik Deutschland keine "Wohlstandsinsel" bleiben wird: "Immer härtere Konkurrenzen um Anteile am Weltmarkt, um die Nutzung von Ressourcen und billiger Arbeitskraft, womöglich auch um 'Umweltvorteile', können sich in die Verschärfung von Methoden der Konfliktaustragung umsetzen. Der Problemdruck wachsender sozialer Ungleichheit in der eigenen Gesellschaft kann auch dazu führen, daß Nationalismus als Integrationsideologie wieder an Beliebtheit gewinnt."

Benno Hafeneger (1997: 19) weist gleichfalls auf die eine Rechtsentwicklung begünstigenden Rahmenbedingungen hin: "Es besteht die aktuelle Gefahr, daß vor dem Hintergrund eines sich ungezügelt globalisierenden Kapitalismus und der Auflösung des Integrationsmodus 'Erwerbsarbeit, Wohlstand und Demokratie' (der zur integrativen Schlüsselerfahrung im Nachkriegsdeutschland wurde) immer mehr Menschen in einen Abstiegsstrudel mit ausgrenzenden Folgen geraten; sie können ihm bei noch soviel Anstrengungen nicht entgehen." Die für das künftige Schicksal unseres Landes, des organisierten Rechtsextremismus und der politischen Kultur entscheidende Frage lautet allerdings: Was passiert in der nächsten Wirtschaftskrise? Wie reagiert die Bevölkerung auf eine Arbeitslosigkeit, die ähnliche Dimensionen wie 1932/33 erreichen könnte, auf Massenarmut bis in den Mittelstand hinein und auf die berufliche Perspektivlosigkeit der Jugend, wenn sich gleichzeitig der Eindruck festigt, daß die parlamentarische Demokratie und ihre Parteien einander blockieren, also zu keiner Lösung der drängenden Probleme fähig sind?

5. Aufgaben und Ansatzpunkte der politischen Jugendbildungsarbeit: Die neoliberale Standortlogik widerlegen!

Die politische Bildung hat im Kampf gegen den Rechtsextremismus bisher eine Feuerwehrfunktion erfüllt. Sachmittel und Personalstellen erhielt sie immer erst dann, wenn "das Kind in den Brunnen gefallen" bzw. die (ausländische) Öffentlichkeit durch Vorfälle wie die als jugendliche "Flegeleien" (Bundeskanzler Adenauer) und "Hakenkreuzschmierereien" verharmloste Schändung vieler jüdischer Grab- und Gedenkstätten zur Jahreswende 1959/60 alarmiert war. Um längerfristig Erfolge zu zeitigen, müßte eine kontinuierliche und präventive Bildungsarbeit stattfinden, die demokratische Partizipation als Ziel und Mittel des Engagements gegen Rechtsextremismus, Rassismus und Gewalt begreift und solche Elemente der politischen Kultur stärkt, die von der Studentenbewegung um 1968 eingefordert, aber spätestens nach dem Regierungswechsel 1982 wieder zurückgedrängt wurden.

Wenn unsere Erklärung für die Entstehung und Entwicklung des Rechtsextremismus zutrifft, dürften sich rassistische Aggression und Ausgrenzung im Zeichen der Globalisierung verstärken. Da sich die Wirkungsmechanismen der Konkurrenzökonomie wegen einer prekären Einnahmesituation fast aller öffentlichen Haushalte nicht oder nur geringfügig durch sozialpolitische

Intervention abfedern lassen, ist die demokratische Kultur herausgefordert, einer Generaloffensive von rechts zu begegnen, wobei der politischen Bildung in und außerhalb der Schule die Hauptverantwortung zufällt. Maßnahmen der Bildungsarbeit müssen sich vorrangig gegen den Kulturrassismus ("Ethnopluralismus") und den Standortnationalismus, die beiden für Menschenrechte, Sozialstaat und Demokratie bedrohlichsten Ideologievarianten, richten.

Nationalismus halten viele Autoren zwar für ein geistiges Gift, das aber - in einer homöopathischen Dosierung als "Patriotismus" verabreicht oder zur "nationalen Identität" deklariert - heilsam wirken soll (vgl. z.B. Hefty 1990). Wer der Politischen Bildung die Aufgabe einer "Rückbesinnung auf die positiven Traditionen der Nation und des Nationalstaates" (Rüther 1993: 11) stellt, übersieht oder unterschlägt jedoch nicht nur die negative Wirkungsmacht des Nationalismus in einem Land, das auf der Basis dieser Ideologie zwei Weltkriege vom Zaun gebrochen hat. Gerade weil sich Millionen Menschen wieder primär als Deutsche begreifen, sollte man sich davor hüten, nationale Mythen und Emotionen wachzurufen, die eine Lösung globaler Probleme verhindern oder erschweren würden.

Frank-Olaf Radtke (1992) warnt davor, interkulturelle Erziehung als Form der politischen Bildung zu etablieren, weil sie - gegen ihre eigene Intention - ethnische Differenzen durch deren (dauernde) Thematisierung zu perpetuieren drohe. Die solcherart überakzentuierten Unterschiede zwischen den "Kulturkreisen" könnten als Ressourcen in der Auseinandersetzung/Konkurrenz zwischen Schülern mißbraucht werden. Tatsächlich sollte man vermeiden, "das Eigene" und "das Fremde" diametral gegenüberzustellen oder die Konflikte zwischen Einheimischen und Migrant(inn)en auf *kulturelle* Probleme zu reduzieren. Vielmehr darf interkulturelles Lernen gerade nicht entlang "nationaler Identitäten", Kulturen und Staatlichkeit organisiert werden: "Interkulturelle Lernprozesse, d.h. aber auch allgemeiner: Kultur, Politik, das Verständnis politischen Handelns, seines räumlichen Bezugs und seiner legitimatorischen Begründung, sind zu entnationalisieren; dagegen wären transnationale Identitäten hervorzuheben und zu fördern, transnational wirkende lokale, regionale und sektorale Aktivitäten zu entfalten und quer zu den nationalen Grenzen verlaufende Kommunikationsstränge zu stärken." (Brähler/Dudek 1992: 15)

Mit der "nationalen Identität" würde der Innen-außen-Gegensatz thematisiert und der Oben-unten-Gegensatz tabuisiert, so daß ein Paradigmawechsel der politischen Bildung geboten erscheint: Statt das prekäre Verhältnis von Einheimischen und Zuwanderern in den Mittelpunkt ihrer Bemühungen zu rücken, sollte sie stärker über die Macht und Einfluß sichernde Funktion der Ausgrenzung von (ethnischen) Minderheiten aufklären, den wachsenden Leistungsdruck sowie die Ungleichverteilung von Macht und Herrschaft, (Kapital-)Einkommen und Vermögen, Arbeit und Freizeit im Zeitalter der Globalisierung problematisieren.

Auf diese Weise könnte politische Bildung jenes republikanisch-egalitäre Verständnis des Begriffs "Volk" (im Sinne von Demos statt Ethnos) rekonstruieren, das im Herbst 1989 die DDR-"Wende" einleitete: Die revolutionäre Parole "Wir sind *das* Volk" war weit zukunftsträchtiger als die Devise "Wir sind *ein* Volk", woran sich seither auf beiden Seiten der Elbe viele Enttäuschungen knüpfen. Freilich erscheint den Menschen die "nationale Identität" besonders wichtig, wenn sie die soziale Realität enttäuscht. Entscheidend im Kampf gegen Rechtsextremismus bleibt deshalb die Beseitigung von Massenelend, wenngleich er nicht dadurch wieder verschwindet, daß man Arbeitsplätze und preiswerte Mietwohnungen schafft.

Das vereinte Deutschland wird entweder von nationalem Pathos oder von sozialem Ethos beherrscht sein. Statt - wie es Rechtsextremisten häufig tun - die soziale und die nationale Frage miteinander zu verbinden, muß politische Bildung die soziale und die demokratische Frage verkoppeln: Nur in einer sozialen Bürger(innen)gesellschaft, nicht aber durch Ausgrenzung bzw. Gewalt, lassen sich Freiheit, Gerechtigkeit und Wohlstand für alle verwirklichen. Obwohl erst ein "nationalstaatlich gefaßtes Konglomerat von Kulturen" (Lepsius 1997: 955) existiert, bildet die Europäische Union einen geeigneten Fixpunkt. Eine gerechte(re) Weltwirtschaftsordnung könnte die "Hackordnung" zwischen den Völkern und damit die materielle Grundlage für das rassistische Vorurteil beseitigen helfen, die Ethnien der sog. Dritten Welt seien den Bewohnern nordamerikanischer und europäischer Länder genetisch oder kulturell unterlegen.

Nirgends herrscht mehr Unklarheit und Verwirrung als hinsichtlich der Entstehungsursachen, der unterschiedlichen Erscheinungsformen und tiefgreifenden Folgen des Globalisierungsprozesses. Herbert Ehrenberg (1997) spricht von der "großen Standortlüge", die nach Gegeninformationen und -argumenten verlangt. Entgegen der herrschenden Meinung ist die ökonomische Globalisierung keine Naturkatastrophe, sondern von den mächtigsten Industriestaaten bewußt ins Werk gesetzt worden. Durch sie wird (Sozial-)Politik nicht unmöglich, sondern ist nur noch mehr als bisher gefordert, den ungezügelten "Kasinokapitalismus" (Susan Strange) zu bändigen und eine nachhaltige Entwicklung der Welt zu sichern. Mit dem Wohlfahrtsstaat würde nämlich auch die moderne Demokratie sterben.

Die politische Bildung muß nicht nur die falschen Behauptungen und die Standardargumente der Standortdiskussion (beispielsweise die angeblich sinkende Wettbewerbsfähigkeit der deutschen Wirtschaft: diese exportiert nämlich - bezogen auf die kleinere Einwohnerzahl bzw. den einzelnen Industriebeschäftigten - ein Mehrfaches ihrer Hauptkonkurrenten USA und Japan) zu widerlegen suchen, sondern auch die Kardinalfrage aufwerfen, in welcher Gesellschaft wir eigentlich leben wollen: Soll es eine Konkurrenzgesellschaft sein, die Leistungsdruck und Arbeitshetze permanent erhöht, Erwerbslose, Alte und Behinderte ausgrenzt, die Egoismus, Durchsetzungsfähigkeit und Rücksichtslosigkeit honoriert, sich jedoch über den Verfall von Sitte, Anstand und Moral wundert, oder eine soziale Bürgergesellschaft, die Kooperation statt Konkurrenzverhalten, Mitmenschlichkeit und Toleranz statt Gleichgültigkeit und Elitebewußtsein fördert? Ist ein ruinöser Wettkampf auf allen Ebenen und in allen Bereichen, zwischen Bürger(inne)n, Kommunen, Regionen und Staaten, bei dem Steuergerechtigkeit, Sozial- und Umweltstandards auf der Strecke bleiben, wirklich anzustreben? Eignet sich der Markt als gesamtgesellschaftlicher Regelungsmechanismus, obwohl er auf seinem ureigenen Terrain, der Volkswirtschaft, ausweislich einer sich verfestigenden Massenarbeitslosigkeit, gegenwärtig kläglich versagt? Darauf die richtigen Antworten zu geben heißt, den Neoliberalismus, sein zutiefst unsoziales Konzept der "Standortsicherung" und den Rechtsextremismus erfolgreich zu bekämpfen.

Literatur

Balibar, Etienne (1990): Rassismus und Nationalismus, in: ders./Immanuel Wallerstein, Rasse - Klasse - Nation. Ambivalente Identitäten, Hamburg/Berlin, 49-84

Balibar, Etienne (1992): "Es gibt keinen Staat in Europa". Rassismus und Politik im heutigen Europa, in: Institut für Migrations- und Rassismusforschung (Hrsg.), Rassismus und Migration in Europa. Beiträge des Kongresses "Migration und Rassismus in Europa", Hamburg, 26. bis 30. September 1990, Hamburg/Berlin, 10-29

Baring, Arnulf (1991): Deutschland, was nun? - Ein Gespräch mit Dirk Rumberg und Wolf Jobst Siedler, Berlin

Baring, Arnulf (1997): Scheitert Deutschland? - Abschied von unseren Wunschwelten, Stuttgart

Bergem, Wolfgang (1993): Tradition und Transformation. Eine vergleichende Untersuchung zur politischen Kultur in Deutschland, Mit einem Vorwort von Kurt Sontheimer, Opladen

Beyme, Klaus von (1996): Deutsche Identität zwischen Nationalismus und Verfassungspatriotismus, in: Manfred Hettling/Paul Nolte (Hrsg.), Nation und Gesellschaft in Deutschland. Historische Essays, München, 80-99

Brähler, Rainer/Dudek, Peter (1992): Nationkonzepte und interkulturelles Lernen - Anmerkungen zu notwendigen Neuorientierungen in der Politischen Bildung, in: dies. (Hrsg.), Fremde - Heimat. Neuer Nationalismus versus interkulturelles Lernen - Probleme politischer Bildungsarbeit (Jahrbuch für interkulturelles Lernen 1991), Frankfurt am Main, 9-22

Brumlik, Micha (1989): Das Öffnen der Schleusen. Bitburg und die Rehabilitation des Nationalismus in der Bundesrepublik, in: Georg M. Hafner/Edmund Jacoby (Hrsg.), Die Skandale der Republik, Frankfurt am Main, 262-273

Bukow, Wolf-Dietrich (1990): Soziogenese ethnischer Minoritäten, in: Das Argument 181, 423-426

Bukow, Wolf-Dietrich (1996): Feindbild: Minderheit. Ethnisierung und ihre Ziele, Opladen

Bundeszentrale für politische Bildung (Hrsg., 1985): Die Frage nach der deutschen Identität. Ergebnisse einer Fachtagung der Bundeszentrale für politische Bildung, Bonn (Schriftenreihe, Bd. 221)

Butterwegge, Christoph (1993): Der Funktionswandel des Rassismus und die Erfolge des Rechtsextremismus, in: ders./Siegfried Jäger (Hrsg.), Rassismus in Europa, 3. Aufl. Köln, 181-199

Butterwegge, Christoph (1996): Rechtsextremismus, Rassismus und Gewalt. Erklärungsmodelle in der Diskussion, Darmstadt

Butterwegge, Christoph (u.a., 1997): Rechtsextremisten in Parlamenten. Forschungsstand - Fallstudien - Gegenstrategien, Opladen

Butterwegge, Christoph/FH Potsdam (Hrsg., 1997): NS-Vergangenheit, Antisemitismus und Nationalismus in Deutschland. Beiträge zur politischen Kultur der Bundesrepublik und zur politischen Bildung, Mit einem Vorwort von Ignatz Bubis, Baden-Baden

Claussen, Detlev (1994): Was heißt Rassismus?, Darmstadt

Druwe, Ulrich (1996): "Rechtsextremismus". Methodologische Bemerkungen zu einem politikwissenschaftlichen Begriff, in: Jürgen W. Falter u.a. (Hrsg.), Rechtsextremismus. Ergebnisse und Perspektiven der Forschung, Opladen (PVS-Sonderheft 27), 66-80

Eckert, Roland (u.a., 1996): Erklärungsmuster fremdenfeindlicher Gewalt im empririschen Text, in: Jürgen W. Falter u.a. (Hrsg.), Rechtsextremismus. Ergebnisse und Perspektiven der Forschung, Opladen (PVS-Sonderheft 27), 152-167

Ehrenberg, Herbert (1997): Die große Standortlüge. Plädoyer für einen radikalen Kurswechsel in der Wirtschafts-, Finanz- und Sozialpolitik, Bonn

Eley, Geoff (1991): Wilhelminismus, Nationalismus, Faschismus. Zur historischen Kontinuität in Deutschland, Münster

Enzensberger, Hans Magnus (1993): Die Große Wanderung. Dreiunddreißig Markierungen, 6. Aufl. Frankfurt am Main

Flohr, Anne Katrin (1994): Fremdenfeindlichkeit. Biosoziale Grundlagen von Ethnozentrismus, Opladen

Fritzsche, K. Peter (1995): Bürger im Streß - eine Erklärung der Xenophobie, in: Verantwortung in einer unübersichtlichen Welt. Aufgaben wertorientierter politischer Bildung. Referate und Diskussionsergebnisse des Bundeskongresses der Deutschen Vereinigung für Politische Bildung in Zusammenarbeit mit der Bundeszentrale für politische Bildung vom 10. bis 12. März 1994 in Erfurt, Bonn (Schriftenreihe, Bd. 331), 165-182

Fromm, Rainer/Kernbach, Barbara (1994): ... und morgen die ganze Welt? - Rechtsextreme Publizistik in Westeuropa, Marburg/Berlin

Geisen, Thomas (1996): Antirassistisches Geschichtsbuch. Quellen des Rassismus im kollektiven Gedächtnis der Deutschen, Frankfurt am Main

Geiss, Imanuel (1989): Geschichte des Rassismus, 2. Aufl. Frankfurt am Main

Gellner, Ernest (1991): Nationalismus und Moderne, Berlin

Gessenharter, Wolfgang (1994): Kippt die Republik? - Die Neue Rechte und ihre Unterstützung durch Politik und Medien, München

Gessenharter, Wolfgang (1997): Herausforderungen zur Jahrtausendwende: Kann "Nation" die Antwort sein?, in: Christoph Butterwegge/FH Potsdam (Hrsg.), NS-Vergangenheit, Antisemitismus und Nationalismus in

Deutschland. Beiträge zur politischen Kultur der Bundesrepublik und zur politischen Bildung, Mit einem Vorwort von Ignatz Bubis, Baden-Baden, 141-171

Grab, Walter (1993): Gefahren des deutschen Nationalismus, in: Europäische Ideen 82, 20-28

Grass, Günter (1992): Rede vom Verlust. Über den Niedergang der politischen Kultur im geeinten Deutschland, Göttingen

Greiffenhagen, Martin/Greiffenhagen, Sylvia (1993): Ein schwieriges Vaterland. Zur politischen Kultur im vereinigten Deutschland, München/Leipzig

Hafeneger, Benno (1995): Politik der "extremen Rechten". Eine empirische Untersuchung am Beispiel der hessischen Kommunalparlamente, Schwalbach im Taunus

Hafeneger, Benno (1997): Nicht vom Rand her, sondern aus der Mitte. Rechtsextremismus, Gewalt und Demokratiegefährdung - aktuelle Tendenzen, in: Sozial Extra 6, 18 f.

Haferkamp, Heinrich (1993): Nationen und Nationalismus. Zur Konstitution eines folgenreichen Prinzips politischer Legitimität, in: Probleme des Friedens 2, 19-48

Hefty, Georg Paul (1990): Der Nationalismus - Gift oder Medizin?, in: Frankfurter Allgemeine Zeitung v. 23.7.

Herles, Wolfgang (1990): Nationalrausch. Szenen aus dem gesamtdeutschen Machtkampf, München

Herz, Thomas A. (1996): Rechtsradikalismus und die "Basiserzählung". Wandlungen in der politischen Kultur Deutschlands, in: Jürgen W. Falter u.a. (Hrsg.), Rechtsextremismus. Ergebnisse und Perspektiven der Forschung, Opladen (PVS-Sonderheft 27), 485-501

Hirsch, Joachim (1995): Der nationale Wettbewerbsstaat. Staat, Demokratie und Politik im globalen Kapitalismus, Berlin/Amsterdam

Hobsbawm, Eric J. (1991): Nationen und Nationalismus. Mythos und Realität seit 1780, Frankfurt am Main/New York

Hoffmann, Lutz (1994): Das deutsche Volk und seine Feinde. Die völkische Droge - Aktualität und Entstehungsgeschichte, Köln

Huntington, Samuel P. (1996): Der Kampf der Kulturen (The Clash of Civilizations). Die Neugestaltung der Weltpolitik im 21. Jahrhundert, München/Wien

Jäggi, Christian J. (1992): Rassismus. Ein globales Problem, Zürich/Köln

Junge, Barbara (u.a., 1997): Rechtsschreiber. Wie ein Netzwerk in Medien und Politik an der Restauration des Nationalen arbeitet, Berlin

Kellershohn, Helmut (Hrsg., 1994): Das Plagiat. Der Völkische Nationalismus der *Jungen Freiheit*, Duisburg

Klönne, Arno (1997): Zurück zur Weltmachtpolitik? - Ambitionen des deutschen Nationalismus in Vergangenheit und Gegenwart, in: Christoph Butterwegge/FH Potsdam (Hrsg.), NS-Vergangenheit, Antisemitismus und Nationalismus in Deutschland. Beiträge zur politischen Kultur der Bundesrepublik und zur politischen Bildung, Mit einem Vorwort von Ignatz Bubis, Baden-Baden, 133-140

Kohl, Helmut (1997): Deutschland auf gutem Wege in die Zukunft. Rede, gehalten anläßlich der Eröffnung der 57. Internationalen Automobil-Ausstellung am 11. September 1997 in Frankfurt am Main, in: Presse- und Informationsamt der Bundesregierung (Hrsg.), Bulletin 76, 893-897

Lenhardt, Gero (1993): Der verwahrloste Nationalismus. Über die Anschläge auf Asylsuchende, in: Neue Sammlung 4, 539-548

Lentz, Astrid (1995): Ethnizität und Macht. Ethnische Differenzierung als Struktur und Prozeß sozialer Schließung im Kapitalismus, Köln

Lepsius, M. Rainer (1993): Das Erbe des Nationalsozialismus und die politische Kultur der Nachfolgestaaten des "Großdeutschen Reiches", in: ders., Demokratie in Deutschland. Soziologisch-historische Konstitutionsanalysen. Ausgewählte Aufsätze, Göttingen, 229-245

Lepsius, M. Rainer (1997): Bildet sich eine kulturelle Identität in der Europäischen Union?, in: Blätter für deutsche und internationale Politik 8, 948-955

Liebert, Ulrike (1991): Kein neuer deutscher Nationalismus? – Vereinigungsdebatte und Nationalbewußtsein auf dem "Durchmarsch" zur Einheit, in: dies./Wolfgang Merkel (Hrsg.), Die Politik zur deutschen Einheit. Probleme - Strategien - Kontroversen, Opladen, 51-94

Mantino, Susanne (1992): Die "Neue Rechte" in der "Grauzone" zwischen Rechtsextremismus und Konservatismus. Eine systematische Analyse des Phänomens "Neue Rechte", Frankfurt am Main

Mathiopoulos, Margarita (1993): Das Ende der Bonner Republik. Beobachtungen einer Europäerin, Stuttgart

Mendlewitsch, Doris (1988): Volk und Heil. Vordenker des Nationalsozialismus im 19. Jahrhundert, Rheda-Wiedenbrück

Nassehi, Armin (1990): Zum Funktionswandel von Ethnizität im Prozeß gesellschaftlicher Modernisierung. Ein Beitrag zur Theorie funktionaler Differenzierung, in: Soziale Welt 3, 261-282

Noll, Adolf H. (1993): Die Ambivalenz der zweiten Mediatisierung: Nation und nationale Identität, in: ders./Lutz R. Reuter (Hrsg.), Politische Bildung im vereinten Deutschland. Geschichte, Konzeptionen, Perspektiven, Opladen, 106-121

Osterkamp, Ute (1996): Rassismus als Selbstentmächtigung. Texte aus dem Arbeitszusammenhang des Projektes Rassismus/Diskriminierung, Mit einer Einleitung von Klaus Holzkamp, Berlin/Hamburg

Pfahl-Traughber, Armin (1998): "Konservative Revolution" und "Neue Rechte", Opladen

Pflüger, Friedbert (1994): Deutschland driftet. Die Konservative Revolution entdeckt ihre Kinder, Düsseldorf

Plessner, Helmuth (1992): Die verspätete Nation. Über die politische Verführbarkeit bürgerlichen Geistes, 4. Aufl. Frankfurt am Main

Prantl, Heribert (1994): Deutschland - leicht entflammbar. Ermittlungen gegen die Bonner Politik, München/Wien

Radtke, Frank-Olaf (1992): Multikulturalismus und Erziehung. Ein erziehungswissenschaftlicher Versuch über die Behauptung: "Wir leben in einer multikulturellen Gesellschaft", in: Rainer Brähler/Peter Dudek (Hrsg.), Fremde - Heimat. Neuer Nationalismus versus interkulturelles Lernen - Probleme politischer Bildungsarbeit (Jahrbuch für interkulturelles Lernen 1991), Frankfurt am Main, 185-208

Radtke, Frank-Olaf (1996): Fremde und Allzufremde - Der Prozeß der Ethnisierung gesellschaftlicher Konflikte, in: Forschungsinstitut der Friedrich-Ebert-Stiftung, Abt. Arbeits- und Sozialforschung (Hrsg.), Ethnisierung gesellschaftlicher Konflikte. Eine Tagung der Friedrich-Ebert-Stiftung am 11. Oktober 1995 in Erfurt, Bonn, 7-17

Richter, Dirk (1996): Nation als Form, Opladen

Rüther, Günther (1993): Politische Bildung und politische Kultur im vereinigten Deutschland, in: Aus Politik und Zeitgeschichte. Beilage zur Wochenzeitung *Das Parlament* 34, 3-12

Schäfer, Gert (1993): Ausländerfeindliche Topoi offizieller Politik, in: Wolfgang Kreutzberger u.a., Aus der Mitte der Gesellschaft - Rechtsradikalismus in der Bundesrepublik, Frankfurt am Main, 78-93

Schäuble, Wolfgang (1994): Und der Zukunft zugewandt, Berlin

Scherer, Peter (1993): "Standort Deutschland". Wie frei ist das Kapital bei Standortentscheidungen?, in: Sozialismus 10, 26-31

Schmidt, Matthias (1997): Die Parlamentsarbeit rechtsextremer Parteien und mögliche Gegenstrategien. Eine Untersuchung am Beispiel der "Deutschen Volksunion" im Schleswig-Holsteinischen Landtag, Münster

Schoch, Bruno (1996): Der Nationalismus - bekannt, nicht erkannt, in: Berthold Meyer (Red.), Eine Welt oder Chaos?, Frankfurt am Main, 47-89

Schui, Herbert (u.a., 1997): Wollt ihr den totalen Markt? - Der Neoliberalismus und die extreme Rechte, München

Schwilk, Heimo/Schacht, Ulrich (Hrsg., 1994): Die selbstbewußte Nation. "Anschwellender Bocksgesang" und weitere Beiträge zu einer deutschen Debatte, 2. Aufl. Berlin/Frankfurt am Main

Sheehan, James J. (1996): Nation und Staat. Deutschland als "imaginierte Gemeinschaft", in: Manfred Hettling/Paul Nolte (Hrsg.), Nation und Gesellschaft in Deutschland. Historische Essays, München, 33-45

Söllner, Alfons (1995): Asylpolitik, Fremdenfeindschaft und die Krise der demokratischen Kultur in Deutschland - eine zeitgeschichtliche Analyse, in: Uwe Backes/Eckhard Jesse (Hrsg.), Jahrbuch Extremismus und Demokratie 7, Baden-Baden, 43-59

Sontheimer, Kurt (1991): Deutschlands Politische Kultur, 2. Aufl. München/Zürich

Taguieff, Pierre-André (1991): Die ideologischen Metamorphosen des Rassismus und die Krise des Antirassismus, in: Uli Bielefeld (Hrsg.), Das Eigene und das Fremde. Neuer Rassismus in der Alten Welt?, Hamburg, 221-268

Terkessidis, Mark (1995): Kulturkampf. Volk, Nation, der Westen und die Neue Rechte, Köln

Tibi, Bassam (1995): Krieg der Zivilisationen. Politik und Religion zwischen Vernunft und Fundamentalismus, Hamburg

Weber, Iris (1997): Nation, Staat und Elite. Die Ideologie der Neuen Rechten, Köln

Wehler, Hans-Ulrich (1994): Nationalismus als fremdenfeindliche Integrationsideologie, in: Wilhelm Heitmeyer (Hrsg.), Das Gewalt-Dilemma. Gesellschaftliche Reaktionen auf fremdenfeindliche Gewalt und Rechtsextremismus, Frankfurt am Main, 73-90

Weidenfeld, Werner (Hrsg., 1983): Die Identität der Deutschen, Bonn (Schriftenreihe der Bundeszentrale für politische Bildung, Bd. 200)

Wiegel, Gerd (1995): Nationalismus und Rassismus. Zum Zusammenhang zweier Ausschließungspraktiken, Köln

Winkler, Jürgen R. (1996): Bausteine einer allgemeinen Theorie des Rechtsextremismus. Zur Stellung und Integration von Persönlichkeits- und Umweltfaktoren, in: Jürgen W. Falter u.a. (Hrsg.), Rechtsextremismus. Ergebnisse und Perspektiven der Forschung, Opladen (PVS-Sonderheft 27), 25-48

Zick, Andreas (1997): Vorurteile und Rassismus. Eine sozialpsychologische Analyse, Münster

Zukunftsweisende innergesellschaftliche Innovationen

Ausbildung und Training von Friedensfachkräften

HAGEN BERNDT

Zeitgleich haben die Diskussionen um den Zivilen Friedensdienst - besonders von Organisationen wie dem Bund für Soziale Verteidigung und dem Forum Ziviler Friedensdienst betrieben - und die Bemühungen der Aktionsgemeinschaft Dienst für den Frieden (AGDF), Friedensdienste stärker in den Mittelpunkt der Aufmerksamkeit der Kirchen zu rücken, öffentliches Interesse an Friedensarbeit bewirkt. In diesem Zusammenhang hat sich ein Teil der praktischen Arbeit auf die konzeptionelle Weiterentwicklung von Aus- und Fortbildungsprogrammen für Friedensfachkräfte bezogen. Von verschiedener Seite wurden Ausbildungspläne und Curricula vorgelegt.

In diesem Beitrag wird vorgeschlagen, statt von "Aus- und Fortbildung" allgemeiner von "Programmen zur Qualifizierung" zu sprechen. Denn dies hebt deutlicher darauf ab, Personal für mehr oder weniger genau definierte Aufgaben zu entwickeln. Das Personal muß den Herausforderungen der Einsatzfelder entsprechend bestimmte zu überprüfende Standards erfüllen. Dabei stehen die Personal einsetzenden Dienste vor der Aufgabe, diese Standards entweder durch die Anwerbung und Auswahl von Menschen mit entsprechenden Erfahrungen und Kenntnissen oder durch eine Qualifizierung in eigenen oder als Dienstleistung in Anspruch genommenen Programmen zu garantieren. Eine Ausbildung von Personen, die ähnlich wie in anderen Berufsfeldern ausgehend von einer durchschnittlich zu erwartenden Kompetenz neues Fachpersonal hervorbringt, ist zur Zeit nicht zu erwarten. Es ist überhaupt fraglich, ob im Bereich der zivilen Konfliktbearbeitung im klassischen Sinne ausgebildet werden kann, wenn Eigenschaften wie Lebenserfahrung, Motivation und Engagement, Spiritualität und Charisma neben sehr wohl trainierbaren Kompetenzen sowie erlernbarem Wissen und Können erforderlich sind.

1. Friedensfachkräfte - was sind das?

Die Antwort, Friedensfachkräfte seien Personen, die Friedensfachdienste leisten, reicht als Erklärung nicht aus. Daher ein Beispiel: Im Herbst 1996 erreichte die Bildungs- und Begegnungsstätte für gewaltfreie Aktion KURVE Wustrow eine Anfrage aus Kenya, wo sich Flüchtlinge aus den Krisenregionen beinahe aller Nachbarländer aufhalten. Eine Organisation ruandischer Frauen, die - als Selbsthilfeorganisation entstanden - nun auch zu den Themen Konfliktbearbeitung, Versöhnung und Umgang mit post-traumatischer Belastung tätig wird, suchte um Unterstützung nach. Ihre Mitarbeiterin Julienne Mukabucyana, die als Krankenschwester eine Zusatzausbildung in Lebens- und Post-Trauma-Beratung absolviert und an Trainingsveranstaltungen zu gewaltfreier Konfliktbearbeitung teilgenommen hatte, wollte dieses Thema stärker in den Vordergrund ihrer Arbeit rücken und entsprechende Strukturen dafür aufbauen. Sie dabei zu beraten, gemeinsam notwendige und den lokalen Bedürfnissen entsprechende Weiterbildungen zu organisieren, Konzepte für Strukturentwicklung zu erarbeiten - all dies ist nur mit viel Erfahrung möglich, guter Wille allein reicht nicht aus.

Julienne Mukabucyana selber, aber auch unsere Mitarbeiterin Tanya Spencer, ehemals Freiwillige in Flüchtlingshilfeprojekten in Kroatien und in der Menschenrechtsarbeit im Kosovo, dann Qualifizierung als Trainerin in gewaltfreiem Handeln und Studium zur Rolle unabhängiger Organisationen als Eingreifende in Konfliktgebieten in Afrika - beide sind Friedensfachkräfte. Sie bringen Lebenserfahrung, Erfahrung in Methoden gewaltfreier Konfliktbearbeitung, pädagogische Fertigkeiten mit und haben sich dies auch über eine Ausbildung bzw. ein Studium eine konzeptionelle Basis verschafft.

Mit der türkischen Menschenrechtsanwältin Hülya Üçpinar, die in Wustrow zur Trainerin in gewaltfreiem Handeln ausgebildet wurde, dem Trainer Nenad Vukosavljevic, der in unserem Auftrag für mindestens ein Jahr in Sarajevo den Aufbau von Trainingsstrukturen unterstützt, der Berlinerin Silke Lutz, die im Herbst 1998 nach Palästina ausreisen wird, arbeitet die KURVE Wustrow mit einer Reihe von Personen zusammen, die als Friedensfachkräfte eingestuft werden. Sie sind eben nicht mehr "nur" freiwillige HelferInnen. Das Engagement, die "brennende Geduld", mit denen Freiwillige und ehrenamtliche FriedensaktivistInnen sich für den Erhalt oder die Schaffung von Frieden mit Gerechtigkeit einsetzen, bleibt ihnen erhalten. Doch sie haben Friedensarbeit zur Lebensaufgabe, zum Beruf als Berufung gemacht.

Nicht nur im Ausland werden Friedensfachkräfte eingesetzt. Im Februar und März 1997 hielt sich auf Einladung der Bildungs- und Begegnungsstätte für gewaltfreie Aktion und in Absprache mit anderen Teilen des wendländischen Widerstands ein international zusammengesetztes Team von Menschenrechtsaktivistlnnen im Landkreis Lüchow-Dannenberg auf, die die Ereignisse um den Atommülltransport dokumentieren und Empfehlungen für zukünftige Gorleben International Peace Teams (GIPT) erarbeiten sollten. In seinem Bericht macht das Team deutlich, daß sowohl die Koordination eines ständigen GIPT als auch die in der "heißen Phase" zur Beobachtung anreisenden Teams aus Personen mit erheblicher Erfahrung und Klarheit über ihre Aufgabe bestehen müssen (vgl. GIPT 1997, 40).

Während in Ländern des Südens Friedensfachkräfte unter Umständen über Instrumente der klassischen Entwicklungszusammenarbeit abgesichert ausreisen können, bedarf der finanzielle und juristische Rahmen für Friedensfachdienste im Inland, im EU-Raum wie in Osteuropa noch der Entwicklung. Zur Zeit steht dafür nur der Status von Freiwilligen oder Auslands-MitarbeiterInnen zur Verfügung.

Allen Friedensfachkräften sind mindestens drei Dinge gemeinsam:
- Sie verfügen über eine Lebens- und Berufserfahrung, die sie für Friedensarbeit nutzbar gemacht haben.
- Sie besitzen ein erhebliches Maß an Sicherheit im Umgang mit Instrumenten gewaltfreier Konfliktbearbeitung. Dazu ist das Verständnis theoretischer Modelle von Konfliktverläufen und die Fähigkeit, diese im konkreten Fall hinter sich zu lassen (da jede Situation spezifisch und gerade in diesem Bereich großer Dynamik unterworfen ist) erforderlich.
- Diese Sicherheit im Umgang mit Instrumenten gewaltfreier Konfliktbearbeitung gewinnen sie auch dadurch, daß sie ihre Motivation und Rolle sowie ihre Analysefähigkeit und Konfliktwahrnehmung im Verlauf von Gruppenprozessen in Trainings und Ausbildungsveranstaltungen kritisch hinterfragt haben.

Darüber hinaus besitzen Friedensfachkräfte Kenntnisse von Sprache, Gesellschaft, Politik und Kultur ihrer Einsatzregion, von Büro- und Projektmanagement und eine hohe kommunikative und interkulturelle Kompetenz. All dies versetzt sie in die Lage, im Rahmen von Friedensfachdiensten Transformationsprozesse von Konflikten zu begleiten (vgl. Evers 1997, 57ff.).

2. Freiwillige Friedensdienste

Die Vorbereitung von Freiwilligen für ihren Einsatz mit freiwilligen Friedensdiensten ist der Ausgangspunkt unserer Projekte im Ausbildungsbereich für Friedensfachkräfte. In Mitteleuropa machten Peace Brigades International (Internationale Friedensbrigaden, PBI) und Balkan Peace Team (BPT) damit erste Erfahrungen.

"Peace Teams" ist der Begriff, der sich immer mehr durchsetzt für Projekte, die mit Freiwilligen versuchen, auf gewaltfreie Weise und von der Basis her in bewaffneten gesellschaftlichen Auseinandersetzungen Friedensprozesse zu unterstützen. Angefangen hatte es mit Gandhis und Vinoba Bhaves "Shanti Sena" (Friedensarmee) in Indien, einem Projekt, das 1961 mit der World Peace Brigade und seit 1981 mit den Peace Brigades International auf internationale Beine gestellt wurde. Mittlerweile gibt es bereits eine ganze Reihe von Organisationen, die nach diesen Grundsätzen arbeiten und Erfahrungen sammeln. Balkan Peace Team in Zagreb, Split und Belgrad sowie Christian Peacemaker Teams in Bosnien, Palästina, Haiti und Tschetschenien sind nur herausragende Beispiele. Daneben hat es eine Reihe kurzfristiger Projekte gegeben, wie das Gulf Peace Team im Irak, Friedensmärsche in die im Krieg verwüsteten und eingeschlossenen Städte Sarajewo und Mostar, die Besuche von "Voices in the Wilderness" bei der vom Embargo betroffenen irakischen Zivilbevölkerung.

Daß Freiwillige, die in diesen Teams Menschenrechtsgruppen unterstützen, bedrohte Anwälte oder Flüchtlinge begleiten, Gerüchte entschärfen, nächtliche Spaziergänge durch angespannte Stadtviertel unternehmen oder bei gewaltfreien Aktionen, Beerdigungen oder Hausräumungen internationale Präsenz zeigen, auch vorbereitet werden müssen, hat sich nur langsam durchgesetzt. Am Anfang der Projekte stand oft die Vision einiger weniger AktivistInnen, die jahrelang Erfahrungen mit gewaltfreier Aktion gesammelt hatten, bevor sie Krieg und gesellschaftliche Krise als Herausforderung für ihr gewaltfreies Engagement verstanden. Gewissermaßen diente ihnen ihr bisheriger Lebensweg als Vorbereitung auf den Einsatz.

Doch sobald sich ein Projekt etabliert hatte, änderte sich die Dynamik. Die GründerInnen begannen, nach neuen Freiwilligen zu suchen: meistens nach neuen Leuten, die nicht - wie sie selber - aus den gewaltfreien Bewegungen stammen. An dieser Stelle wurden Trainings als notwendig empfunden, stellten aber auch den ursprünglichen Ansatz auf den Kopf. Es ging nun nicht mehr darum, Freiwilligen vor dem Hintergrund ihres langfristigen lokalen Engagements zu Hause die Zusammenarbeit mit Menschen, die in schwierigeren Situationen tätig sind, zu ermöglichen - der Schwerpunkt verlagerte sich darauf, Freiwillige zu rekrutieren, auszuwählen und sie in der Arbeitsweise und Philosophie ihrer zukünftigen Organisation zu unterrichten.

3. Gewaltfreie Konfliktbearbeitung

Gewaltfreie Aktion wurde so zu einem Thema, das im Training behandelt werden mußte, war nicht mehr der Ausgangspunkt aller Überlegungen. Für eine Reihe von Projekten, die ihr Eingreifen als "zivile", d.h. nicht-militärische, Intervention begreifen, sind gewaltfreie Inhalte noch stärker in den Hintergrund gerückt. Das hat große Auswirkungen auf die Ziele, die mit diesen Einsätzen erreicht werden sollen. Denn eine Beschränkung auf ziviles Eingreifen steht in Gefahr, auch dort nur de-eskalieren zu wollen, wo es um die Veränderung ungerechter wirtschaftlicher oder politischer Verhältnisse geht.

In der Bildungs- und Begegnungsstätte für gewaltfreie Aktion in Wustrow - besser bekannt als KURVE Wustrow - hat diese Entwicklung auch deshalb nicht befriedigt, da sie der Kreativität in den Teams enge Grenzen setzt. Sehr leicht versteht ein so vorbereitetes Team Gewaltfreiheit als bloße Taktik statt den befreienden Aspekt gewaltfreier Arbeit in den Vordergrund zu stellen. Außerdem erlaubt die Vielzahl der zu behandelnden Themen in maximal zweiwöchigen Trainings nicht die für eine befriedigende Bearbeitung erforderliche Tiefe. Doch vor einer Darstellung der weiteren Entwicklung von Ausbildungsprogrammen zunächst einige Worte zur Methodik.

Freiwilligen-Trainings sind geprägt von einem graswurzelbezogenen Ansatz, bei dem Wissensvermittlung im Seminarstil im Hintergrund steht. Aufbauend auf herrschaftskritischen Modellen der Aktionstrainings bedienen sie sich einer Methodik, die viel von Paulo Freires "Pädagogik der Unterdrückten" gelernt hat.

Im einzelnen stechen folgende Elemente hervor:

Teilnehmende Orientierung:
: Die Erfahrungen und Einsichten der Teilnehmenden werden ernst genommen und stellen den Ausgangspunkt für einen von Diskussion und Experiment geprägten Lernstil dar. TrainerInnen sind ebenfalls Lernende.

Ganzheitliches Lernen:
: Übungen und Körpererfahrung sowie Reflexion und Meditation bieten die Möglichkeit, nicht nur mit dem Kopf, sondern als ganze Person zu lernen.

Gruppe als Lernort:
: "Störungen haben Vorrang" - Erarbeitetes und Experimentelles muß sich im Hier und Jetzt der Gruppe bewähren.

Problemlösungs-Orientierung:
: Fragen und Probleme aus den Projekten werden zu Gegenständen der Lerneinheiten gemacht, um praktisch verwendbare, jedoch durchaus individuell verschiedene Einsichten herbeizuführen.

Bewußtsein von Geschlechterrollen:
: "Gender" ist Querschnittsthema und zieht sich durch alle anderen Inhalte durch, wie auch durch den kommunikativen Umgang miteinander.

Methodenvielfalt:
: Methoden sind der Gruppendynamik, dem Rollenspiel, unterschiedlichen kulturellen Erfahrungen, dem Theater der Unterdrückten u.a. Pädagogikbereichen entlehnt und werden immer wieder neu geschaffen.

Gewaltfreiheit als Anspruch liegt der Arbeit der Friedensdienste wie auch der ausbildenden Einrichtungen zugrunde. Manche Organisationen (z.B. PBI und BPT) erwarten auch von ihren Teilnehmenden ein Bekenntnis zur Gewaltfreiheit als Handlungsgrundsatz. Ähnlich verhält es sich mit Spiritualität: ihr wird von einigen TrainerInnen und/oder ihren Institutionen große Bedeutung beigemessen, während andere ihr Engagement eher aus einer politischen Analyse heraus motivieren. In welchem Maße eine gewaltfreie und/oder spirituelle Haltung von den Teilnehmenden der Ausbildungsprogramme als Zugangsvoraussetzung erwartet wird, bestimmt die Breite der zu erwarteten Zielgruppe. In manchen Einsatzregionen von Friedensdiensten (z.B. ehemaliges Jugoslawien, Nordirland) ist "Gewaltfreiheit" eine Handlungskategorie, die zunächst Mißtrauen hervorruft.

4. Zukunftsweisende Ausbildungsprogramme

Die Praxis der freiwilligen Friedensdienste ist in ihren Trainingsprogrammen für die Entwicklung von Ausbildungskursen für Friedensfachkräfte von großer Bedeutung, da rückkehrende Freiwillige über Jahre hinweg ihre Fragen in die Trainings eingebracht und diese damit stark an Erfahrungen in den Einsatzfeldern orientiert haben. Dennoch ist es notwendig, zu einer trägerübergreifenden Ausbildungspraxis zu kommen. In diese Richtung weisen vier Projekte.

Das internationale Gewaltfreiheitstraining *"Gewaltfreiheit im Kontext von Krieg und bewaffnetem Konflikt"* wurde seit Ende 1994 von der Bildungs- und Begegnungsstätte für gewaltfreie Aktion KURVE Wustrow in enger Zusammenarbeit mit dem Nonviolence Education and Training Project (NVETP) des Internationalen Versöhnungsbundes entwickelt. Es baut auf folgenden Überlegungen auf:

- Rückgriff auf die umfangreichen Erfahrungen in Peace Teams in möglichst vielen Zusammenhängen;
- Verankerung von gewaltfreiem Handeln als befreiender Kraft in der Arbeit von Peace Teams;
- Förderung von Kreativität im Umgang mit neuen Situationen im Einsatz.

Die bislang im Rahmen dieses Projekts stattgefundenen Trainings im April/Mai 1995, im April 1996 und im Mai/Juni 1997 richteten sich an folgende Zielgruppen:

- AktivistInnen, die in bewaffneten Auseinandersetzungen Friedens- und Menschenrechtsarbeit auf nationaler oder lokaler Ebene durchführen;
- Freiwillige und Friedensfachkräfte, die in Konfliktgebieten mit gewaltfreien Mitteln als Dritte Partei eingreifen;
- Menschen, die sich in der Betreuung von Flüchtlingen und vom Krieg betroffener Bevölkerung engagieren;
- MitarbeiterInnen in Projekten, die mit pädagogischen Ansätzen in bewaffnet ausgetragenen Konflikten tätig sind.

Ein Teil der Gruppe kam auch immer aus Organisationen, die in gewaltfreiem Widerstand gegen Umweltzerstörung, soziale oder politische Repression für Befreiung tätig sind. Wir haben versucht, die Trainingsgruppe in bezug auf

Herkunft, Art des Projekts und Geschlecht der Teilnehmenden ausgewogen zusammenzustellen.

Da in zwei bis drei Wochen nur eine Auswahl von Themen aus den betreffenden Arbeitsbereichen in hinreichender Ausführlichkeit und Tiefe bearbeitet werden kann, mußten wir uns auf vier bis sechs inhaltliche Blöcke beschränken. Die Schwerpunktsetzung erfolgte im Vorfeld auf der Grundlage der Rückmeldungen bei Anmeldung, zu Beginn des Trainings, jedoch ebenfalls noch in seinem Verlauf in Abstimmung mit den Interessen der Gruppe. Inhaltlich zeigt sich, daß großes Interesse an Themen wie Konfliktverständnis und Konfliktbearbeitung, Umgang mit Trauer und posttraumatischem Streß, Versöhnungsarbeit, Aspekten von Konfliktintervention wie Parteilichkeit / Nichtparteilichkeit / Allparteilichkeit oder interkultureller Konfliktarbeit, politische Analyse von gewaltfreier Aktion und Menschenrechten besteht.
Das Thema Menschenrechte in der Kürze der uns zur Verfügung stehenden Zeit befriedigend zu behandeln, hat sich als nur schwer möglich erwiesen. In den Trainings haben wir uns daher vorwiegend auf einzelne Gesichtspunkte konzentriert, z. B. die Möglichkeiten von Organisationen, die auf Graswurzelebene tätig sind, mit internationalen Instrumenten der Menschenrechtsarbeit umzugehen, oder die Diskussion um ein (inter-)kulturelles Verständnis von Menschenrechten.

Zu bestimmten Fragestellungen wurden ReferentInnen geladen. Im 1996 stattgefundenen Training diskutierte z.B. Carsten Wydora mit der Gruppe die Arbeitsweise kirchlicher BeobachterInnen während der Gorleben-Aktionen. Ziel der PastorInnen und Kirchen-MitarbeiterInnen ist es, durch Gespräche im Vorfeld von und durch Vermittlung während der Demonstrationen zu deeskalieren und zur Wahrung der Menschenwürde beizutragen. Die Kirchenleute machen auch öffentlich ihre Sympatie für die Ziele des Anti-Atom-Widerstands deutlich. KURVE-Mitarbeiterin Tanya Spencer stellte ein anderes Modell gewaltfreien Eingreifens dar. Trotz eventuell vorhandener emotionaler Identifikation mit einer Konfliktpartei, nehmen BPT-MitarbeiterInnen nur dort Stellung zum Konflikt, wo Menschenrechte verletzt werden - eine Bewertung der Konfliktinhalte findet in der Öffentlichkeit durch sie nicht statt. Sie bemühen sich darum, im aktuellen Konflikt als nicht-parteilich anerkannt zu werden und halten daher zu allen am Konflikt beteiligten Gruppen gleichermaßen Kontakt.

Indem die Trainingsgruppe verschiedene Modelle der Arbeit in Kriegs- und Krisengebieten diskutiert, beginnen die Teilnehmenden, die Folgen aus Entscheidungen zu verstehen, die ihre Projekte lange zuvor für das eine oder andere Modell getroffen haben. Die Auseinandersetzung mit der Arbeitsweise ganz unterschiedlicher Projekte macht zunächst einmal darauf aufmerksam, welche Entscheidungen überhaupt getroffen werden müssen. Tanya Spencer konnte in ihrem Beitrag nicht nur auf ihre Arbeit im Kosovo zurückgreifen; ihre Beteiligung an einer Delegationsreise in die algerischen Flüchtlingslager der aus der Westsahara vertriebenen sahrauischen Bevölkerung verschaffte ihr eine zusätzliche Perspektive.

Herausragendes Merkmal dieses Trainingsprojekts ist seine Interkulturalität. Bei einer Gruppe, deren Teilnehmende aus einer Vielzahl unterschiedlicher Länder kommen, sind allein der Austausch untereinander und der Gruppenprozeß wichtige Lernfelder. Es wird der Versuch unternommen, mit einem internationalen Team (aus Deutschland, Nepal, Palästina und den USA) auch methodisch verschiedene Annäherungen an das Thema zu leisten.

Nach drei Durchläufen werden jedoch auch die Probleme des Projekts deutlich. Menschen, die in mit Waffen ausgetragenen Konflikten tätig sind, bringen ihre traumatischen Belastungen in den Kurs mit ein. In der ruhigen und entspannten Atmosphäre eines Tagungshauses wird manchen Teilnehmenden die sonst erlebte Belastung erst richtig bewußt ode sie drückt sich sogar durch Aggressivität oder andere Verhaltensweisen aus. Dies macht besonders die interpersonale Ebene von Konflikten zum Gegenstand. Die Verabredung inhaltlicher Schwerpunkte stößt dann an Grenzen, wenn die Einsatzprojekte oder die Fachkräfte selber noch nicht in der Lage sind, ihren Bedarf präzise zu formulieren. Auch ein gezieltes follow-up des Trainings ist mit den in der KURVE Wustrow vorhandenen Mitteln nicht möglich.

Aus diesen Gründen wurde vorgeschlagen, die Teilnahme von Organisationen oder Netzwerken gegenüber der Teilnahme von Individuen mit Organisationseinbindung zu fördern. Wenn so mehrere Teilnehmende einer Organisation gleichzeitig im Training sind, würde dies die gemeinsame Strategie-Entwicklung und das Arbeiten an Konzepten für die Praxis begünstigen. Das Training erweist sich jedoch in zunehmendem Maße als eine Fortbildung von Menschen, die über erhebliche Erfahrung im Einsatzfeld und Anbindung an Projekte und Organisationen verfügen.

Der *Aufbaukurs des Oekumenischen Dienstes im Konziliaren Prozeß* umfaßt ein 3 ½monatiges Blockseminar, einen einwöchigen Projektbesuch, etwa zwei Wochen Vertiefungskurse und ein Praktikum im Umfang von 3 bis 6 Monaten. Ein ähnliches Programm wird berufsbegleitend über zwei Jahre angeboten. Der Kurs ist entstanden aus der Überlegung, Kirche herauszufordern, ihre Verantwortung bei der Schaffung und dem Erhalt von Frieden und Gerechtigkeit sowie der Bewahrung der Schöpfung wahrzunehmen. Daher leisten die AbsolventInnen des Kurses eine neue Dienstform unter dem Namen "Schalom-Diakonat", getragen von Gemeinden oder spirituellen Gemeinschaften. Das Kursprogramm ist christlich-spirituell geprägt. Es hat in Teilen von der Pädagogik der freiwilligen Friedensdienste profitiert, ist jedoch stärker auf Werteorientierung bezogen als andere Kurse. Obwohl die meisten Teilnehmenden im Anschluß in konkrete Projekte gehen - sei es kurzfristige Einsätze, eine Umorientierung innerhalb des bisherigen Betätigungsfeldes oder ein lebenslanges Neu-Engagement als Friedensstifter - ist die Maßnahme zunächst eher daraufhin orientiert, kompetente Menschen für einen Fachkräfte-Pool auszubilden (vgl. Voß 1997, 73). In Zusammenarbeit mit der KURVE Wustrow werden für diese Menschen ab Sommer 1998 Vertiefungskurse angeboten. Es wird erwartet, daß die Einsatzfelder, die bislang im Bereich der gesellschaftlichen Graswurzelebene lagen, durch Weiterbildung auch in die mittlere gesellschaftliche Ebene (zur Begrifflichkeit vgl. Lederach 1997, 45ff.) hineinreichen werden.

Die *Ausbildung in Friedenserziehung und Konfliktbearbeitung* des Freiwilligen Friedensdienstes der Kirchenprovinz Sachsen erstreckte sich 1997 über dreißig Tage, aufgeteilt auf drei Ausbildungswochen und acht Wochenenden. Im Jahre 1998 ist das Konzept etwas verkürzt worden. Der Kurs beinhaltet die drei Schwerpunkte "Alphabetisierung zum Frieden", "Sich einigen lernen" und "Training gewaltfreier Interaktion". Er geht zurück auf die Erfahrungen und Beschlüsse der "ChristInnen und Kirchen in der DDR für Gerechtigkeit, Frieden und Schöpfungsbewahrung" (Koch 1998). Dieser Grundkurs wird durch Vertiefungsangebote ergänzt, die ggfs. auch bei anderen Trägern wahrgenommen werden können.

Das *Modellvorhaben: Ausbildung in ziviler Konfliktbearbeitung* in Nordrhein-Westfalen ist 1997 erstmalig als Modellprojekt durchgeführt worden. Es beinhaltete einen fünfwöchigen Sprachkurs und einen 11wöchigen Basiskurs plus einer Ausreisevorbereitung durch die Projektträger der teilnehmenden Fachkräfte. 1997 nahmen sechzehn Personen teil, die überwiegend in Projekten im ehemaligen Jugoslawien eingesetzt wurden. Die Veranstalter des Kurses strebten Einsatzfelder in der unteren und der mittleren gesellschaftlichen Ebene an. Die geringe Vorerfahrung der Projektträger und der Teilnehmenden an diesem ersten Kurs erlaubte jedoch ausschließlich Einsätze auf der Graswurzelebene. Inhaltlich und konzeptionell wurde die Maßnahme 1998, die von der Arbeitsgemeinschaft Modellvorhaben: Ausbildung in ziviler Konfliktbearbeitung in zwei Kursen durchgeführt wird, grundlegend überarbeitet. In der Arbeitsgemeinschaft kooperieren die Aktionsgemeinschaft Dienst für den Frieden, die Bildungs- und Begegnungsstätte für gewaltfreie Aktion, der Bund für Soziale Verteidigung, das Forum Ziviler Friedensdienst und der Oekumenische Dienst im Konziliaren Prozeß, die hier ihre Erfahrungen einbringen (vgl. AGDF u.a. 1998). Eine Neuerung ist die Gliederung des Basiskurses in Grundkurs und Aufbaueinheiten, deren Gestaltung von den Projektträgern im Vorfeld mitbestimmt werden kann.

5. Probleme dieser Programme

Die Entwicklung von praktischen Fähigkeiten in der Konfliktbearbeitung erfordert z.T. langfristige Reflexionsprozesse, die Verarbeitung praktischer Erfahrungen und Lebenserfahrung. Kurse im Umfang von wenigen Tagen oder Wochen stellen keinen Ersatz dafür dar. Der Drang zu langen Kursen, besonders favorisiert von Ausbildungseinrichtungen und denjenigen Organisationen, die politisch motiviert Modelle gegen militärische Antworten auf bewaffnete Konflikte schaffen wollen, erfährt seine Grenzen in dem, was finanzierbar ist. Besonders die kleineren Friedensdienste sind bereits mit einem viermonatigen Kurs wie dem Modellvorhaben in Nordrhein-Westfalen an ihre Grenzen gestoßen.

Lange Kompaktkurse erlauben Personen besonders aus Altersgruppen jenseits der 30 Jahre nur dann eine Teilnahme, wenn ihre Qualifizierung finanziell und versicherungsmäßig abgesichert ist. Dazu reicht ein Freiwilligenvertrag oft nicht aus. Darüberhinaus muß auch der folgende Einsatz vertragsmäßig geregelt sein. Dazu sind die Friedensdienste oft ohne ein hohes Maß an finanzieller Unterstützung nicht in der Lage. Lange Kompaktkurse sind daher für eine junge Zielgruppe mit geringen Berufs- und Lebenserfahrungen oder für Menschen in Lebensumbruchsituationen leichter zugänglich. Menschen in Lebensumbruchsituationen ziehen jedoch Kurse wie den Aufbaukurs des Oekumenischen Dienstes im Konziliaren Prozeß vor, weil hier stärker das Arbeiten an eigenen Motivationen und Haltungen als in Mischformen wie im Modellvorhaben NRW möglich ist. Für viele Einsatzfelder im Graswurzelbereich oder gerade auch in der mittleren gesellschaftlichen Ebene wird jedoch eine andere Zielgruppe erreicht werden müssen.

Kompaktkurse haben den Vorteil, daß sie ausreichend Raum für Lernen und Reflexion in der Gruppe bieten. Ein Nachteil liegt darin, daß sie weniger flexibel den konkreten Bedürfnissen der Teilnehmenden für ihren Einsatz angepaßt werden können. Daher wird bei Kursen der Länge des Modellvorhabens NRW oder des Aufbaukurses des Oekumenischen Dienstes immer nur eine allgemeine Grundausbildung geboten werden können, nicht jedoch eine gezielt für den Einsatz qualifizierende Ausbildung. Aus diesem Grunde ist in der Aktionsgemeinschaft Dienst für den Frieden ausdrücklich der Wunsch nach Modulprogrammen geäußert worden (Müller 1998, 10f.)

Ein Problem für alle Qualifizierungsmaßnahmen ist die durchweg geringe Zahl von Friedensfachkräften bei gleichzeitig großer Verteilung auf verschiedene Aufgabenbereiche. Außerdem wird von den Anbietern erwartet, daß sie entweder flexibel auf Anfragen reagieren können oder die Angebote turnusmäßig wiederholen, um sie in die bestehenden Vorbereitungsmaßnahmen der entsendenden Dienste besser einplanbar zu machen. Hier erscheint kein Ausweg aus den Widersprüchen möglich (vgl. Berndt 1998).

6. Mögliche Antworten auf die genannten Probleme

In begrenztem Maß ist es bereits heute möglich, nach qualifiziertem Personal bei den Friedens- und Entwicklungsdiensten zu suchen. Diese Friedensfachkräfte haben ihre Qualifikation durch Praxiserfahrung und durch Weiterbildung erlangt. Dies löst besonders bei steigendem Bedarf jedoch die Probleme im Ausbildungs- und Qualifizierungsbereich nicht. Wahrscheinlich gibt es nicht nur EINE Antwort auf alle angeführten Probleme.

Daher erscheinen folgende Vorschläge sinnvoll:

Förderung von 3-4 monatigen Kompaktkursen als Grundkurse für Friedensfachkräfte/neues Personal, jedoch ohne den Anspruch, gleichzeitig für konkrete, anspruchsvolle Projekte zu qualifizieren.

Identifikation von Einsatzprojekten im Inland, um Erfahrungsbereiche für spätere Einsätze in komplexeren Transformationsprozessen (etwa in Kriegs- oder Bürgerkriegsgebieten) zu schaffen.

Förderung und Schaffung von Weiterqualifizierungsmöglichkeiten im Einsatz (Personalentwicklungsmaßnahmen, möglichst trägerübergreifend).

Angebot von Modulen zur gezielten Qualifizierung in Kenntnissen und praktischen Fähigkeiten.

Gezielte Qualifizierungsmaßnahmen für Personal, das konkrete anspruchsvolle Aufgaben in Einsatzländern zu übernehmen in der Lage ist. Ein solches könnte das ab Sommer 1998 von der KURVE Wustrow und dem Oekumenischen Dienst im Konziliaren Prozeß geplante Qualifizierungsprogramm sein.

7. Vertiefendes Qualifizierungs- und Beratungsprogramm

Dieses Qualifizierungsprogramm schließt die individuelle Beratung der Teilnehmenden, ihre Begleitung in einem Gruppenprozeß, die Teilnahme an Kurseinheiten, Praxiserfahrungen und eine Auswertung (individuell und durch die Gruppe) der Qualifizierung ein. Über die Teilnahme wird ein Qualifizierungsvertrag oder ein Ausbildungsvertrag geschlossen. Dieser Vertrag beinhaltet die Qualifizierungsziele, deren Erreichen am Ende überprüft wird. Das Qualifizierungsprogramm umfaßt folgende Elemente:

- ein Orientierungsseminar,
- Begleitseminare im Abstand von etwa zehn Wochen; Umfang: ein Wochenende.
- die Teilnahme an ausgewählten Modulen als vertiefende Kurseinheiten

- die Teilnahme an geeigneten Sprachkursen und Maßnahmen zum Erwerb von Landeskenntnis
- die Teilnahme an geeigneten Praktika oder Praxiserfahrungen
- die Teilnahme an Beratungssitzungen
- die Teilnahme an einer Auswertungssitzung im Rahmen eines Seminars.

Zu Beginn des Qualifizierungsprogramms werden gemeinsam mit den Teilnehmenden auf der Basis der individuellen Voraussetzungen (Persönlichkeitsprofil) und der zu erwartenden Einsatzprojekte und der Erfordernisse der Einsätze in der Einsatzregion (Anforderungsprofil) Lernziele definiert. Diese Lernziele betreffen im allgemeinen folgende Bereiche:
- theoretische und konzeptionelle Kenntnisse in der Konfliktbearbeitung
- dem Einsatz entsprechende Landes- und Sprachkenntnisse
- praktische Erfahrung im Umgang mit gewaltfreier Konfliktbearbeitung, Versöhnung, und ähnlichen Bereichen zur Überprüfung der theoretischen und konzeptionellen Kenntnisse und zur Befähigung zur Entwicklung eigener Modelle
- Begleitung bei persönlichen Wachstums- und Reflektionsprozessen, Spiritualität.

Die Dauer der Qualifizierungsmaßnahme beträgt im Block bis zu sechs Monaten oder berufsbegleitend zwei Jahre. Das Programm ist flexibel gestaltet und auch bei einer geringen Teilnehmendenzahl zu gegebenem Zeitpunkt durchführbar. Es verbindet vertiefende Elemente mit Lernen in der Gruppe.

Das Orientierungsseminar wird unter Beteiligung der BeraterInnen mit folgenden Zielen durchgeführt: Kennenlernen des Qualifizierungskonzeptes, Kennenlernen der Teilnehmenden und BeraterInnen, Reflektion der eigenen Motivation und Voraussetzungen. Ziele der Beratungssitzungen mit einem/einer zu Beginn bestimmten BeraterIn sind die Übernahme von Verantwortung für den eigenen Qualifizierungsprozeß sowie Supervision und Selbstauswertung. Die Teilnahme an regelmäßigen Begleitseminaren, die für alle gleichzeitig an der Qualifizierung Teilnehmenden obligatorisch sind, hat die Reflexion des persönlichen Prozesses in der Gruppe zum Ziel.

Die vertiefenden Kurseinheiten werden von der Bildungs- und Begegnungstätte für gewaltfreie Aktion und dem Oekumenischen Dienst im Konziliaren Prozeß gemeinsam durchgeführt. Über eine enge Zusammenarbeit, insbesondere die Kompatibilität von Angeboten, wird mit anderen Bildungsträgern, besonders dem Freiwilligen Friedensdienst der KPS verhandelt. An Einheiten zu folgenden Themen ist gedacht:

- Wahrnehmung und Analyse von sowie konstruktiver Umgang mit Konflikten
- Versöhnungsprozesse und Gewaltfreiheit
- Umgang mit direkter Gewalt, Bedrohung und Unsicherheit
- Erfahrungen und Perspektiven beim Aufbau von Zivilgesellschaft durch staatliche und unabhängige Akteure
- Interkulturelle Kommunikation und Konfliktbearbeitung
- Spiritualität der Gewaltfreiheit
- Vermittlung in Konflikten - für Personal in internationalen Programmen
- Mediation - Vertiefung (einschl. Einführung in die "Giraffensprache")
- Umgang mit Trauer und Trauma
- Kirche und Friedensdienste („Kirche leben im Diensten der Versöhnung")
- Aspekte von Gender im Einsatz
- Gemeinwesenarbeit als (Beitrag zu) präventive(r) Friedensarbeit
- Interkulturelle und interreligiöse Friedensarbeit
- Darüberhinaus soll für die Bereiche Sprache, Landeskenntnisse, Praktika und andere spezielle Lerninhalte als die oben aufgeführten auf Angebote anderer Anbieter zurückgegriffen werden.

8. Kooperationsbedarf mit Fachhochschulen

Diese Qualifizierungsprojekte sind aus der Erfahrung der Dienste entstanden. Das Modellvorhaben NRW, für dessen Evaluation das Land Mittel zur Verfügung stellte, ist im Hinblick auf externe wissenschaftliche Begleitung ein Ausnahmefall. Sowohl bei der kritischen Reflexion bestehender Curricula als auch bei ihrer Weiterentwicklung besteht ein großer Bedarf an Kooperation mit Universitäten und Fachhochschulen. Mehr Offenheit von Seiten der Hochschulen wird auch für die Evaluation von Einsatzprojekten von Friedensfachkräften im In- und Ausland erwartet.

Literatur

Aktionsgemeinschaft Dienst für den Frieden, Bildungs- und Begegnungsstätte für gewaltfreie Aktion (Hrsg.), 1997. Gewaltfreiheit in Krieg und bewaffnetem Konflikt - Freiwilligentrainings und Ausbildung von Friedensfachkräften. Wustrow: KURVE Wustrow.

Aktionsgemeinschaft Dienst für den Frieden, Bund für Soziale Verteidigung (Hrsg.), 1998. Dokumentation des Modellvorhabens "Ausbildung in ziviler Konfliktbearbeitung". o.J.

Arbeitsgemeinschaft für Entwicklungshilfe (Hrsg.), 1997. Dem Frieden verpflichtet. Entwicklungsdienste für den Frieden. Köln: AGEH (Reihe Basispädagogik 9).

Berndt, Hagen, 1998. Module für ein fortgeschriebenes Curriculum zur Aus- und Fortbildung von Friedensfachkräften in der zivilen Konfliktbearbeitung, in: Friedensfachdienst ist nötig. Studien zu Bedarf und zum Curriculum für Aus- und Fortbildung für Fachdienst in der zivilen Konfliktbearbeitung. Hrsg. Aktionsgemeinschaft Dienst für den Frieden. Bonn (Friedens- und Freiwilligendienste 11)

Boyan, Hartwig / Johannes Esser (Hrsg.), 1997. Zukunftsfähigkeit und Konfliktkompetenz. Jahrbuch des Arbeitskreises FRIEDEN in Forschung und Lehre an Fachhochschulen. Münster

Büttner, Christian, Gernot Jochheim u.a. (Hrsg.), 1997. Politik von unten. Zur Geschichte und Gegenwart. Theodor Ebert zum 60. Geburtstag. Berlin: Gewaltfreie Aktion (Sonderband der gewaltfreien aktion Heft 111/112, 29. Jg.).

Dutch National Committee for International Cooperation and Sustainable Development. 1997. From Early Warning to Early Action. Amsterdam

Evers, Tilman, 1997. Vorboten einer sozialen Weltinnenpolitik, in: Die Wahrheit einer Absicht ist die Tat. Idstein, S.57-71

Gorleben International Peace Team, 1997. The World is Watching. Erkundungsbericht eines internationalen Menschenrechtsteams im Wendland. Jeetzel: Tolstefanz. Zitiert als (GIPT 1997)

Koch, Uwe, (Hrsg.). 1998. Freiwilliger Friedensdienst in der Kirchenprovinz Sachsen. Projektauswertung 1.Grundkurs 1996/97. Magdeburg (noch nicht veröffentlicht).

Lederach, John Paul, 1997. Der Beitrag Dritter beim Aufbau des Friedens, in: Die Wahrheit einer Absicht ist die Tat. Idstein: S. 45-56

Müller, Harald, 1998. Feststellung des Bedarfs für Friedensfachkräfte in der AGDF, in: Friedensfachdienst ist nötig. Studien zu Bedarf und zum Curriculum für Aus- und Frtbildung für Fachdienst in der zivilen Konfliktbearbeitung. Hrsg. Aktionsgemeinschaft Dienst für den Frieden. Bonn (Friedens- und Freiwilligendienste 11)

Voß, Reinhard, 1997. Schalom-Diakonat: Für eine Kultur der Gewaltfreiheit, in: Spiritualität der Gewaltfreiheit. Hrsg. Missionszentrale der Franziskaner. Bonn 1997 (Grüne Schriftenreihe "Berichte-Dokumente-Kommentare" 68). S. 69-76

„Sozialgestaltung“ als Bildungsauftrag

ROLAND GEITMANN

„Entwicklung, der neue Name für Friede“, formulierte Papst Paul VI. in seiner Sozialenzyklika „Populorum progressio“ im Jahre 1966 programmatisch. Dieser Zusammenhang gilt auf allen Ebenen: Entwicklungshemmungen erzeugen Gewalt, Entwicklungsarbeit hilft Gewalt vermeiden. Die großen sozialen, ökonomischen und ökologischen Probleme der Menschheit sind Zeichen für mangelnde oder fehlerhafte Entwicklung, aber auch große Herausforderungen, das Notwendige nachzuholen.

Im folgenden werden Bedarf und Konzeption für ein Zusatzstudium skizziert, dessen Absolvent/innen bei diesen notwendigen Veränderungen in unserer Gesellschaft hilfreiche Dienste leisten könnten. Für die bislang unzureichend wahrgenommene Aufgabe, das gesellschaftliche Zusammenleben zeitgemäß zu gestalten, gibt es bezeichnenderweise keinen gängigen Begriff.

„Sozialgestaltung“ ist denen, die sich damit befassen, jedoch seit längerem geläufig und meint gerade nicht sozialstaatliche Reparaturdienste, sondern die Schaffung von Bedingungen, damit sich das Soziale in den Menschen entwickeln kann. Das erfordert vielfältige Verständigungsprozesse sowohl im politischen als auch im wirtschaftlichen und im kulturellen Bereich. Lebendige Demokratie braucht Moderator/innen, die das in den Menschen Veranlagte erkennen und zur Entfaltung bringen, Ziele formulieren helfen und zu Veränderungsschritten ermutigen. Solche „soziale Hebammenkunst“ gilt es zu erlernen.

1. Bedarf

1.1 Problemlage

These 1:

Die sich verschärfenden ökologischen, ökonomischen und sozialen Probleme sind nur lösbar im breiten Verständigungsprozeß über notwendige Veränderungen des westlichen Lebensstils und zukunftsweisende soziale Innovationen.

Die sozialen und ökologischen Ungleichgewichte auf dieser Erde sind hinlänglich bekannt. Elend und Unterdrückung in den Ländern des Südens und

Ostens sind historisch und z.T. noch immer mitbedingt durch eigensüchtige Eingriffe der westlichen Industrienationen (Zinslasten, Kapitalabflüsse, unfaire Preise u.a.). Die Armen zerstören die Umwelt aus Not und Unwissenheit, wir Reichen durch Verschwendung und tragen deshalb doppelte Verantwortung dafür, daß die natürlichen Lebensgrundlagen künftiger Generationen schwinden durch Gifte und Atommüll, CO_2 und Ozonloch, Verwüstung des Bodens, Verseuchung der Gewässer, Aussterben von Tier- und Pflanzenarten.

Diese Zusammenhänge zwischen sozialen, ökonomischen und ökologischen Problemen sind spätestens seit der UNO-Weltkonferenz von Rio 1992 Allgemeingut. Nachhaltige Entwicklung ist nicht durch technischen Umweltschutz allein, sondern nur durch Einbeziehung der sozialen und wirtschaftlichen Dimension möglich, so die zutreffende Erkenntnis dieser Konferenz. Die Auswirkungen unserer Lebensweise auf künftige Generationen und andere Regionen dieser Erde machen es notwendig, unsere Konsumgewohnheiten grundlegend zu verändern. Folgerichtig sieht die Konferenz für nachhaltige Entwicklung nur dann Chancen, wenn diese Veränderungen von unten und auf breiter Front in Gang gebracht werden. Deswegen wird u.a. den nichtstaatlichen Organisationen und den Kommunen eine entscheidende Verantwortung für die Umsetzung dieser Maßnahmen zugesprochen.

Die Gefährdung der Erde und weitere Probleme, die wir der nächsten Generation z.B. durch Schulden und Rentenansprüche aufladen, erfordern breite und intensive Verständigungsprozesse, für die die vorhandenen Strukturen nicht ausreichen. Die Institutionen repräsentativer Demokratie fördern mehr das Abschieben von Verantwortung statt einen ständigen Lernprozeß durch Auseinandersetzung mit Sachfragen. Die Parteien vermögen nur einen Bruchteil der Bevölkerung zu aktivieren und sind vornehmlich an Machtgewinn und -erhalt orientiert. Die herkömmlichen Verbände beschränken sich in der Regel auf Gruppeninteressen und vernachlässigen das Allgemeinwohl.

Weiterführend ist dagegen das immer breiter werdende Netz nichtstaatlicher, gemeinnütziger Organisationen für Gerechtigkeit, Demokratie, Umweltschutz und Frieden. Damit ihre hilfreiche Bildungsarbeit in politische Entscheidungen einmünden kann, brauchen wir neben den vielfältigen Formen der Bürgerbeteiligung als letzten Trumpf auf allen politischen Ebenen direktdemokratische

Entscheidungsinstrumente. Auf diese Weise würde sich quer zu den organisierten Interessen und den Parteien eine Ebene sachbezogener Willensbildung legen, die viele Menschen motiviert und aktiviert und breite politische Lernprozesse initiiert.

1.2 Mitwirkungsbereitschaft

These 2:

Der technische Fortschritt entlastet Menschen von existenzsichernder Arbeit und eröffnet Freiräume für kulturelle Entfaltung und politische Selbstbestimmung.

Die Rationalisierungserfolge in der Wirtschaft erzeugen Probleme, bieten aber auch Chancen. Zwar werden sie angetrieben durch Gewinnstreben, erkauft durch unverantwortlichen Energie- und Ressourcenverbrauch, begünstigt durch ein verfehltes Steuersystem und verursachen bedrohliche Massenarbeitslosigkeit. Aber sie befreien uns auch von oft allzu eintöniger Arbeit und geben uns Gelegenheit, uns als kulturelle, soziale und politische Menschen zu entfalten.

Dieses Angebot nehmen wir bei weitem nicht wahr. Statt wie gewohnt auf Dauer- und Vollarbeitsplätzen zu beharren und teilnahmslos zuzusehen, wie Millionen Menschen aus diesem Arbeitsprozeß ausgesondert werden, wäre die verbliebene Arbeit neu und flexibel zu verteilen, so daß möglichst alle eine ihnen bekömmliche Mischung aus Erwerbsarbeit, Bürger- und Eigenarbeit, Muße und Fortbildung finden.

Auch durch höhere Lebenserwartung und Bildung ist das Mitwirkungsangebot gestiegen. Die zahllosen Initiativen und nichtstaatlichen Organisationen signalisieren ein wachsendes Bedürfnis nach politischer Selbstbestimmung. Im großen Zeitrahmen gesehen kann man für Europa feststellen, daß die Menschen zum Ende dieses Jahrtausends aus politischer Unmündigkeit heraustreten, erwachsen werden wollen und danach verlangen, an Entscheidungen beteiligt zu werden. Dies erfordert ein bislang noch ungeahntes Maß an öffentlicher Kommunikation.

1.3 Geschulte Moderator/innen

These 3:

Eine mündig werdende Gesellschaft braucht Moderator/innen für die Prozesse der Verständigung über sich wandelnde Formen des Zusammenlebens.

Was manche als Atomisierung der Gesellschaft beklagen, ist, positiv betrachtet, unausweichlich uns aufgegebene Individualisierung. Unsere gesellschaftliche Situation ist die des Erwachsenwerdens. Die bisherigen Regeln, Konsumgewohnheiten, Kenntnisse, Arbeitsplätze und sozialen Sicherungssysteme sind fragwürdig geworden. Strukturen sind überholt; das Neue ist noch nicht in Sicht und wird voraussichtlich weder von Experten noch von Politikern gefunden, sondern muß von den betroffenen Menschen selbst entwickelt werden.

Für diese Klärungsprozesse brauchen wir geschulte Moderator/innen, die ohne inhaltliche Vorgaben Kommunikation organisieren und doch ein Erkenntnisorgan für das haben, was sich in der Gesellschaft entwickeln will, was in den Menschen veranlagt ist, ansteht und in die Zukunft weist. Soweit die Ausbildung solcher Moderator/innen anhand der aktuellen gesellschaftlichen Fragen geschieht, kann bereits hierin ein Beitrag zur Lösung liegen und wird dringend notwendige Innovation gefördert.

1.4 Einsatzfelder

These 4:
Sozialgestalter/innen finden vielfältige Einsatzfelder auf allen politischen Ebenen wie auch im Wirtschafts- und Kulturleben.

Zahlreiche schon bisher ausgeübte Tätigkeiten im öffentlichen Sektor, die Phantasie, konzeptionelles Denken und kommunikative Fähigkeiten verlangen, fänden in einer Zusatzausbildung „Sozialgestaltung“ eine qualifizierte Grundlage, z.B.

- Bürgermeister/innen und Referent/innen für Öffentlichkeitsarbeit und Bürgerbeteiligung,
- Abgeordnete und ihre Assistent/innen,
- Mitarbeiter/innen für Grundsatz- und Zukunftsfragen in Ministerien und internationalen Organisationen,
- Gleichstellungsbeauftragte,
- Stellen für Kommunal-, Regional- und Landesentwicklungsplanung,
- Bürgerbeteiligung in Bauleitplan- und Planfeststellungsverfahren sowie in der Stadterneuerung,
- Wirtschafts- und Fremdenverkehrsförderung,
- Gremien der internationalen, interregionalen und grenzüberschreitenden Zusammenarbeit,

- Entwicklungsdienst und internationale Demokratisierungshilfe.

Entsprechendes gilt für gemeinnützige Organisationen, Parteien, Verbände, Kammern, Gewerkschaften und Unternehmensberatungen, aber auch Kirchen, Medien und Einrichtungen der Erwachsenenbildung, die alle an Fragen der Sozialgestaltung mitwirken, ohne dafür besonders geschult zu sein.

Andere Aufgaben und Formen der Verständigung werden erst allmählich aufgegriffen und benötigen externe Moderatoren, insbesondere wenn eine so umfassende Fragestellung wie die „Lokale Agenda 21“ ansteht:
- Bürgerforen und Runde Tische,
- Arbeitskreise und Projektgruppen,
- nach Zufallsprinzip ausgewählte Planungszellen, die Bürgergutachten erstellen,
- Bürgerbüros und andere Formen zur Förderung bürgerschaftlichen Engagements,
- Mediation,
- Anwaltsplanung,
- ziviler Friedensdienst.

Ein erheblicher Bedarf an Öffentlichkeitsarbeit und Moderation ist im Entstehen durch direktdemokratische Entscheidungsverfahren, wie sie für die kommunale Ebene inzwischen in allen Bundesländern und in den meisten auch für die Landesebene, wenn auch noch sehr restriktiv, ermöglicht werden. Wie groß das Bedürfnis der Menschen ist, sich in Sachfragen zu engagieren und mitzuentscheiden, zeigt sich in den Ländern, die relativ anwenderfreundliche Verfahrensregelungen haben, insbesondere in Bayern und abgeschwächt auch in Hessen, Schleswig-Holstein, Nordrhein-Westfalen und Sachsen.

In mehreren Bundesländern gibt es Initiativen zur Verbesserung der Verfahrensvorschriften. Für die Bundesebene wird die Einführung direktdemokratischer Entscheidungsverfahren seit langem von der Mehrheit der Bevölkerung gefordert, wurde aber trotz des Versprechens in Artikel 20 Abs.2 Grundgesetz bislang von den Parteien verweigert.
Offen ist für entsprechende Initiativen die Frage der Finanzierung der Öffentlichkeitsarbeit und externer Moderator/innen. Während sich Parteien, orientiert

an ihrem Wahlerfolg, aus öffentlichen Mitteln bedienen, ist dies für Volksentscheidsinitiativen bislang noch nicht gewährleistet. Zumindest für die Landes- und Bundesebene ist eine solche Kostenerstattung erforderlich, weil andernfalls nur bereits organisierte Interessenverbände sich dieses Instruments bedienen können. Gerade die Keime des Neuen brauchen Förderung, wenn wir nicht erstarren wollen. Diese Mittel werden künftigen Sozialgestalter/innen zugute kommen.

Um bedürfnisgerechter, ressourcenschonender und innovativer zu sein, braucht auch das Wirtschaftsleben neuartige Verständigungsformen, in denen Produzenten, Händler und Konsument/innen sich branchen- und regionalbezogen abstimmen. Statt Objekt aggressiver Werbung zu bleiben, sollten sich Konsument/innen als Mitsubjekt der Willensbildung organisieren. Weit über das hinaus, was Verbraucherberatung heute schon tut, wird hier ein Bedarf an Vermittlung entstehen, die die aufwendige Werbung weitgehend ersetzen kann.Für alle drei Bereiche, Politik, Wirtschaft und Kultur, wird es Sozialgestalter/innen sowohl im Angestelltenverhältnis als auch zunehmend als freiberuflich tätige Berater und Moderatorinnen geben können, die projektbezogen hinzugezogen werden.

1.5 Lücken anderer Studiengänge

These 5:

Bisherige Studiengänge bereiten auf soziale Gestaltung nur unzureichend vor.

Zu einem erheblichen Anteil wird die Aufgabe sozialer Zukunftsgestaltung noch gar nicht wahrgenommen, zu einem weiteren Teil nur unzureichend. Entsprechend groß sind Reformstau und Probleme.

Wesentlichen Anteil an der Verholzung unserer gesellschaftlichen Strukturen haben *Juristen.* So hilfreich ihre Fähigkeiten in der Problemanalyse, der Verfahrensleitung und im Formulieren und Anwenden von Regeln sind, so unkreativ und wenig geeignet sind sie oft für die Suchbewegungen und fließenden Vorgänge bei der Schaffung von Neuem.

Die rechtlichen und ökonomischen Kenntnisse der *Verwaltungswissenschaftler und Diplomverwaltungswirte* fänden in einem Zusatzstudium "Sozialgestaltung" eine gute Ergänzung.

In der Fragestellung kommen *Politologen und Soziologen* nahe an das, was mit „Sozialgestaltung“ gemeint ist. Doch Ergebnis dieser sehr theoriegeprägten Studiengänge sind Stärken eher im Beschreiben und Analysieren einzelner Segmente des Ist-Zustandes und weniger darin, aus der Erkenntnis langfristiger Grundströmungen Neues zur Entfaltung zu bringen. Erst recht zu kurz kommt das Einüben der Kommunikations- und Moderationstechniken.

Wirtschaftswissenschaftliche Grundkenntnisse wird man sich für „Sozialgestalter“ zweifellos wünschen. Doch läßt sich mit diesem Instrumentarium nicht die gesamte soziale Wirklichkeit erfassen und gestalten. Das ökonomische Menschenbild des kühl rechnenden Egoisten ist ein Homunkulus der Theorie, der das Denken beherrscht und den Blick dafür verstellt, daß arbeitsteiliges Wirtschaften auf Verständigung und Solidarität angelegt ist, wie es Tauschringe neu buchstabieren.

Ethik liefert ein reiches Ensemble von Fragestellungen, Argumenten und möglichen Antworten für die Suche nach Formen des guten und gelingenden Lebens. *Philosophen* und *Theologen* würden durch eine Zusatzausbildung als Sozialgestalter/innen breitere Betätigungsfelder finden.

Die *Psychologie* liefert wichtige Verständnisgrundlagen für Probleme und Verbesserungsmöglichkeiten menschlicher Kommunikation, aber keine (gesamt-)gesellschaftlichen Konzepte. Ähnliches gilt für den Studiengang „Erwachsenenbildung“.

Mancherlei Gemeinsamkeiten gibt es mit *Sozialpädagogik und -arbeit*; dies gilt insbesondere für den gemeinwesenorientierten Ansatz (GWA). Doch ist deren Arbeitsfeld mehr die Mikroebene und es geht weniger um Gestaltungsvorschläge für die Politik.

Verwandt ist dem Sozialgestalter der *politische Journalist*, für den es neben Journalistenschulen und Weiterbildungsakademien erst seit kurzem einen eigenen Studiengang an der Universität München gibt. Die wünschenswerten Grundlagenkenntnisse sind ähnlich; doch in der praktischen Ausbildung stellen Berichterstattung und Mitgestaltung verschiedene Anforderungen.

Berührungspunkte gibt es auch mit dem Ausbildungsgang *„Kommunikationswirt“*, der jedoch recht eingeengt ist auf Öffentlichkeitsarbeit, also das Vermitteln von Vorgegebenem, und die moderierende Funktion sowie die inhaltlich-politische Seite vernachlässigt.

Bürgerbeteiligung in Planungsverfahren wird auch von *Stadt- und Landschaftsplanern* sowie von *Geographen* moderiert, obwohl dies in ihrer Ausbildung allenfalls am Rande berührt wird.

2. Konzeption

2.1 Ziel

These 6:
"Sozialgestaltung" ist eine soziale Hebammenkunst auf der Meso- und Makroebene.
Sozialgestaltung zielt nicht auf die Mikroebene der Familie, der Nachbarschaft oder des einzelnen Betriebes, sondern auf die Mesoebene der Bürgerinitiativen, nichtstaatlichen Organisationen, Verbände, Kammern, Gewerkschaften und Parteien und vor allem die politischen Ebenen der Gemeinden, Landkreise, Regionen und Bundesländer sowie mit gewissen Einschränkungen auch Bund, Europäische Union und internationale Politik.

Großorganisationen und Politik werden von den meisten Menschen nicht als etwas wahrgenommen, was sie mitgestalten können. Mit der Beschränkung auf Wahlen und gelegentliche Meinungsäußerungen stehen wir noch am Anfang der Demokratie. Diesen Zustand politischer Unmündigkeit gilt es zu überwinden. Weil politisches Erwachsenwerden etwas Neues hervorbringt und wie eine zweite Geburt ist, kann man die begleitende, vorantreibende und unterstützende Moderatorenfunktion der Sozialgestaltung als „soziale Hebammenkunst“ bezeichnen.

Wie Hebammen können Sozialgestalter/innen das Neue nicht selbst produzieren, aber seine Hervorbringung entscheidend unterstützen, weil sie Entwicklungsgesetze kennen und wissen, wann etwas „an der Zeit“ ist. Ohne das Ergebnis genau vorauszusehen, können sie die Richtung der Anstrengungen präzise angeben. Sie werden Verkrampfungen lösen, ängstliches Zurückhalten, etwa den Rückfall in vordemokratische Zustände, vermeiden, alle Kräfte nach vorne richten und ermutigen, sich für das Neue zu öffnen.

Unsere im Reformstau verharrende Gesellschaft ist im Zustand einer Gebärenden, die sich verkrampft und angstvoll verweigert. Deshalb bedarf es der Sozialgestalter/innen, die die hervorzubringende Gesellschaft schon vor Augen haben, Mut machen und es fertig bringen, alle Kräfte der Gesellschaft auf den anstehenden Geburtsvorgang zu lenken. Erkenntnis und kommunikative Fähigkeiten, Wahrnehmung und Zuspruch sind jetzt vonnöten und alles getragen von liebevoller Zuwendung. Diese Fähigkeiten gilt es zu enwickeln.

2.2 Curriculum

These 7:

Grundlagenwissen über gesellschaftliche Entwicklungen sowie Projektstudien und Übungen können die Studierenden befähigen, sowohl mit allen Schichten der Bevölkerung als auch mit Wissenschaftlern und Fachexperten zu kommunizieren, deren Beiträge einzuschätzen und Bedingungen zu schaffen, die im Zusammenwirken der Menschen Neues entstehen lassen.

Sozialgestaltung ist in einer demokratischen Gesellschaft kein Formen nach willkürlich vorgefaßter Vorstellung, sondern ein Hervorbringen dessen, was sich verwirklichen will. Das erfordert solide Kenntnisse über tiefere Zusammenhänge der bisherigen gesellschaftlichen Entwicklung sowie sorgfältige Wahrnehmung des gegenwärtigen Zustands, der zukunftsweisenden Ideen und vorhandenen Kräfte. Wer die Grundrichtung der langfristigen Entwicklung erkennt und damit das Künftige erahnt, kann klarer unterscheiden, was nach vorne weist und was ein Rückfall wäre, auch wenn es ohne solche Entwicklungsschlaufen manchmal nicht abgeht.

Sozialgestalter/innen können Wissenschaftler und Fachexperten nicht ersetzen, müssen aber als Moderatoren mit allen kommunizieren können. Deswegen wird die Ausbildung einen breiten Kranz von Gesellschaftswissenschaften berühren: Philosophie, Anthropologie und Erwachsenenpädagogik, Geschichte, Kultur- und Sozialwissenschaften, Politikwissenschaften und Recht, Volkswirtschafts- und Betriebswirtschaftslehre, Ökologie, Stadt- und Raumplanung. Entsprechend ihrer unterschiedlichen Voausbildung werden sich die Studierenden vorwiegend den Disziplinen zuwenden, die sie noch nicht kennengelernt haben. Dabei kann es lediglich darum gehen, deren Denkweise, Sprache und Methodik zu erfassen. Statt die Studierenden mit allzu vielen scheinobjektiven Fakten vollzustopfen, sollten sie eher die Relativität aller wissenschaftlichen Aussagen erkennen, Wissenschaftsgläubigkeit überwinden und ihren Blick schulen für „Außenseiter“ und den in ihnen sich möglicherweise ankündigenden Paradigmenwechsel.

Das notwendige Grundlagenwissen wird sich durchweg auf Entwicklungen beziehen, also auf Gewordenes und sich Verwandelndes, damit sich daran die Fähigkeit entfaltet, in die Zukunft zu denken und diese schöpferisch mitzugestalten. Beispiele sozialer Metamorphosen sollten Gegenstand vertiefender Projektstudien werden. Ein wesentlicher Teil des Zusatzstudiums wird das Üben von Kommunikationstechniken sein. Sozialgestaltung fußt zwar auf wissenschaftlichen Erkenntnissen, ist selbst jedoch nicht Wissenschaft, sondern eine Kunst, die man letztlich nur durch praktisches Vormachen, Erproben und Üben lernen kann.

Die folgende Auflistung möglicher Lehrveranstaltungen soll nicht mehr als eine erste Skizze sein:

a) Grundlagen

- Die seelisch-geistige Entwicklung des Menschen und der Menschheit
- Sozialethik
- Ökologische Ethik
- Psychologische Grundlagen der Kommunikation

- Politische Ideengeschichte
- Sozialer Wandel und Sozialpolitik
- Verfassung und öffentliche Verwaltung in Kommunen, Land, Bund und Europäischer Union
- Systematik und Instrumente des Rechts

- Politische Ökonomie
- Ideen für ein gerechtes Steuerwesen
- Das Instrumentarium der Betriebswirtschaftslehre

b) Projektstudien

werden in der Regel formelle (1) und materielle (2) Fragen verbinden, so z.B. Lokale Agenda 21, Ausländerbeirat, Planungszelle zur Kulturentwicklung, und dabei auch Erfahrungen anderer Länder auswerten.

(1) Institutionen und Verfahren

- Parteien und Wahlen
- Verbände, Gewerkschaften und wirtschaftliche Interessen
- Direktdemokratische Entscheidungsverfahren
- Internationale Demokratisierungshilfe
- Planungsverfahren und Formen der Bürgerbeteiligung
- Förderung bürgerschaftlichen Engagements
- Beteiligung von Jugendlichen
- Existenzgründung
- Formen solidarischen Wirtschaftens
- Konsumentenmitbestimmung

(2) Felder der Politik

- Gemeinde- und Stadtentwicklung
- Regional- und Landesentwicklung
- Umweltschutz
- Verkehr
- Energie
- Wasser und Abwasser
- Kreislaufwirtschaft
- Beschäftigung
- Ernährung und Gesundheit
- Sozial Schwache und Gefährdete
- Integration von Ausländern und Aussiedlern
- Extremismus, Fundamentalismus und Gewalt
- Öffentliche Verschuldung und Generationenvertrag
- Kulturentwicklung und -finanzierung

c) Übungen

- Methodik des Lernens und der Erwachsenenbildung
- Fremdsprache (Englisch oder Französisch)

- Kreativitätstechniken und Zukunftswerkstätten
- Ethische Argumentation

- Rhetorik
- Präsentation und Öffentlichkeitsarbeit
- Gestaltung von Druckvorlagen

- Gesprächsführung und Moderationstechniken
- Supervision
- Mediation
- Planungszelle

- Befragungen
- Statistik
- Informatik
- Organisationsentwicklung

- Problemanalyse und Entscheidung
- Motivation und Begleitung
- Buchhaltung und Büroorganisation
- Controlling

- Rechtsanwendung
- Rechtssetzung
- Geschäftsordnung und Fairnessregeln
- Vorläufige Absprachen und Verträge

2.3 Umsetzung

These 8:
Statt eines eigenen Studienganges sollten Teile des vorgeschlagenen Curriculums in vorhandene Ausbilungs- und Studiengänge verstärkt einfließen und Gegenstand von Weiterbildungsmaßnahmen werden. Anzustreben wäre darüber hinaus das Angebot eines Zusatzstudiums "Sozialgestaltung" an Fachhochschulen.

Sozialgestaltung als eigenständigen Studiengang anzustreben, wird (zumindest vorerst) wenig erfolgreich sein. Widerstände hiergegen sind sowohl aus benachbarten Studiengängen wie Politikwissenschaft und Sozialpädagogik zu erwarten als auch von Bildungspolitikern. Denn so lauthals Politiker Umdenken und Wandel in der Gesellschaft fordern, so kritisch werden sie, wenn bei solchem Wandel bestehende Machtstrukturen ins Schwanken kommen. Schon die Einführung und Verbesserung direktdemokratischer Verfahrensregeln stoßen bei herrschenden Parteien auf heftige Abwehr, erst recht das Ansinnen, die Rahmenordnung unserer Wirtschaft durch ein ökologisches Steuersystem zu verändern, das allen Menschen gleiche Zugangschancen zu Gemeinschaftsgütern wie Boden, Energie und auch Geld gewährt. Ein staatlich dirigiertes und von wirtschaftlichen Interessen geprägtes Bildungssystem ist schwerlich imstande, einen Systemwandel zu befördern, sondern dient der Reproduktion bestehender Strukturen wohl bis zum bitteren Zusammenbruch. Nichts wäre deshalb dringlicher als die Forderung des Bundespräsidenten Herzog beim Bildungsforum 1997 umzusetzen: "Entlassen wir unser Bildungssystem in die Freiheit."

Gegen einen eigenständigen und damit auch sich von anderen abgrenzenden Studiengang „Sozialgestaltung“ ist ein weiteres Argument zu berücksichtigen: Gerade weil gesellschaftlicher Wandel Angelegenheit eines jeden mündigen Menschen ist und das Bildungswesen wie auch die Wirtschaft sich selbst verwalten sollte, müßten sozialgestalterische Fähigkeiten in jedem Menschen gefördert werden, statt sie Spezialisten vorzubehalten. Deshalb wird für die Umsetzung ein anderer Weg vorgeschlagen:

- Wenn sich die Erkenntnis verbreitet, daß die zeitgemäße Gestaltung des Zusammenlebens sich als unabdingbare Aufgabe einer erwachsen werdenden Gesellschaft stellt, wird die Schulung entsprechender Fähigkeiten in immer mehr Lehr- und Studienpläne als Schlüsselqualifikation einsickern.
- Dieser Vorgang wäre sowohl durch punktuelle Weiterbildungsmaßnahmen als auch durch das Angebot eines Zusatzstudiums zu fördern. Da wir lebenslang lernen müssen, ist es kein Widerspruch, etwas, was man sich für jeden als Basis- und Schlüsselqualifikation wünscht, aber noch nicht vorhanden ist, zunächst als Zusatzqualifikation anzubieten.

Eine Zusatzausbildung würde zum einen die Aufgabe "Sozialgestaltung" deutlich ins Bewußtsein heben, andererseits die isolierende Wirkung eines eigenen Studienganges vermeiden und realisieren, daß sich Sozialgestaltung mit unterschiedlichen Vorausbildungen sinnvoll verknüpfen läßt und den Absolventen derselben zusätzliche Chancen eröffnet. Im Hinblick auf den großen Anteil der Projekte und praktischen Übungen bieten sich als Ausbildungsstätten für ein Zusatzstudium "Sozialgestaltung" Fachhochschulen an, insbesondere die Fachbereiche Sozialwesen, aber auch die Fachhochschulen für öffentliche Verwaltung, sofern sie - zumindest insoweit - externalisiert werden. Schon bisher sind ihr Gegenstand die öffentlichen Angelegenheiten. Sie verfügen deswegen über Juristen, Ökonomen (Volkswirte und Betriebswirte), Soziologen, Politologen, Psychologen und Informatiker, die angesichts abnehmender Studierendenzahlen einen Teil des Curriculums übernehmen könnten.

Mit der Angliederung eines Zusatzstudiengangs „Sozialgestaltung“ tragen diese Fachhochschulen der Entwicklung Rechnung, daß sich das Verhältnis zwischen Verwaltung und Bürgern verschiebt: Die dienstleistenden und erledigenden Funktionen werden schon aus finanziellen Gründen schrumpfen, während die moderierende Funktion zunehmen wird. In einer mündigen Gesellschaft, die ihre Rahmenbedingungen sachgemäßer und gerechter als heute gestaltet, werden soziale Reparaturdienste schrittweise durch günstige Voraussetzungen für Selbsthilfe ersetzt. Nach der polizeilich-militärisch geprägten Verwaltung des 19. Jahrhunderts und der sozialstaatlichen Erledigungsverwaltung im 20. Jahrhundert entsteht eine demokratische „Ermöglichungsverwaltung“, die sich wieder zurücknimmt und die Bürgerinnen und Bürger nicht länger als Objekt, sondern als Partner und darüber hinaus als eigentliches Subjekt einbezieht.

Der Zusatzstudiengang „Sozialgestaltung“ hätte deswegen befruchtende Rückwirkungen auf die bisherige Verwaltungsausbildung, die für Ordnungsverwaltung, Finanzen und Gewährleistung einer sozialen Grundsicherung zwar auch künftig gebraucht wird und doch den Übergang ins nächste Jahrtausend einer freiheitlichen, reiferen, selbstbewußten und innovativen Gesellschaft schafft.

Mediation an Schulen: Gewaltäußerungen und soziale Strukturen

ANGELA MICKLEY

In der gewaltfreien Konfliktbearbeitung, die ich seit 1991 an Berliner Schulen durchgeführt habe, stellten die Aspekte akuter Bearbeitung und präventiver Verhinderung von Gewalttaten eine oft gegensätzliche Rolle dar. In meiner Darstellung möchte ich mich auf einige Beispiele für die akute Bearbeitung von gerade geschehenen oder nicht sehr lange zurückliegenden Gewalthandlungen in 7. Klassen beschränken. Auf der präventiven Seite sollen, ebenfalls für 7. Klassen, die Aspekte der langfristigen Arbeit berücksichtigt werden, die an einigen Berliner Schulen von der Schulleitung in konkreter Weise mit Kommunikationsübungen für die neu eintreffenden Schüler an der Schule gestaltet wurden.

Ziel der Konfliktbearbeitung durch Mediation in den am Projekt beteiligten 7. Klassen war

1. für die Schüler:

- die Schüler zu befähigen, ihre Konflikte eigenständig zu bearbeiten,
- die Schüler zu einer gewaltfreien Regelung ihrer Konflikte anzuregen,
- den Schülern Methoden und Möglichkeiten der gewaltfreien Konfliktregelung durch Übung und Rollenspiele erfahrbar und handhabbar zu machen.

2. für die Lehrer:

- die Fähigkeiten der Schüler, ihre Konflikte selbst zu lösen, stärker wahrzunehmen,
- die Schüler in der Selbstregelung ihrer Konflikte zu unterstützen,
- den Schülern bewußt Methoden in die Hand zu geben, um die eigene, souveräne Konfliktbearbeitung zu ermöglichen.

3. für die Schulleiter:

- innerhalb des bestehenden schulischen Disziplinierungsrahmens den Lehrern Möglichkeiten zu lassen bzw. zu schaffen, mit den Schülern neue Formen der Konfliktregelung zu lernen und zu praktizieren,
- die Lehrer gezielt auf weitere Möglichkeiten der Konfliktbearbeitung hinzuweisen,

- dem Kollegium durch von Fachleuten durchgeführte Fortbildungen zu ermöglichen, neue Formen der Konfliktregelung wie z.B. Mediation zu lernen und weiterführend an die Schüler weiterzugeben.

Die genannten Aspekte schließen die noch nicht thematisierte Problematik eines bestehenden Schulsystems ein, das von seiner Konfliktorganisation her nicht darauf angelegt ist, die Konfliktbearbeitung durch Schüler in einem weiteren Rahmen zuzulassen. Lehrer, die sich mit der Mediationsmethode beschäftigt hatten und versuchten, sie in ihrem Klassen- oder Fachlehrerrahmen innerhalb der Schule anzuwenden, machten häufig einschränkende Erfahrungen. Sie erlebten, wie die Schule als Institution innerhalb eines größeren Bildungssystems nicht unbedingt in der Lage ist, sich entwickelnde neue Formen von Konfliktbearbeitung und Disziplinierung zu tolerieren. An einzelnen Schulen hing die Erweiterung der Konfliktbearbeitungsmöglichkeiten oft von den Fähigkeiten der Rektoren ab, solche Formen als sinnvoll zu erkennen und sie im Kollegiumsrahmen vorzustellen sowie die ersten Probierversuche einzelner Lehrer auch zuzulassen und zu fördern.

Innerhalb des Projektes Mediation an Schulen konnte der Erfolg der an einer Schule durchgeführten Mediationsstunden und akuten Mediationsgespräche unter anderem daran gemessen werden, wie ausdrücklich die jeweiligen Schulleiter diese neuen Formen befürworteten und innerhalb der Schule zu ihrer Verbreitung beitrugen.

Ein Beispiel für eine akute Konfliktbearbeitung in einer 7. Klasse, die innerhalb der Bearbeitung in eine Neugestaltung der sozialen Strukturen dieser Klasse überging, möchte ich kurz etwas detaillierter darstellen. In dieser gemischtnationalen 7. Klasse, die ich im Herbst kennenlernte, nachdem sie im Sommer an dieser Schule von Grundschulen neu zusammengestellt worden war, hatten sich für die Schüler und für die dort unterrichtenden Lehrer unangenehme Formen des sozialen Miteinanders herausgebildet. In der Klasse war es üblich, in heftiger, unflätiger bis zu obszöner Form miteinander zu sprechen. In den Wochen kurz vor der Bearbeitung hatten sich zwei Schüler der Klasse, ein Junge und ein Mädchen, gegenseitig so stark verletzt, daß beide ärztlich betreut werden mußten. Die Atmosphäre in der Klasse hatte sich daraufhin äußerlich etwas beruhigt, innerlich war bei den Schülern das Gefühl entstanden, es könnte überhaupt nichts mehr verbessert werden, weil nach ihrem Eindruck die Lehrer keinerlei Interesse zeigten, innerhalb der Klasse eine Änderung der Atmosphäre und eine Verbesserung des Umgangs miteinander nicht nur zu propagieren, sondern auch zu helfen, dies tatsächlich umzusetzen.

Als ich mit der Klasse arbeiten sollte, hatte ich lediglich die Information, daß die Schüler es "dringend bräuchten", und keinerlei Ahnung, was dort auf mich wartete. Zwei Lehrerinnen, die in der Klasse unterrichteten und den Schülern durch die vorherigen Wochen des gemeinsamen Unterrichts leidlich bekannt waren, begleiteten mich, setzten sich hinten in die Klasse und beobachteten mit konstruktiv abwartenden Blick das ganze Geschehen. Ich habe später den Gegensatz zwischen diesem konstruktiven Beobachten und dem destruktiven Beobachten des ebenfalls teilnehmenden Klassenlehrers sehr deutlich bemerkt, als der Klassenlehrer in einer der letzten Sitzungen der Klasse, und auch dann nur auf ausdrückliche Bitte, anwesend war und mit seiner Haltung einige der in der Klasse stattfindenen konstruktiven Prozesse fast untergraben hätte.

Die Schüler, ungefähr 8 Mädchen, 8 Jungen, erzählten nach einigen Anfangsklärungen zu meiner Rolle einigermaßen bereitwillig, wie sie die Situation in der Klasse einschätzten, wie sie sich selbst darin fühlten und daß sie alle der Meinung wären, es könnte überhaupt nichts verbessert werden, weder von ihrer eigenen noch von Lehrerseite.

In den darauffolgenden drei Doppelstunden, die ich mit der Klasse gemeinsam an einer Verbesserung der Situation gearbeitet habe, wurde deutlich, daß die Schüler ein hohes Maß an kreativen Fähigkeiten im sozialen Bereich hatten. Es wurde weiterhin deutlich, daß sie in ihren Möglichkeiten und Fähigkeiten zuvor nicht genug angesprochen worden waren, und daß sie sich selbst über die Möglichkeiten, die sie spontan zur Verfügung hatten, nicht im Klaren waren. In der Bearbeitung wurden zu Anfang von allen durcheinander die Äußerungen, Verhaltensweisen und Eindrücke geschildert, die sie als besonders unangenehm und störend empfanden. Ich sammelte das jeweils in Kurzform an der linken Tafelhälfte. Als diese Darstellung von allen für vollständig erklärt wurde, gingen wir dazu über, auch dies wieder mit dezidiertem Nachfragen zu sammeln: wie wollt ihr es haben, was ist euch wichtig, was soll der oder die euch sagen, oder wie soll der oder die euch ansprechen, was ist euch am liebsten, was gefällt euch dabei am besten.

Die Äußerungen zu den Wünschen, Vorstellungen, Ideen der Schüler sammelten wir auf der äußeren rechten Tafelhälfte, und da wir die Tafel aufgeklappt hatten, blieb in der Mitte eine große Fläche frei, die ich im folgenden benannte als die eigentliche Arbeitsfläche, auf der miteinander vorher überlegt und dann notiert werden könnte, wie im einzelnen die Schritte von dem jetzigen Zustand zu dem gewünschten Zustand gestaltet werden könnten. Nach den schon bekannten anfänglichen Äußerungen, das wäre zu schwierig, das könnte keiner schaffen, die anderen würden ja nicht mitmachen, gingen die Schüler relativ bereitwillig dazu über, diese Schritte in sehr kleine Abschnitte zu unterteilen und sich haargenau am Verhalten der einzelnen Betroffenen, d.h. der auch Gewalttätigen zu orientieren und ihnen Verhaltenshilfen zu geben, die die Veränderungen möglich machen sollten.
Nachdem dies gemeinsam erarbeitet und vereinbart war, nahm sich die Klasse einen bestimmten Zeitraum vor, in dem das Vereinbarte tatsächlich umgesetzt werden sollte, und verabredete für etwaige Ausrutscher Sanktionen, die jeweils mit den Beteiligten abgesprochen wurden. Da die Bearbeitung sich als außerordentlich schwierig gezeigt hatte, war es für die begleitenden Lehrer und für mich eine große Überraschung und Freude zu erleben, daß nach insgesamt 6 Schulstunden gemeinsamer Konfliktbearbeitung die Klasse im folgenden, und das hielt sich die nächsten Monate und, wie wir jetzt wissen, auch Jahre durch, als eine angenehme konstruktive Klasse zeigte, die ein hohes Maß an sozialer Verantwortung für ihre internen Probleme zeigte.

Für die Verbreitung der Mediation an dieser Schule wurde diese Bearbeitung ein geeignetes Sprungbrett. Die Schulleitung und die mit Mediation arbeitenden Lehrerinnen dieser Schule nutzten dieses Beispiel, um die Möglichkeiten der Mediation innerhalb der Schule weiter zu propagieren.

Neben dieser beschriebenen Form der akuten Fallbearbeitung anhand eines gerade geschehenen Konfliktes, der in diesem Fall in eine selbstbestimmte Gestaltung des sozialen Miteinanders in der Klasse überging, gab es Beispiele für gezielt präventive Arbeit mit der Mediationsmethode, die in Klassen angewandt wurde, in denen die Richtung auf eine destruktive soziale

Atmosphäre hin bereits sichtbar, aber es noch nicht zu eklatanten Gewalttaten gekommen war.

Ein Beispiel hierfür ist die Gestaltung der ersten drei Tage an der Neuen Oberschule. In Berlin wechseln die Grundschüler nach der 6. Klasse auf die Oberschule und kommen dort in Klassen, in denen sie keinen bis 10 Mitschüler bereits von der Grundschule kennen, und sich in dem größeren Klassenverband neu zurechtfinden müssen. Drei Direktoren von Berliner Schulen erklärten sich bereit, im neuen Schuljahr einen Modellversuch zu starten mit dem Ziel, zu Beginn der neuen Klassensituation mit den neuen Schülern gemeinsam soziale Strukturen zu gestalten, die im folgenden gewaltpräventiv wirken und Konfliktbearbeitungen leichter ermöglichen sollten.

Ein Beispiel dafür ist eine Schule im Nordosten Berlins mit knapp 1000 Schülern. An dieser Schule wurden die neu für die 7. Klassen zuständigen Lehrern in einem knapp eintägigen Seminar mit den Methoden der gewaltfreien Kommunikation und Mediation vertraut gemacht. Die betroffenen Lehrer ließen sich darauf hin von Schulsozialarbeitern und Lehrern ihrer Schule, die im Vorfeld bereits an mehrtägigen Seminaren zur Mediation teilgenommen hatten, noch über weitere Einzelheiten aufklären und hatten ebenfalls die Gelegenheit, sich über Literatur mit den theoretischen Hintergründen vertraut zu machen. Nach dieser noch in den Ferien stattfindenden Veranstaltung begrüßten sie die neuen Schüler zu Schulbeginn mit dem Hinweis, daß die ersten drei Tage frei von Fachunterricht sein sollten, und sie statt dessen das ungewohnte neue Schulleben miteinander erforschen wollten. Hierzu muß gesagt werden, daß die beteiligten Lehrer zu einem großen Teil skeptisch waren, inwieweit diese Methoden der kommunikativen Spiele, kooperativen Übungen und Konfliktbearbeitungsübungen überhaupt eine sinnvolle Tätigkeit in den ersten Schultagen sein könnten und inwieweit sie überhaupt eine konflikt- oder gewaltpräventive Wirkung haben könnten. Sie führten jedoch die geplanten und mit den Lehrern geübten Spiele und Übungen durch, waren angenehm überrascht von der begeisterten Zustimmung der neuen Schüler und erklärten sich im folgenden bereit, diese Form des Schulbeginns an der Oberschule auch anderen Lehrern über Weiterbildung mitzuteilen und verfügbar zu machen.

Als besonders hilfreiche Ergebnisse dieser Arbeit wurden die Kennenlernspiele bezeichnet, in denen die jeweils unterschiedlichen Gruppenzusammensetzungen dazu führten, daß alle Schülerinnen voneinander mehrere Möglichkeiten des ersten Eindruckes bekamen, sehr viel positive Dinge übereinander erfuhren und gleichzeitig lernten, vor Unbekannten zu sprechen und sich im Klassenverband zurechtzufinden. Ein Lehrer bezeichnet es als besonders konstruktiv, daß er mit dem näheren Kennenlernen der Schüler nicht bis zur ersten Klassenfahrt warten mußte, bei der sich üblicherweise die Negativstrukturen sonst schon verstärkt hatten, sondern die Kinder in ihrer Gesamtpersönlichkeit wahrnehmen konnte und seinen fachlichen Eindruck, den er dann später bekam, in diesen Gesamteindruck einordnen konnte.

Beispielsweise wurde ein recht dicker und unsportlich wirkender Junge, der aus seiner alten Schule schon an Hänseleien gewöhnt war, sehr schnell innerhalb der Klasse zum Sportprofi, da sie ihn als ausgezeichneten Werfer und Fänger beim Brennball einsetzen konnten und gar nicht auf den Gedanken kamen, einen einseitig schlechten Eindruck von ihm haben zu können. Diese für die Schule und die ebenfalls für andere Schulen erfolgreichen drei Tage führten dazu, daß an den beteiligten Schulen dies zur festen Einrichtung gemacht wurde, und die älteren Klassen zum Teil neidisch auf die Neuen schauten, die so ganz andere Möglichkeiten am Anfang zur Verfügung gestellt bekamen.

Die Erfahrung dieser an zahlreichen Schulen durchgeführten Anfangsprogramme zeigt, daß die größte Hürde nicht in den beteiligten Schülern liegt, sondern in den beteiligten Lehrern bzw. Schulleitern, die oft erst durch eigene Erfahrung dazu gebracht werden können, solche Programme in ihrer Schule zuzulassen oder gar selber daran teilzunehmen.

Die Berliner Erfahrungen zeigten, daß auch vorsichtig befürwortende Lehrer für solche Programme gewonnen werden konnten, wenn die ersten Erfahrungen, die sie selbst in Übungen und Rollenspielen mit kommunikationsorientierten Programmen machen konnten, in einem geschützten Rahmen stattfanden. Bei Schulleitern spielte es eine große Rolle, inwieweit die Betreffenden den persönlichen Mut hatten, ob über Befürwortung solcher Seminare, an ihrer Schule neue Formen des sozialen Miteinanders, der Konfliktbearbeitung und der Reflexion solcher Prozesse zuzulassen bzw. selbst daran teilzunehmen. Die

Schulen, die heute mehrere Jahre nach Beginn dieses Projektes noch erfolgreich damit arbeiten, sind diejenigen, an denen mehrere engagierte Lehrerinnen und eine ebenfalls engagierte Schulleitung diese Form des Umgangs mit Konflikten befürwortet und selber praktiziert.
Die inzwischen ca. 20 Schulen, die in Berlin mit der Mediationsmethode arbeiten, haben nach mehreren Jahren Erfahrung eigene Mediationssprechstunden eingerichtet, die von den beteiligten Lehrern zu festen Zeiten abgehalten werden: sie haben Schülerprogramme zum Lernen der Mediationsmethode eingerichtet, die regelmäßig stattfinden; sie führen bei Bedarf akute Fallbearbeitungen auch außerhalb durch, sie haben in einigen Fällen Kontakt zu ebenfalls mit Mediation vertrauten Kripobeamten, die sich bei Bedarf und Offenheit der Beteiligten von mehreren Seiten mit einem bestimmten Schüler auseinandersetzen, der z.B. innerhalb eines Täter-Opfer-Ausgleiches mit Mitschülern oder Nachbarskindern in seinen Verhaltensänderungen gestützt werden soll.

Die Voraussetzungen, die eine Schule erfüllen sollte, an der mit Mediation begonnen werden kann, sind folgende:

1. Schulleiter, Kollegium sollten einverstanden sein, daß Mediation an der Schule eingeführt wird, in welch kleinem Rahmen auch immer.
2. Elternschaft und Schüler sollten informiert und möglichst einverstanden sein, daß so etwas stattfindet.
3. Schüler sollten auf jeden Fall die Möglichkeit haben, ebenfalls Mediation zu lernen und anzuwenden; dafür müssen zeitliche und örtliche Räume geschaffen werden.
4. Lehrer und Schüler sollten die Möglichkeit erhalten, in genügender Zeit, d.h. in ca. mindestens 24 Stunden sich mit dieser Methode vertraut zu machen und sie innerhalb eines bestimmten Rahmens ausprobieren zu können.
5. Eltern sollten bei Elternabenden oder Gesamtelternveranstaltungen über dieses neue Projekt informiert werden und die Möglichkeit erhalten, selbst an Seminaren teilzunehmen bzw. für sich als Eltern eigene Seminare veranstaltet zu bekommen.
6. Lehrer, die mit der Methode zu arbeiten bereit sind, sollten die Möglichkeit, d.h. auch die Freistellung erhalten, Mediationen durchzuführen und den

Schülern als Mediatoren bekannt gemacht werden. Für Schülermediatoren gilt entsprechendes.

Die bisherigen Erfahrungen zeigen, daß die Möglichkeit Mediation zu lernen, von Schülern und Lehrern sehr viel genutzt wird, daß sich an Schulen, die mit der Methode arbeiten, die Gesamtatmosphäre merklich verbessert, und daß sich in Klassen, die gemeinsam Mediation lernen, die Möglichkeiten des konstruktiven Umgangs miteinander erweitern. Die Schwierigkeit des unter Umständen sehr unterschiedlichen Umgangs mit Konflikten Zuhause, in anderen Einrichtungen und in der Schule lösen Schüler erstaunlich leicht, indem sie jeweils die Form wählen, die in der Einrichtung geschätzt wird.

Gewinner? Verlierer? Egal! - Wege aus der Gewalt[1] für Schüler/innen und Lehrer/innen

BERNHARD NOLZ

Wenn ich Erlebnisse und Erfahrungen aus meiner Lehrer- und Moderatorentätigkeit der letzten vier Jahre[2] reflektiere, stelle ich fest, daß die Gewaltproblematik weiterhin das Thema Nr. 1 für Lehrerinnen und Lehrer ist. Noch allerdings ist nicht entschieden, ob Schüler/innen und Lehrer/innen oder eine der beiden Gruppen in vier Jahren auf der Gewinner- oder auf der Verliererseite stehen werden. FortbildungsmoderatorInnen sind Gewinner-Gewinner orientiert. Wohl deshalb sind nur ganz selten Bildungspolitiker/innen unter ihren KlientInnen.

Im Folgenden möchte ich einen Eindruck von der Tätigkeit als Moderator in einer Lehrer/innen-Fortbildung vermitteln, die der Gewaltprävention gewidmet ist. Lehrer/innen-Fortbildung zur Gewaltthematik ist handlungsorientiert, projektbezogen und ergebnisoffen. Ich sehe diesen Beitrag dazu als Impuls.

1. Von Verlierern: Gewalt in der Schule - wie sie jeden Tag vorkommen

1. Zwei Schülerinnen (16), die an einem Training zur konstruktiven Konfliktbearbeitung teilgenommen haben, schlagen derartig auf eine Mitschülerin (14), von der sie sich beleidigt fühlen, ein, daß sie sich in ärztliche Behandlung begeben muß.
2. Ein Schüler (17) wird wiederholt in der Schule von einer Gruppe ausländischer Mitschüler (16-18) drangsaliert. Bei einer erneuten Attacke schießt er mit einer Schreckschußpistole um sich.
3. Ein Schüler (18) fehlt so häufig unentschuldigt im Unterricht, daß er der Schule verwiesen wird.
4. Mehrere Lehrerinnen und Lehrer einer Schule starten eine Initiative für eine neue Schulordnung (die alte verstaubt irgendwo in den Akten), weil sie eine Handhabe gegen undisziplinierte und gewalttätige Schüler benötigen.

---

[1] Den ModeratorInnen der gleichnamigen Kampagne des Bundes für Soziale Verteidigung (BSV) bin ich für die vielen Anregungen im Laufe unserer Zusammenarbeit dankbar.

[2] Der Vierjahreszeitraum bietet sich zur Betrachtung an, weil ich seit vier Jahren an der Bertha-von-Suttner-Gesamtschule Siegen und in der Lehrerfortbildung (Rechtsradikalismus, Friedenserziehung, Gewaltprävention) des Landes Nordrhein-Westfalen tätig bin. Davor war ich vier Jahre an der Kieler Universität tätig.

5. Mehrere Lehrerinnen und Lehrer einer Schule leiden darunter, daß an ihrer Schule kein pädagogischer Minimalkonsens möglich ist, weil beispielsweise Aufsichtspflichten nicht wahrgenommen werden, so daß Pausengewalt von Schülern unsanktioniert bleibt.
6. Zwei Schüler (16) bessern mit großem Erfolg ihr Taschengeld durch den Verkauf von Kopien ihres selbst verfaßten Gewalt-Comics auf. In dem Comic mit rassistischem, antisemitischem, frauen- und schwulenfeindlichem sowie rechtsextremistischem Inhalt werden auch zwei Lehrer verunglimpft.
7. In einer Schule werden immer wieder die Jungentoiletten demoliert und verstopft sowie Schüler dort bedroht und belästigt. Die Gewaltakte lassen nach, als die Schulleitung Prämien für die Benennung von Tätern auslobt. Nach Protesten aus der Elternschaft werden die Prämienzahlungen eingestellt.
8. Ein Schüler (14), der eben noch händchenhaltend seine gleichaltrige Mitschülerin angeschmachtet hat, „krallt" sich im nächsten Moment mit seinen Fingernägeln in den Hals eines Mitschülers bis Blut fließt, weil der ihn bei einer Rangelei mit einem anderen unbeabsichtigt und ohne es zu merken getreten hat.

Warum habe ich gerade diese Beispiele skizziert?
Die Fälle werden an Schulen vorgestellt, die sich an einer Fortbildungsmaßnahme „Gewaltprävention" beteiligen bzw. an einer teilnehmen wollen (Vorgespräche).
Alle Vorfälle sind anschließend nach den konventionellen Konfliktlösungsmustern, die auf der Basis schulrechtlicher Regelungen zur Verfügung stehen, bearbeitet worden. (Das gilt nicht für das Beispiel Nr. 8. Die Gewalthandlung ereignet sich am letzten Schultag vor den Ferien, so daß seitens der Lehrkräfte keine Maßnahmen mehr ergriffen werden konnten.)
Alle gefundenen Lösungen erweisen sich entweder als nicht nachhaltig friedlich, entpuppen sich als Scheinlösungen oder lassen sich selbst als Gewaltakte klassifizieren.

Im Fall 1 wird die vorherige Teilnahme an einem Konflikttraining als erschwerend angesehen, so daß den Schülerinnen per Konferenzbeschluß die Entlassung von der Schule als Ordnungsmaßnahme angedroht wird.

Im Fall 2 sieht die Konferenz die Bedrohung, die von dem Schüler zukünftig für die anderen Menschen in der Schule ausgehen wird als so gravierend an, daß sie ihn mit sofortigem Vollzug der Schule verweist (Ordnungsmaßnahme), ohne ein Interesse an der Aufklärung der Verstrickungen der namentlich benannten Bedroher zu zeigen.

Fall 3 erweist sich als eine überflüssige, schulrechtlich zwar abgesicherte Ordnungsmaßnahme, die Lehrermacht demonstrieren und abschreckend auf andere Schüler/innen wirken soll.

Fall 4 beruht wahrscheinlich auf der irrigen Annahme, Schüler/innen würden die Regeln des schulischen Zusammenlebens nicht kennen. Schüler/innen (und auch Lehrer/innen) brauchen aber mehr als ein Stück papierener (Schul-) Ordnung zum Einüben von sozialen Verhaltensweisen.

In Fall 5 problematisieren die Lehrerinnen und Lehrer die Tatsache, daß Mehrheitsentscheidungen die jeweiligen Minderheiten überwältigen. Zunächst lassen sie unberücksichtigt, daß durch eine aktive Wahrnehmung der Aufsicht Schüler/innen-Gewalt minimiert werden könnte.

Fall 6 unterscheidet sich von den anderen Fällen dadurch, daß einer der verunglimpften Lehrer, bevor andere schulische Maßnahmen vollzogen werden konnten, mit den beiden Comic-Verfassern ein Abkommen auf der Basis eines Gewinner-Gewinner-Vertrages abschließt. Darin entschuldigen sich die Verfasser und verpflichten sich, keine weiteren Comics in Umlauf zu bringen, so weit wie möglich alle verbreiteten Comics zurückzukaufen und einen Anti-Gewalt-Comic für die Schülerzeitung herzustellen.

Aber Fall 6 unterscheidet sich andererseits nicht von den anderen, weil die zuständige Konferenz den Vertrag der Konfliktpartner und die darin enthaltene Wiedergutmachung einfach nicht zur Kenntnis nimmt und die Comic-Verfasser mit dem zwangsweisen Verlassen der Schule (Ordnungsmaßnahme) bedroht.

In Fall 7 decken die Eltern der Schule die Gewalthaltigkeit der schulischen Konfliktlösung auf: In einer demokratischen Schule gebe es das Lernziel „Denunziation“ nicht, sagen sie, denn „Zivilcourage“ sei etwas ganz anderes (vgl. Krahulec 1997).

2. Wege aus der Gewalt heißt zu Gewinnern werden

Lehrerfortbildung „Gewaltprävention“ will Wege aus der Gewalt weisen und zur Entwicklung von Friedensfähigkeit beitragen. Im Rahmen der Fortbildung werden Lehrerinnen und Lehrer mit Konfliktlösungsstrategien und -methoden

vertraut gemacht, die im Repertoire schulrechtlicher Ordnungs- und Disziplinarmaßnahmen nicht vorgesehen sind, die aber dennoch an jeder Schule realisiert werden können. Für diese Erkenntnis und für die aufmerksame Wahrnehmung konfliktreicher Situationen erscheint eine Sensibilisierung der Lehrer/innen, auch der Schüler/innen, dringend geboten (vgl. Jefferys/Noack 1995).
Die „Kollegiale Fallberatung“ ist ein sensibilisierendes Mediationsverfahren mit starrem Regelwerk und stereotypen Redewendungen, das zum einen die Isolation des einzelnen Lehrers sprengt, indem Berater/innen hinzutreten. Außerdem ermöglicht es, die Rollen der am Konflikt beteiligten Personen einzunehmen und neue Perspektiven kennenzulernen. Nach diesem Verfahren werden die Kolleginnen und Kollegen den Fall 8 nach den Ferien bearbeiten. Wäre an der Schule ein Schüler-Streit-Schlichter-Programm (z.B. Jefferys/Noack 1995) bereits etabliert, könnte die Konfliktlösung ohne Beteiligung eines Lehrers/einer Lehrerin durchgeführt werden.

„Erziehung zum Frieden ist Erziehung zur Veränderung der Welt“ (von Hentig 1987: 9). Dieser handlungs- und praxisorientierten Auffassung von Friedenserziehung, die der Emanzipation verpflichtet ist, können auch viele Lehrerinnen und Lehrer heute nicht mehr uneingeschränkt zustimmen, weil ihnen die Zielvorstellung eines friedlichen Miteinanders abhanden gekommen zu sein scheint oder weil sie keine neuen Instrumente entwickeln konnten, mit denen sie die Friedensarbeit hätten fortsetzen können. So tragen sie - ungewollt - zur derzeitigen Bildungskrise bei.

Es muß an anderer Stelle erörtert werden, warum so viele Lehrer/innen, wenn sie danach gefragt werden, den folgenden friedenspädagogischen Zielvorstellungen, die Esser (1997: 136) formuliert hat, zustimmen, sie aber - im Gegensatz zum Verfasser - für ihre pädagogische Arbeit als wenig oder gar nicht relevant bezeichnen: „Richtungweisend (...) sind emanzipatorische und demokratische Zieldimensionen wie pädagogisch-politische Aufklärung, Selbstbestimmung und politische Partizipation, institutionelle und innergesellschaftliche Kritik und Veränderung (...)“
Aus Galtungs Gewaltbegriff kann ein Verständnis von Friedenskultur, zu der Fortbildungsveranstaltungen zur Gewaltprävention beitragen wollen, entwickelt werden. Direkte Gewalt ist nach Galtung jede Gewalt, die direkt auf den Menschen ausgeübt wird. Strukturelle Gewalt geht von den gesellschaftlichen

Verhältnissen und Strukturen aus und wirkt eher indirekt auf den einzelnen Menschen oder auf Menschengruppen. Als kulturelle Gewalt wird alles bezeichnet, was der Legitimierung von direkter oder struktureller Gewalt dient. Unter dem Begriff Friedenskultur können Handlungen und Maßnahmen, Aktionen und Einrichtungen verstanden werden, die zum Abbau von direkter bzw. struktureller Gewalt beitragen, die der Gewaltfreiheit verpflichtet sind oder durch die die Beachtung bzw. die Durchsetzung von Menschenrechten gewährleistet werden kann.

Zur Friedensfähigkeit einer Gesellschaft gehört mehr, als sich mit einem gebrochenen Gewaltverständnis des/der einzelnen zufriedenzugeben. Es käme darauf an, die gesellschaftlichen Ursachen der Friedlosigkeit wahrzunehmen, darüber zu diskutieren und an ihrer Überwindung kollektiv zu arbeiten. Dabei ist entscheidend, „in welcher Weise Individuen und Gruppen verantwortlich sind für die von ihnen vertretenen Ideen und ihre Handlungen" (Giddens 1997: 182). Und: „Eine emanzipatorische Politik ist eine Politik der Lebenschancen. Es geht dabei um die Steigerung der Autonomie des Handelns (...) und es geht darum, wie wir in einer Welt leben sollten, in der alles, was früher naturbedingt (oder traditionsgebunden) war, nunmehr in gewissem Sinne gewählt oder entschieden werden muß" (Giddens 1997: 132). Die gleichen Gedanken entwickelt Beck mit dem Hinweis auf die Selbstorganisation des Politischen. „Das Politische bricht *jenseits* der formalen Zuständigkeiten und Hierarchien auf und aus" (1993: 156). Subpolitik ist „basisorientiert, außerparlamentarisch, nicht klassen- oder parteigebunden, organisatorisch und programmatisch diffus und zerstritten" (159). Aber genau „in dieser Explosivität des Kleinen, scheinbar Banalen liegt ein gutes Stück Wirkung und Geheimnis der Subpolitik" (166), die auf diese Weise zumindest die herkömmliche Politik stören und zugleich deutlich machen könnte, wo und wie etwas geschehen müßte.

Ein ähnliches Verständnis charakterisiert die Nichtregierungsorgansiationen, von deren Arbeitsweisen die in der Schule Tätigen viel lernen könnten.

3. Mediation das heißt gemeinsam gewinnen

Lehrer/innen-Denken und -Handeln ist aus strukturellen Gründen dem Einzeldasein verhaftet. Das Hinzutreten Dritter zum Unterrichtsgeschehen wird mit Skepsis betrachtet (z.B. bezüglich außerschulischer Experten), als Kontrolle erlebt (z.B. von Vorgesetzten) oder als Einmischung empfunden (z.B. von Eltern oder KollegInnen). Ausbildung, unterrichtliche Praxis und Schulorganisation fördern Kooperation und Teamarbeit von LehrerInnen nicht. Mit gesetzlichen Maßnahmen wie Mehrarbeit und Pensionierungserschwernissen schwächen die Bildungsverantwortlichen ihre eigenen Effizienzbeteuerungen. Anders gesagt. Wer eine bessere Schule und besseren Unterricht will, muß die Voraussetzungen dafür schaffen: z.B. mehr Verantwortlichkeit, mehr Fortbildung, mehr Geld, mehr Zeit!

Wenn LehrerInnen mehr Zeit für die Erfüllung ihres Bildungsauftrages gegeben würde, erhöhten sich ihre Möglichkeiten zur Kooperation.
Situationen, in denen Gesprächsfähigkeit praktiziert werden kann, können in Konfliktlagen oft nur von Dritten geschaffen werden. Diese Erfahrung wird auch in Schulen immer häufiger gemacht. Die Teilnahme an Mediations-, Supervisions- und Streitschlichtungsprogrammen ermöglicht Menschen - unabhängig von ihrem Alter - neue Kommunikations- und Umgangsformen zu entwickeln. Mit Hilfe von Streitschlichterprogrammen werden Konfliktsituationen analysiert, angemessenes Verhalten trainiert und Schritt für Schritt soziale Kompetenz erworben. Streitschlichtungskompetenz hilft z.B. SchülerInnen, zwischenmenschliche Problemsituationen akzeptabel und erfolgreich zu bewältigen, wenn sie z.B. Kontakte aufnehmen oder aufrechterhalten wollen, sich in bestehende Gruppen integrieren wollen oder Meinungsverschiedenheiten austragen müssen.

Mediationsverfahren gewinnen immer mehr an Bedeutung, weil sie eine gewaltfreie Konfliktaustragung ermöglichen (vgl. Besemer 1994, 1996). Die Hinzuziehung von unparteiischen Dritten, der informelle Charakter, die Konsensorientierung und vor allem das Prinzip der freiwilligen Teilnahme erscheinen nur auf den ersten Blick untauglich für ein schulisches Konfliktmanagement. Der größte Vorteil der Mediation ist es m.E., dass sie innerhalb und außerhalb institutioneller Strukturen zur Wirkung kommen kann. Es hängt von den Menschen ab. Die Anwendungsbreite korreliert mit der Universalität der Gewaltfreiheit und des Wunsches nach Frieden. „Die MediatorInnen führen die Konfliktparteien durch einen Klärungsprozeß, der die KontrahentInnen befähigt, die eigenen Interessen und Gefühle zu erkennen,

diejenigen der anderen Seite zu verstehen und gemeinsam eine einvernehmliche Konfliktlösung zu finden. Das Mediationsverfahren bietet ein umfangreiches Instrumentarium, um eine konstruktive Konfliktlösung zu ermöglichen" (Faller/Kerntke/Wackmann 1996: 12/13).
Das Krisenhafte schulischer Wirklichkeit zeigt sich u.a. darin, daß bei der Beurteilung der Belastung von Lehrerinnen und Lehrern deren stundenmäßige Unterrichtsverpflichtungen herangezogen werden, aber gleichzeitig die im Unterricht entstandenen und dort größtenteils nicht mehr lösbaren Problemlagen verwaltungsrechnerisch ausgeblendet bleiben.

4. „Für mich war es ein großer Gewinn, daß ich die konstruktive Konfliktbearbeitung und das Streitschlichterprogramm kennengelernt habe!"

Das sagte die Schülerin Maren zu mir, als sie hörte, daß ich einen Bericht über KoKo schreiben wollte.[3] „Kommunikation und Konflikt" (KoKo), die Bezeichnung erhielt das Wahlpflichtfach, das ich im August 1996 im 9. Jahrgang einer nordrhein-westfälischen Gesamtschule anbot (vgl. Schulbuch 1997). 19 Schülerinnen und 3 Schüler haben das Angebot wahrgenommen und Handlungskompetenz zur Konfliktlösung und Streitschlichtung (nach Jefferys/Noack 1995) erworben. Bevor es realisiert wurde, waren die Erwartungen, die die Schülerinnen und Schüler mit KoKo verbanden, per Kartenabfrage ermittelt worden. Die Befragungsergebnisse waren eindeutig: An erster Stelle stand der Wunsch zu lernen, wie die Konflikte mit anderen und die eigenen Probleme gelöst werden können. („Über unsere Probleme reden und sie besser und anders lösen"; „bei Streit richtig zu reagieren"; Streit zu schlichten ohne Gewalt"; „sich wehren ohne Gewalt".)
Ergänzt durch erprobte Handlungskonzepte aus der politischen Bildung (z.B. Zukunftswerkstatt, Psychodrama) wurden dann die einzelnen Lernschritte der beiden großen Trainingsblöcke des Programms „Kooperatives Konflikttraining" und „Die Schüler-Streit-Schlichter-Ausbildung" durchgearbeitet. Die anfängliche Zurückhaltung einiger Schülerinnen und Schüler gegenüber körperorientierten und darstellenden Spielen konnten bald überwunden werden. Der Erwerb von Kenntnissen über gewaltfreie und vermittelnde

[3] Zuerst erschienen in: Hlz – Zeitschrift der GEW Hamburg, 10/97

Verhaltensmöglichkeiten in Konflikten eröffnete den Schülerinnen und Schülern Optionen für alternatives Gestaltungs- bzw. Vermeidungshandeln. So war es beispielsweise keinem geläufig, daß zu dem gängigen Gewinner-Verlierer-Schema, das sie als Lösung von Schülerkonflikten (oder aus Konflikten mit Lehrerinnen und Lehrern) nur allzugut kannten, der alternative Konfliktausgang Gewinner-Gewinner praktizierbar wäre. Gewinner-Gewinner-Lösung meint, daß beide den Konflikt klären und auf diese Weise die Beziehung erhalten werden kann. Auch in der schulischen Realität, das wurde allen sehr schnell klar, ist der Konfliktausgang Verlierer-Verlierer der häufigste: Alle Beteiligten tragen einen Schaden davon oder verlieren ihre Freundschaft. Durch Rollenspiele und andere Kommunikationsübungen wurden z.B. Einfühlungsvermögen und Toleranz, die Übernahme der Perspektive Anderer oder das Äußern von Gefühlen in Konfliktsituationen geübt. Was sich im Nachhinein als sachliche Ergebnis beschreiben läßt, bedeutete für die Schülerinnen und Schüler mehrstündige Anstrengungen, bis sie in der Lage waren, die meist aggressiven und schuldzuweisenden Du-Botschaften („Du Idiot!“; „Du bist selber schuld!“) zugunsten entspannend wirkender bzw. konfliktentschärfender Ich-Botschaften („Ich bin wütend, wenn du meine Tasche...“; „Ich habe dich so verstanden, daß du ...“) aufzugeben. Es sollte sich zeigen, daß die Fähigkeiten, die bei der Bearbeitung des Konflikttrainings entwickelt werden konnten, der konkreten Streitschlichter-Ausbildung zugute kamen.

Diese Fähigkeiten bilden auch das Gerüst für eine erfolgreiche Bewältigung der Schlichtungsaufgabe, die nach der Vorstellung der Programmgestalterinnen in einem relativ starren Rahmen vonstatten gehen soll. Aus kritischer Distanz betrachtet erscheint ein gewisser Formalismus, von dem das Schlichtungsverfahren gekennzeichnet ist, notwendig. Schlichtungsformulare gehören ebenso dazu wie die vorgeschriebene Verlaufsphasen: Vorbereitung und Einleitung der Schlichtung, Austausch der Standpunkte, Lösungsphase, Abkommen und Schlusswort, nach der Schlichtung. Durch ihre Einhaltung bzw. Berücksichtigung - so schwer es zunächst auch den Schülerinnen und Schülern in der Übungsphase sowie im tatsächlichen Einsatz gefallen sein mag - erhält das Schlichtungsverfahren eine Art institutioneller Autorität, ohne die es um seine Wirkung gebracht würde. Zu ungewöhnlich erscheint es vielen nämlich immer noch, daß Schülerinnen und Schüler in Streitfällen in der Schule für eine Schlichtung zuständig sein sollen. Zu einseitig sind die Vorstellungen über eine

Konfliktlösung vom üblichen Gewinner-Verlierer-Schema geprägt. Dabei liegen die Vorteile der Streitschlichtung auf der Hand: Der Konflikt kann ohne Autoritäten (z.B. strafende Lehrer/innen) geregelt werden. Konfliktlösungen ohne Niederlage werden möglich. Streitpunkte werden erkannt, eigene Standpunkte können überdacht werden. Selbstständigkeit und Selbstverantwortung werden gefördert, Aggressionen abgebaut.

Während der Ausbildung zu Streitschlichtern haben die teilnehmenden Schülerinnen und Schüler immer wieder Probleme in KoKo zur Sprache gebracht, die dann in simulierten, in einigen Fällen auch in wirklichen Schlichtungsverhandlungen gelöst wurden. Es gehört zu meinen schönsten Erfahrungen als Lehrer und Initiator der Ausbildung zum Schüler-Streit-Schlichter, daß im Laufe eines Schuljahres die Streitschlichter/innen des KoKo-Teams zweimal bei Problemen helfen konnten, die ich mit Schülerinnen bzw. Schülern hatte. Im Kern ging es um Disziplinprobleme bzw. um die Mißachtung von Regeln durch die betreffenden Schüler/innen. Die Streitschlichter/innen zogen alle Register des Ausbildungsrepertoires und bemühten sich neutral zu bleiben. Ebenfalls zweimal konnten Probleme von KoKo-Teilnehmern untereinander im Schlichtungsverfahren gelöst werden. Diese Erfahrungen, die als kleine Erfolge zu bewerten sind, haben Mut gemacht, eine regelmäßige Sprechstunde für Konfliktlösung einzurichten.
Abschließend will ich von einer Beobachtung berichten, die mich zunächst irritierte. Keine der Schülerinnen und kein Schüler, die am Streit-Schlichter-Programm teilgenommen haben, kann sich vorstellen, dort erworbene Kompetenzen in anderen Lebensbereichen zur Anwendung bringen zu wollen. Zunächst reagierte ich mit Enttäuschung. Aber ein Gespräch mit einem jungen Kollegen führte zu der Erkenntnis, daß Erfolge oder Mißerfolge eines schulischen Ausbildungsprogramms zum Streitschlichter an den Ergebnissen gemessen werden sollten, die sich im Unterricht oder in der Schule zeigen. Der Zuwachs an Konfliktlösungskompetenz bei den Schülerinnen und Schülern ist evident, sie wird sich nicht verheimlichen lassen. Anfragen nach Möglichkeiten zur Teilnahme an KoKo häufen sich. Gewinner-Gewinner-Parolen geistern durch die Schule, ohne daß alle wissen, was sie bedeuten könnten.
Weil die Selbsteinschätzung der Schüler/innen die Realität gesellschaftlichen Lebens widerspiegelt, in dem gewaltfreien und humanen Konfliktlösungen ständig eine Absage erteilt wird, darf nicht aufgehört werden damit, Bildung

und Erziehung in der Schule in den Dienst des Friedens zu stellen. Ein Anti-Verdrossenheits-Training für Politiker schiene angesagt, wenn sie z.B. aktiv zuhören könnten. Es besteht Hoffnung, daß Lehrer/innen das können. Wenn sie einmal vertraut sind mit den Methoden der Mediation, wissen sie, was sie tun wollen. In der Tat spricht nichts dagegen, *vor* einer Konferenz wegen eines Gewaltdeliktes ein Mediationsverfahren durchzuführen. Es sei denn, daß es die Beteiligten nicht wollen. Das ist uns aber noch nicht passiert! Und noch etwas zeigt die Erfahrung: Das Mediationsverfahren läßt die stereotype „Immer-nur-reden-Abwehr" der Schüler/innen ins Leere laufen, es wird eben nicht nur geredet.

5. Wege aus der Gewalt gewinnen

Ein Weg aus der Gewalt an Schulen wäre der Versuch, auf die Anwendung schulrechtlicher Strafkataloge, die es in allen Bundesländern unter verschiedenen Namen gibt, weitestgehend zu verzichten. Dazu habe ich die Kolleginnen und Kollegen meiner Schule in Form einer Selbstverpflichtung für die verbleibenden Monate des Jahres 1998 aufgefordert. Bei Abschluß des Textes ist noch nicht abzusehen, welche Rückmeldungen es zu meinem Vorschlag geben wird.

In Nordrhein-Westfalen heißen die Strafkataloge Ordnungsmaßnahmen. Der Vorschlag des Anwendungsverzichts trifft auf eine Sündenbock-Mentalität in der Öffentlichkeit, die alles Abweichlerische am liebsten abschieben und wegschließen möchte. Entsprechende Forderungen werden auch in Verbindung mit jugendlicher Gewalt erhoben. Die Lehrer/innen, die ich in Fortbildungsveranstaltungen kennengelernt habe, sind immer wieder bereit und in der Lage, SchülerInnen zu verzeihen, ihnen eine neue oder überhaupt eine Chance zu geben und gemeinsam mit ihnen Wege aus der Gewalt zu suchen und Lösungen zu finden, die gewaltminimierend bzw. friedensfördernd sind.

Auf der anderen Seite gibt es genügend Lehrerinnen und Lehrer, die den Rechtsgrundsatz „in dubio pro reo" in ihre pädagogische Arbeit nicht integrieren können. Wege-aus-der-Gewalt-Versuche geschehen nicht im rechtsfreien Raum. (Deshalb wohl auch der Ruf der „Hardliner" nach neuen Gesetzen.) In § 13 (1) der Allgemeinen Schulordnung (ASchO) Nordrhein-Westfalens heißt es beispielsweise: „Die Anwendung von Ordnungsmaßnahmen kommt erst in Betracht, wenn andere erzieherische Einwirkungen nicht ausreichen.“

In den am Anfang geschilderten Gewaltfällen blieben „andere erzieherische Einwirkungen“ unversucht. Erziehung erfolgt dort durch Strafen. Im Fall 1 hat die Klassenkonferenz den Grundsatz: „Erst erzieherisch einwirken, dann strafen“ sogar umgekehrt: Zunächst wurden zwei Ordnungsmaßnahmen vollzogen: 1) Ausschluß vom Unterricht für eine Woche; 2) Androhung der Entlassung von der Schule. Dann wurde zusätzliche eine andere erzieherische Einwirkung beschlossen: Sitzungen mit dem Beratungslehrer.
Mit den verhängten Ordnungsmaßnahmen (Ausschluss vom Schulbesuch bzw. angedrohte Entlassung aus der Schule) wird die Bearbeitung des Gewaltproblems auf einen Verwaltungsakt reduziert. Die Verantwortlichen verlagern damit die Konfliktbearbeitung eines schulischen Vorfalls auf die Familien der betreffenden Schüler/innen bzw. auf andere Instanzen der Gesellschaft. Das kommt einer pädagogischen Verweigerung gleich. Außerdem werden die Kräfte innerhalb der Lehrerschaft, die zu einer konstruktiven Konfliktbearbeitung bereit und in der Lage sind, handlungsunfähig gemacht, weil der Schüler/die Schülerin für eine bestimmte Zeit oder für immer die Schule nicht besuchen darf, d.h. mit ihm/ihr nicht gewaltpräventiv gearbeitet werden kann.

Ich halte weiter daran fest, daß pädagogische Maßnahmen an einer Schule daran gemessen werden sollen, ob sie zu einem angstfreien Klima in der Schule beitragen können. Nicht das freie Klima einer Schule ist für Aggressionen verantwortlich, sondern das freie Klima läßt überhaupt erst zu, daß verdrängte Aggressionen und Energien zum Ausdruck kommen können. Die Antwort darauf kann ein pädagogisches Konzept sein, durch das angestrebt wird, daß Unterricht und Erziehungsarbeit in den Dienst von Gewaltfreiheit, friedlicher Konfliktlösung und Entwicklung einer Kultur des Friedens gestellt werden. „Wir gehen davon aus, daß der Prozeß der negativen Selbstwertentwicklung bei Schülern eine wesentliche Grundlage für die Gewaltbereitschaft darstellt. Das positive Selbstwertgefühl ist die grundlegende Voraussetzung für ein entsprechendes Bewältigungsverhältnis“ (Balser/Schrewe/Wegricht 1997: 24).

Der größte Teil der Aggressionen in der Schule besteht aus Angstreaktionen (vgl. Asbrink 1994). Die Einzelheiten der genannten Fälle belegen diese These. Strafen sind das ungeeignetste Mittel, Aggressionen und Ängste zu beseitigen. Aggression und Strafe bilden einen Teufelskreis, der verhindert, daß Jugendliche die von Seiten der Schule angestrebte autonome Selbstbestimmung und die Übernahme von Verantwortung lernen und ausbilden können. Aggressionen und Frustrationen von Schülerinnen und Schülern (und die liegen z.B. auch bei den „Gewaltzuschauern", die durch ihr Verhalten zu Beteiligten werden, vor) müssen erkennbar gemacht und produktiv bearbeitet werden können. In einer nach Fächern im 45-Minuten-Takt zerhackten Schulrealität ist das unmöglich. Schüler/innen haben sich dem angepaßt. Und es gehört zu den Wundern bundesdeutscher Schulwirklichkeit, daß die Schulpflicht noch so treu befolgt wird.

Gebildete Schüler/innen werden gebraucht und sind erwünscht. In der Gewaltproblematik kann auf ihren „Erfahrungsschatz" nicht verzichtet werden. Mannigfaltige Formen von Gewalt in der Schule nehmen Lehrer/innen nicht wahr, weil sie im Verborgenen geschehen oder in Formen, die die Lehrer/innen nicht ohne weiteres entschlüsseln können. Einen emanzipatorischen Bildungsanspruch zu vertreten bedeutet aber gerade Grundrechten von SchülerInnen, die originär bestehen und nicht gewährt werden müssen, zum Durchbruch zu verhelfen (z.B. dem Menschenrecht auf Bildung, aber auch dem auf Leben und körperliche Unversehrtheit).

Immer wieder wird in juristischen und pädagogischen Rechtfertigungszusammenhängen der Abschreckungscharakter von Strafen zitiert. Dabei wissen Juristen und Pädagogen genau, daß der Täter bzw. die Täterin nicht mehr oder gar nicht abgeschreckt werden kann. Die ihm/ihr zugemutete Strafe, die auch Ordnungsmaßnahme genannt wird, ist offenbar gar nicht auf ihn/sie bezogen. Er/sie muß sie nur erleiden, damit andere abgeschreckt werden können. Pädagogische Maßnahmen beziehen sich auf den Einzelfall, auf eine Schülerin bzw. einen Schüler oder auf eine SchülerInnen-Gruppe. Es wäre eine unrealistische Vorstellung, mit einer auf einen Einzelfall bezogenen pädagogischen Maßnahme die SchülerInnenschaft einer ganzen Schule erziehen zu wollen. Dafür bestehen Regeln des friedlichen Zusammenlebens an der Schule, auf deren Einhaltung durch die Schüler/innen hinzuarbeiten eine der

Hauptaufgaben von Lehrerinnen und Lehrern ist. Bei Nichteinhaltung müßten Täter-Opfer-Ausgleich und Schadenswiedergutmachung im Mittelpunkt pädagogischer Forderungen stehen und entsprechende „Instrumente" bereitgestellt werden.

Deshalb erscheint es wichtig, bei Regelverstößen - und die geschehen täglich - sofort angemessene pädagogische Maßnahmen zu ergreifen, die dem Einzelfall gerecht werden. Das wird am ehesten gelingen, wenn Konflikte und Widersprüche in den pädagogischen Prozessen (schul-)öffentlich gemacht werden und gemeinschaftliche Formen des Umgangs mit diesen Konflikten und Widersprüchen ermöglicht werden.

Immer mehr setzt sich in der Fachdiskussion die Ansicht durch, daß zu solchen (Aufklärungs-)Prozessen die herkömmlichen institutionalisierten Einrichtungen (z.B. Konferenzen) wenig tauglich sind. Erfolgversprechender sind Mediationsverfahren. Es erscheint dringend geboten ein Konzept für schulische Mediationsverfahren zu entwickeln. Insbesondere in den Gymnasien und in den Gesamtschulen mit einer Oberstufe scheint doppelter Beratungsbedarf zu bestehen. Einerseits fragen Oberstufenlehrer/innen danach, wie sie mit SchülerInnen umgehen können, die den Gewaltcharakter der Schule satt haben. Andererseits brauchen die Oberstufenschüler/innen Hilfe in ihrem Bemühen, eine Position im Konflikt zwischen Freiheit und Anpassung zu finden.

Vielleicht deutet sich dort ein weiterer Weg aus der Gewalt an. Bedeutete für die Generation der „68-er" Freiheit, die gemeinsam empfundenen, gewonnenen und erkämpften Freiheiten wahrzunehmen und sie auszuleben, so sind heute von jeder Generation eigene Definitionsleistungen notwendig, was Freiheit und Anpassung sein könnten bzw. wie man mit ihnen leben könnte. Dabei brauchen sie die Unterstützung der PädagogInnen „als Anwalt des Kindes, als sein Helfer, Berater und als Organisator von individuellen Lernprozessen, die die Eigenständigkeit eines Kindes erkennt und akzeptiert" (Gebauer 1997: 16).

Literatur

Lars Asbrink: Was heißt hier Angst? Oder wie Angst unser Verhalten beeinflußt. Typoscript, 1994

Balser, Hartmut / Schrewe, Hartmut/Wegricht, Roland (Hrsg.): Regionale Gewaltprävention. Strategien und Erfahrungen, Neuwied 1997

Balser, Hartmut/Schrewe, Hartmut/Schaaf, Nicole (Hrsg.): Schulprogramm Gewaltprävention. Ergebnisse aktueller Modellversuche, Neuwied 1997

Beck, Ulrich: Die Erfindung des Politischen. Zu einer Theorie reflexiver Modernisierung, Frankfurt am Main 1993

Bertha-von-Suttner-Gesamtschule Siegen (Hrsg.): Schulbuch, Siegen 1997

Besemer, Christoph: Mediation, Vermittlung in Konflikten, Freiburg 1994

Besemer, Christoph: Mediation in der Praxis, Erfahrungen aus den USA, Freiburg 1996

Esser, Johannes: Begründungsprozesse und neue Aufgaben der Friedens- und Ökologiepädagogik. In: Boyan, Hartwig/Esser, Johannes (Hrsg.): Zukunftsfähigkeit und Konfliktkompetenz. Fachhochschulen im Umbruch, Münster 1997

Faller, Kurt/Kerntke, Wilfried/Wackmann, Maria: Konflikte selber lösen. Ein Trainingshandbuch für Mediation und Konfliktmanagement in Schule und Jugendarbeit, Mülheim an der Ruhr 1996

Galtung, Johan: Kulturelle Gewalt. Zur direkten und strukturellen Gewalt tritt die kulturelle Gewalt. Aus der Reihe: Der Bürger im Staat, 43. Jg., Heft 2 / Juli 1993, „Aggression und Gewalt“. Hrsg. von der Landeszentrale für politische Bildung Baden-Württemberg

Gebauer, Karl: „Ich hab sie ja nur gewürgt.“ Mit Schulkindern über Gewalt reden, Stuttgart 1997

Giddens, Anthony: Jenseits von Links und Rechts. Die Zukunft radikaler Demokratie, Frankfurt am Main 1997

von Hentig, Hartmut: Arbeit am Frieden. Übungen zur Überwindung der Resignation, München 1987

Jefferys, Karin/Noack, Ute: Streiten - Vermitteln – Lösen. Das Schüler-Streit-Schlichtungsprogramm für die Klassen 5 – 10, Lichtenau 1995

Krahulec, Peter: Primärtugend „Zivilcourage“ – eine didaktische Skizze. In: Boyan, Hartwig/Esser, Johannes (Hrsg.): Zukunftsfähigkeit und Konfliktkompetenz. Fachhochschulen im Umbruch, Münster 1997

Zur Konstruktiven Gewalt- und Konfliktbearbeitung

Gewaltfreier Widerstand und kreative - gewaltmindernde - Konfliktbearbeitung

KURT SÜDMERSEN

1. Vorbemerkung

Der BSV ist 1989 gegründet worden. Kurz vor einer Zeit des Umbruchs, als viele Menschen glaubten, der offensichtliche Beweis, daß die Mehrheit eines Volkes mit ihrem gewaltfreien Widerstand eine marode Staatsform abschaffen kann, reiche aus, auch die Kraft aufzubringen, andere langgehegte Ziele, z.B. die Abschaffung der Armeen, schnell zu realisieren.

In der Zwischenzeit haben wir viel Wissen über die Bedingungen des gewaltfreien Widerstands neu beschrieben. Natürlich haben die vielen Erkentnisse, die vor der Wende gefunden wurden, keineswegs ihre Bedeutung verloren, und dennoch nehmen wir bei der Bestimmung unserer Zielsetzungen wahr, daß es uns schwerfällt, gewaltfreien Widerstand und kreative, gewaltmindernde Konfliktbearbeitung als Zusammengehörendes zu erleben.

Widerstand im Kohl-Deutschland nach der Wende ist in seiner Wirksamkeit mehr denn je darauf angewiesen, Konflikte zu dramatisieren, zuzuspitzen, offenzulegen und zu öffnen, um eine Bearbeitung überhaupt erst möglich zu machen. Lässt eine soziale Bewegung wie beispielsweise die Anti-AKW-Bewegung nur für kurze Zeit in der Dramatisierung nach, gewinnen diejenigen, die fest in staatlichen Lobystrukturen verankert sind, rasch abgetrotzten Boden und Einfluß zurück. Aus der Greenpeacewerbung wissen wir, Menschen vergessen Konsequenzen.

2. Institutionalisierung oder freie Organisation Sozialer Bewegungen?

Dies führt in vielen Organisationen, die aus der Friedensbewegung entstanden sind, dazu, daß Strukturen gefunden werden, die sich langfristig unabhängig von dem Auf und Ab Sozialer Bewegungen gestalten und die die eigene Arbeit dauerhaft zu effektivieren und zu stabilisieren suchen. Verbunden ist diese Entwicklung mit dem Nachteil, daß die Strukturen schwerfälliger werden und sich von ihrer ursprünglichen Basis entfernen. Das ist auch beim BSV so. Der Vorteil in der langfristigen Arbeit liegt eindeutig in der Bündelung und Ansammlung von Wissen und Handlungskompetenz.

3. Konstruktive Problemlösung oder Widerstand

In der konstruktiven, kreativen, gewaltmindernden Konfliktbearbeitung steht nicht die Dramatisierung der Konflikte im Vordergrund, sondern die Hoffnung und der Glaube an die Lösbarkeit von Problemen mit gewaltfreien Mitteln. Außerdem liegt unserer Arbeit die Vermutung zugrunde, daß der gesellschaftliche Konsens darüber verbreitert werden kann, daß es einen Teil unserer Zivilisation ausmacht, daß auftretende Konflikte gewaltfrei gelöst werden.

Es handelt sich also bei der Organisation von gewaltfreiem Wiederstand und bei der kreativen gewaltmindernden Konfliktbearbeitung um zwei unterschiedliche Handlungsfelder, auf denen es auf den ersten Blick scheinbar, außer dem Anspruch Gewaltfreiheit, nicht viel Gemeinsames gibt. Wengleich einer unserer großen Vorbilder, Gandhi, ein Meister darin war, beides miteinander zu verbinden.

Der BSV hat in seiner programmatischen Aussage, „Konflikte gewaltfrei lösen - Militär und Rüstung abschaffen" ebenfalls versucht, diese beiden Handlungsfelder zu verbinden. Wobei die Prämisse im Raum steht, daß die dauerhafte Etablierung des ersten nur dann gelingen wird, wenn in der Umsetzung des zweiten erheblich schneller Fortschritte gemacht werden als bisher. Dies gilt umso mehr, als daß es sich hierbei um eine global gedachte Forderung handelt. Sie wird besonders mit den Argumenten unterstützt, daß die für Militär und Rüstung verschwendeten Ressourcen zur Beseitigung von konflikthaft zugespitzten Problemen benötigt werden und daß Militär und Rüstung darüber hinaus nicht etwa geeignete Instrumente zur Bearbeitung von Problemen sind, sondern weit öfter ihre Ursachen.

In der Realität hat der BSV seit Anfang der 90er Jahre mehr Energie darauf verwandt, die Möglichkeiten zu verbessern, deeskalierend in Konflikte einzugreifen oder in ihnen zu agieren, als den Widerstand gegen Militär und Rüstung zu forcieren.

Hierbei leiten uns zwei Hoffnungen:

1. tatsächlich etwas zur Gewaltminderung in der Gesellschaft beizutragen und

2. durch einen Zuwachs an Konfliktkompetenz bei einer möglichst großen Zahl von Bürgerinnen und Bürgern die Konfliktfähigkeit der Gesellschaft im Ganzen zu verbessern, und eines Tages in der Lage zu sein, Militär und Rüstung zu überwinden, wie die Bevölkerung der DDR ihre marode Staasform überwunden hat. Diese Hoffnung ist allerdings durchaus gepaart mit dem Wissen, daß sich das Militär nicht ohne Kampf wird abschaffen lassen.

4. Konfliktbearbeitungskompetenz als Mittel der Gewaltveminderung

Ich möchte jetzt auf die Erweiterung von Konfliktlösungskompetenz für die von uns ansprechbaren Zielgruppen eingehen und unsere Arbeit hieran erörtern.

Hierzu sind einige Prämissen von Bedeutung. Sie mögen banal erscheinen, wir haben allerdings in der praktischen Trainingsarbeit die Erfahrung gemacht, daß die Klarstellung unserer Voraussetzungen besonders wichtig ist:

- Bei der kreativen, gewaltmindernden Konfliktbearbeitung handelt es sich nicht um eine Heilslehre. Wir werden damit nicht unverwundbar, und wir dürfen nicht erwarten, daß sich unsere Probleme von selbst lösen. Auch liefert uns die gewaltmindernde Konfliktbearbeitung kein Instrumentarium, das uns per se vor dem Scheitern bewahrt. Wir sollten uns davor hüten, die Verantwortung für die Lösung unserer Probleme an eine Ideologie abzugeben.
- Es ist nicht das Bestreben des BSV, ein neues Expertentum zu fördern, sondern es geht uns vielmehr darum, möglichst vielen Menschen Erweiterungs- und Verbesserungsmöglichkeiten, dessen was sie schon im Bereich der Konfliktbearbeitung wissen und tun, aufzuzeigen.
- Wir haben in unserer Arbeit feststellen können, daß dadurch, daß wir den Fokus auf die Verminderung von Gewalt in Konflikten legen, wir bei vielen Menschen eine Menge an sozialer Fantasie freisetzen und wir so zu einer breiten Kompetenzerweiterung im Hinblick auf gewaltminderndes Verhalten in Konflikten kommen. Dabei bedienen wir uns Konzepten und Methoden, die sowohl in der Humanistischen Psychologie als auch in der Pädagogik, in der Sozialarbeit, der Politologie und nicht zuletzt in der Friedens- und Konfliktforschung eher bekannt sind.

- Mit der Übertragung in neue gesellschaftliche Räume und in bisher nur teilweise berührte Institutionen konnten wir in der Vergangenheit daran arbeiten, Vorurteile gegenüber gewaltmindernder Konfliktbearbeitung abzubauen. Wir haben viele Gruppen und einzelne Personen in ihrem Umfeld animiert, die gesellschaftspolitischen Probleme aus einer anderen Perspektive zu betrachten. Dies führte oft zu erstaunlichen Konzeptentwürfen und vielfältigsten Umsetzungen und Veränderungen in der sozialen Praxis.

5. Vier zentrale Bereiche der BSV-Arbeit im Zusammenhang mit gewaltfreier Konfliktbearbeitung und gewaltfreiem Widerstand

Im Folgenden möchte ich auf zentrale Elemente unserer Arbeit eingehen. Diese Elemente sind nicht ausschließlich im BSV entwickelt und etabliert worden. Für die Fokussierung auf die vorgestellten Bereiche waren die folgenden Arbeitszusammenhänge von erheblicher Bedeutung:

- Der Arbeitsausschuß des BSV und des Forums Ziviler Friedensdienst zur Entwicklung eines Curriculums für eine einjährige Ausbildung in ziviler Konfliktbearbeitung
- Die Arbeit des „Instituts für Friedensarbeit und gewaltfreie Konfliktaustragung“
- Die Entwicklung eines Curriculums für eine berufsbegleitende Fortbildung in kreativer Konfliktbearbeitung mit einem anschließenden Pilotseminar. Dieses Projekt war eine Kooperation zwischen dem Landesinstitut für Schule und Weiterbildung in NRW, dem Landesverband der Volkhochschulen in NRW und dem BSV.

Bei den vier Bereichen handelt es sich um die folgenden:

1. Elemente der *Konfliktbearbeitung* offenlegen und operationalisieren
2. *Kompetenzbereiche für Fortbildungsangebote* methodisch-didaktisch aufbereiten
3. *Umsetzungsstrategien in der Arbeit* zur gewaltmindernden Konfliktbearbeitung entwickeln und verwirklichen
4. *Elemente des gewaltfreien Widerstands* in der Arbeit des BSV verankern und umsetzen.

Bei der Konfliktbearbeitung arbeiten wir auf der Grundlage des von Galtung entwickelten Konfliktdreiecks. Galtung unterscheidet zwischen dem Inhalt eines Konfliktes, den er als „Unvereinbarkeit“ definiert und dem Ausdruck eines Konfliktes, der in den „Einstellungen“ der Akteure und ihrem „Verhalten“ zueinander liegt. Den Unvereinbarkeiten, die sich zu Interessen und Zielen verdichten, ordnet er dann die Einstellungen und das Verhalten zu, so daß sich das folgende Dreieck ergibt.

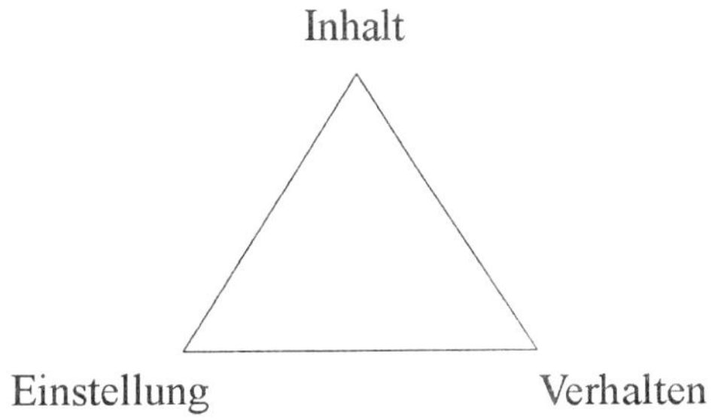

Die Konflikttransformation berührt alle drei Ecken, so daß sich als Prozeß der Konfliktaustragung und -lösung eine Kreisbewegung ergibt.

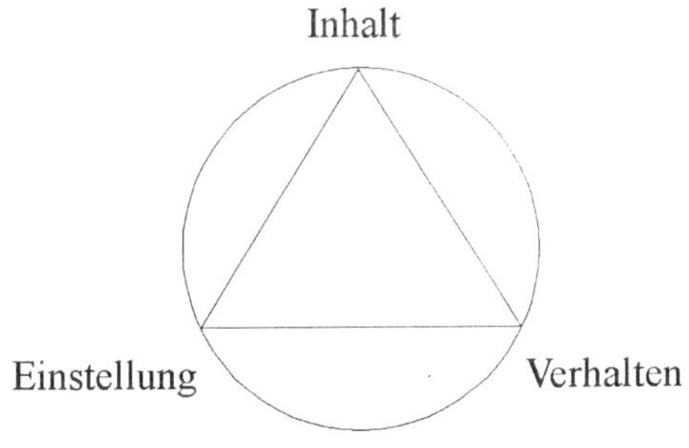

Galtungs Systematik ist klar und umfassend zugleich. Die Strategien der Konfliktbearbeitung lassen sich den einzelnen Ecken zuordnen.

Bei den weiter unten aufgeführten fünf Kompetenzbereichen handelt es sich um Lernfelder, die in unterschiedlicher Weise alle Ecken des Galtung-Dreiecks aufgreifen und eine Verbesserung des Konfliktverständnisses und der Bearbeitungsmöglichkeiten für die Absolventen von Aus- und Fortbildungsangeboten in diesem Bereich eröffnen.

Die grundlegende Zielrichtung in unserer Konfliktarbeit wird an dem nachfolgenden Diagramm deutlich:

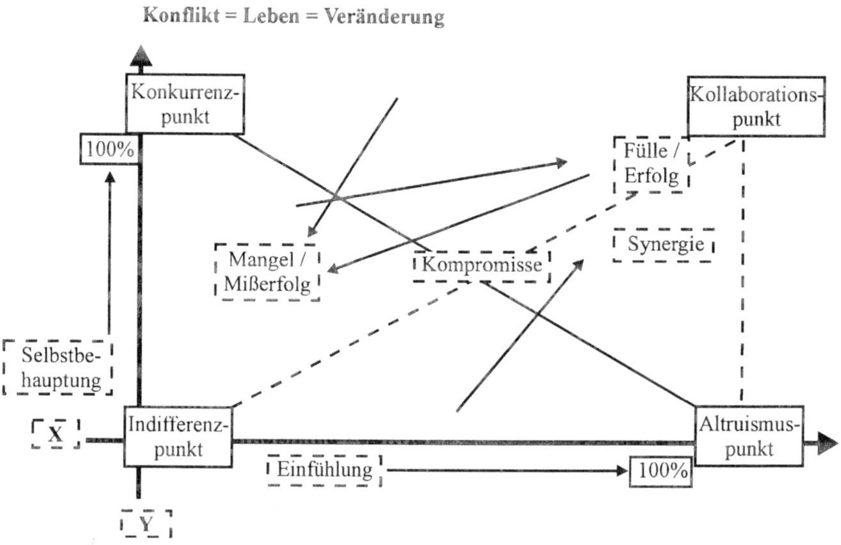

Quelle:
Streit light Schule für Verständigung und Mediation, Rosenanger 20, 31595 Steyerberg, c/o Christoph Hatlapa

In dem oben dargestellten Konfliktdiagramm symbolisiert die Y-Achse die Energie der Selbstbehauptung, auf der X-Achse wird die Einfühlungsenergie dargestellt. Fühlt sich ein Konfliktpartner zu 100% in das Interesse seines Gegenübers ein, kann er sein eigenes Interesse nicht mehr wahrnehmen und erreicht den Altruismuspunkt B. In der Regel werden wir in jedem Konflikt versuchen, den anderen zu verstehen und dennoch einen Teil unserer Interessen durchzusetzen. Kommt es zu einer institutionalisierten Konfliktbearbeitung, z. Bsp. einer Gerichtsverhandlung, wird nicht selten eine Linie zwischen den Punkten A und B gezogen (Kompromißlinie). Dies entspricht einem Konfliktverständnis, das Interessenausgleich als Nullsummenspiel versteht, d.h. muß ein Konfliktpartner 20% seiner Interessen abgeben, erhält der andere automatisch mehr. Bei der kreativen Konfliktbearbeitung streben wir an, daß möglichst beide Konfliktpartner eine Interessenswahrnehmung, die über 50% liegt, erreichen. Erreichen beide 100% ihres Interesses, so benennen wir diesen

Punkt als Kollaborationspunkt. Auf der Positivseite der Kompromißlinie liegt der win-win-Bereich, in dem beide Konfliktpartner gewinnen, auf der Negativseite kommen wir in den lose-lose-Bereich, in dem es nur noch Verlierer gibt. Der Kollaborationspunkt ist nur zu erreichen, wenn die Konfliktpartner nicht auf ihrem Standpunkt beharren, sondern sich vielmehr gemeinsam über einen höchstmöglichen Ausgleich an Interessen verständigen.

Dieses Prinzip ist zu verdeutlichen am Beispiel einer Apfelsine: Zwei Kinder streiten sich darum. Beide wollen die ganze Frucht. Die Mutter versucht, den Streit zu lösen, indem sie die Apfelsine in der Mitte teilt (Kompromiß). Daraufhin reibt das eine Kind die Schale seiner Fruchthälfte, weil es einen Kuchen backen will, das andere Kind preßt den Saft zum Trinken aus. Hätten sich die Kinder über ihre Interessen (Schale + Saft) verständigt und nicht nur ihren Standpunkt (Apfelsine) verteidigt, hätten sie in diesem Fall den Kollaborationspunkt erreichen können. Daß dies nicht in jedem Konflikt so sein kann, liegt auf der Hand; dennoch macht das Beispiel deutlich, worum es geht.

In der Analyse von Konflikten und der Wahl der Mittel um einzugreifen, ist für eine erste Orientierung der von Glasl entwickelte Katalog von Eskalationsstufen und Deeskalationsinstrumenten eine wichtige Hilfe in unserer Arbeit.

Konflikteskalation	Deeskalationsstrategie
Stufe 1:	
Verhärtung	Konsolidierung
Inhalt steht im Vordergrund. Differenzen in der Objektsphäre. Vertrauen in die Lösbarkeit	Moderation
Stufe 2:	
Polarisierung und Debatte	Moderation
Stärkere innere Kohäsion und Abschluß nach außen. Feste, stereotype Bilder entstehen.	
Stufe 3:	
Taten statt Worte	Moderation und Prozeßbegleitung
Vollendete Tatsachen um Sachfragen zu beantworten!	

Das Problem wird noch für lösbar gehalten, aber die Kommunikation verschlechtert sich. Noch: „win-win“.	
Stufe 4: Image und Koalition Die Beziehung wird zum Problem. Stereotype Bilder, „win-lose“-Situation. Streben nach Dominanz, Lücken in Normen werden gesucht. Suche nach Koalitionspartnern.	Prozeßbegleitung und Soziotherapeutische Begleitung
Stufe 5: Gesichtsverlust Direkte Angriffe auf die Position der Gegenseite, Entlarvung, Überhöhung der negativen und positiven Fremd- und Selbstbilder. Umgebung wird unter Druck gesetzt.	Soziotherapeutische Begleitung und Vermittlung
Stufe 6: Drohstrategien Drohung mit Sanktionspotential, Einschränkung der Handlungsfähigkeit durch Bindung an Drohung, Radikalisierung und einzelne Übergriffe	Vermittlung und Schiedsverfahren
Stufe 7: Begrenzte Vernichtungsschläge Entmenschlichte Bilder, die Beziehungsfragen sollen wie Sachfragen ohne Regung gelöst werden. Kriegsrecht. Die eigenen Schläge zielen auf das Sanktionspotential der Gegenseite, eigene Verluste werden hingenommen. „lose-lose“.	Vermittlung und Schiedsverfahren
Stufe 8: Zersplitterung Die Macht- und Existenzgrundlage des Gegners ist Ziel der Angriffe.	Machteingriff und Schiedsverfahren

Stufe 9: Gemeinsam in den Abgrund Autistischer Haß auf den Gegner endet in Selbsthaß. Totale Konfrontation, auch um den Preis des eigenen Untergangs. Der Gegner muß eliminiert werden.	Machteingriff

6. Kompetenzbereiche für Fortbildungsangebote

Bei den oben erwähnten fünf Kompetenzbereichen zur Verbesserung des Konfliktverständnisses und der Bearbeitungsmöglichkeiten handelt es sich um die folgenden:

I. Die Kompetenz, in den Konflikten, in die der einzelne involviert ist, gewaltmindernd zu agieren und an einer konstruktiven Konfliktbearbeitung mitzuwirken. Dies ist im Wesentlichen eine Kompetenzerweiterung im Sozialverhalten und in der Persönlichkeitsentwicklung. In diesen Kompetenzbereich gehören folgende Lehrinhalte und zu vermittelnde Fähigkeiten:

- Selbstbestätigung, Selbstvergewisserung „Ich bin OK“
- persönliche Stärken und Schwächen entwickeln bzw. vermeiden
- Selbstunterstüzung und Unterstützung durch Dritte
- eigenes Konfliktverhalten reflektieren
- Täter-Opfer-Mentalität erkennen
- Macht/Ohnmacht wahrnehmen
- Burn out-Syndrom vermeiden
- Was nehme ich als Konflikt „wahr“?
- Wahrnehmen, Erkennen und Ausdrücken von Gefühlen
- Widersprüchliche Wahrheiten, Dilemmata und Mehrdeutigkeiten aushalten (Ambiguitätstoleranz)
- Feindbilder und Projektionen erkennen und verarbeiten
- Aushalten und Umgang von Ärger (eigenem und fremden)
- Eigene Konfliktlerngeschichte reflektieren
- Umgang mit der eigenen Verletzlichkeit (Wie schütze ich mich?)
- Emphatie und Perspektivwechsel
- Prägung/verschiedene Wahrheiten

- sich ausdrücken (verbal/nonverbal)
- Aushalten und Umgang von Angst/Entwicklung von Mut

II. Die Kompetenz, in Gruppen so mitzuwirken, daß die Fähigkeiten aller Beteiligten optimal genutzt werden an konstruktiven Entscheidungen, an Problemlösungen und Konfliktbearbeitungen mitzuwirken. Lehrinhalte und zu vermittelnde Fähigkeiten sind hier:
- Feedbackfähigkeit/ -techniken
- Moderationstechniken
- Konsensfindung
- Entscheidungsfindung in Gruppen
- kooperativer Gruppenprozeß
- geschlechtsspezifische Sprache, Sexismus
- patriarchale Strukturen in Gruppen
- Konfliktdynamik
- Verständnis eigener Möglichkeiten
- sich ausdrücken, mitteilen (verbal/nonverbal)
- Motivation zur Teilnahme (eigenes Wertesystem)
- Feindbilder und Projektionen
- Vorurteile/Rassismus
- kollegiale Praxisberatung

III. Die Kompetenz, Konflikte zu erkennen, zu analysieren und konflikttheoretisch einzuordnen. Hier sind im Folgenden stichwortartig benannte Lernfelder zu bearbeiten:
- Konfliktverständnis
- Analyse von Konflikten
- strukturelle Gewalt
- Konfliktverläufe (Verselbständigung von Konflikten, heiße und kalte Konflikte)
- Theorie/Modelle von Konfliktlösungen und Durchsetzung von Interessen
- ethische Grundfragen: Warum überhaupt gewaltfrei?
- Wie wünsche ich mir mein Konfliktverhalten?
- Konfliktdynamik: verschiedene Konfliktebenen erfordern verschiedene Ebenen der Bearbeitung
- Eskalationsstufen, Deeskalationsschritte/Interventionen

- Reflexion „Gewalt - Gewaltfreiheit“
- Historische Hintergründe von Konflikten

IV. Die Kompetenz, standardisierte Konfliktbearbeitungsmethoden zu kennen und in Konflikten die richtigen auszuwählen und anzuwenden sowie spezifische Konzepte für einen Konflikt zu entwickeln. Zu bearbeitende Stichpunkte sind hier:
- Konfliktbearbeitung mit Kindern (CCAC-Programm-Elemente)
- Konsensfindung/Entscheidungsfindung
- Mediation
- Interessenvertretung nach dem Harvard-Modell
- Konfliktbearbeitung in Familien
- Konfliktrollenspiel, Konfliktskulpturen und Statuentheater
- Konfliktverhandlungen in Institutionen
- Verhalten in Gewalt- und Bedrohungssituationen/Zivilcourage
- Wann ist Eingreifen/Einmischen sinnvoll?

V. Die Handlungskompetenz auf der privaten, der beruflichen und auf der gesellschaftlichen Ebene in Konflikte einzugreifen. Themenschwerpunkte sind in diesem Feld:
- Transfer bezogen auf Zielgruppen, Kooperationsmöglichkeiten und die institutionellen Einbindungen
- eigenes Drehbuch schreiben
- Interessenvertretung und Verhandlungen
- verschiedene Konfliktebenen erfordern verschiedene Ebenen der Bearbeitung
- Organisationsstrukturen verändern
- Kooperationsformen und -möglichkeiten

7. Umsetzungsstrategien in der Arbeit

Eine Reihe von Projekten, die der BSV entwickelt hat oder an denen er beteiligt ist, kann ich hier aus Platzgründen nur auflisten, ohne auf einzelne Aspekte einzugehen.

1. Die Gründung des Balkan Peace Team (1993/94)
2. Die Weiterentwicklung des Konzepts eines Zivilen Friedensdienstes (1993)

3. Die Entwicklung eines Ausbildungsplans für eine einjährige Ausbildung der Freiwilligen für einen Zivilen Friedensdienst (1994)
4. Die Gründung des Instituts für Friedensarbeit und gewaltfreie Konfliktaustragung (1991)
5. Verschiedene Veröffentlichungen u.a. „Man kann ja doch etwas tun! Gewaltfreie Nachbarschaftshilfe". Ein Handbuch von Detlef Beck u.a., BSV Minden, 1994, 162 Seiten
6. Die Mitarbeit an curricularen Entwicklungen, 1996 - 1997 im Landesinstitut für Schule und Weiterbildung NRW in Soest zu Fragen der Gewaltprävention und zivilen Konfliktarbeit
7. Die Erarbeitung eines kommunalen Handlungskonzepts „Gewalt an Schulen" für die Stadt Minden, 1996 – 1997.
8. Antragstellung und Vorantreiben bis zur Genehmigungsreife einer viermonatigen Ausbildung in ziviler Konfliktbearbeitung in Krisen- und Kriegsgebieten mit Finanzierung durch das Land NRW, 1995 – 1997.

Einer der Schwerpunkte der Arbeit des BSV ist die Konzeptionierung, Organisation und Ausführung aller Arten von Trainings, Fortbildungen und Seminaren in bezug auf gewaltfrei Konfliktbearbeitung.

Näher eingehen möchte ich in diesem Zusammenhang auf den Punkt sieben meiner Liste: Kreative Konfliktbearbeitung im kommunalen Zusammenhang auf der Ebene von Schulen und außerschulischen Einrichtungen für Kinder und Jugendliche.

Im Rahmen dieses Konzeptes geht es um den Aufbau eines kommunalen (stadtteilbezogenen) Netzwerkes, das einen Handlungsrahmen zur Verminderung von Gewalt bietet. Wir haben dieses Kommunale Konzept für die Stadt Minden entwickelt und setzen es gerade um. Mit diesem Projekt sollen verschiedene Dimensionen gewaltpräventiver Ansätze zusammengeführt und miteinander verknüpft werden. In unterschiedlichen Bereichen soll auf diese Weise umgreifend an Präventionsmaßnahmen zur Gewaltminderung und zur Gewaltvorbeugung gearbeitet werden. Neben Schulen werden außerschulische Einrichtungen für Kinder und Jugendliche und das Jugendamt einbezogen. Die Konzeption ist darüber hinaus offen für die Beteiligung und Mitwirkung weiterer Institutionen.

Das Konzept verfolgt einen präventiven Ansatz. Möglichst frühzeitig und breit angelegt, sollen Gelegenheiten für einen konstruktiven Umgang mit Konflikten und gewaltminderndes Verhalten geschaffen werden. Dabei sollen bereits vorhandene Kompetenzen der Projektbeteiligten auf persönlicher, institutioneller und struktureller Ebene eingebunden werden. Die verfügbaren Handlungskompetenzen und -Ressourcen sollen intensiviert und erweitert werden. Konkreter und räumlicher Ansatzpunkt des Projekts sind Trainings zur konstruktiven Konfliktaustragung und Streitschlichtung in den Schulen. Hinter der Idee, hier anzusetzen steht der Gedanke, daß damit eine relativ große Zahl von Kindern und Jugendlichen erreicht werden kann. Das Konzept ist kein „Allheilmittel", sondern bietet die Möglichkeit, die Strukturen in Familie, Schule und anderen gesellschaftlichen Bereichen zu unterstützen, die bereits gewaltmindernd wirken und denen entgegenzuwirken, die Gewaltanwendung fördern. Es ist in seinen theoretischen wie praktischen Bestandteilen auf einen offenen Dialog hin angelegt, der benötigt wird, um Schritte zu entwickeln, die sich im Handeln bewähren.

Die Umsetzung erfolgt in folgenden Schritten:
Bedarfsorientierte Qualifizierungsmaßnahme für Multiplikatorinnen und Multiplikatoren in den verschiedenen Handlungsfelder (Schule, Elternarbeit, Jugendarbeit, Weiterbildung ....), wodurch die Voraussetzungen geschaffen werden sollen, die es ermöglichen, Ansätze und Verfahren der konstruktiven Konfliktbearbeitung zielgruppenspezifisch umzusetzen.

Die Beteiligten sollen:
- Theorien und Erkenntnisse der Kommunikations- und Konfliktforschung sowie
- Ansätze und Verfahren der konstruktiven Konfliktbearbeitung kennenlernen,
- Anregungen für die Umsetzung in den verschiedenen Handlungsfeldern und mit unterschiedlichen Zielgruppen (Kinder, Jugendliche, Erwachsene, verhaltensauffällige Jugendliche, Jugendliche in Berufsfördermaßnahmen, Stadtteil- und Selbsthilfegruppen) erhalten,
- Unterstützung bei Konfliktanalyse und -beratung sowie im Konfliktmanagement bekommen,
- Konzepte für die Qualifikation von Pädagoginnen und Pädagogen zur Konfliktbearbeitung kennenlernen,
- Informationen über existierende Projekte und Kooperationsformen zur Konfliktpädagogik in der Region erhalten

- und bei der Entwicklung und Umsetzung eigener Konzepte und Projekte zur zivilen Konfliktbearbeitung (in der Region) in ihrem Handlungsfeld unterstützt werden.

In einem zweiten Schritt werden im Rahmen einer schulinternen Fortbildung an den beteiligten Schulen (3 Schulen) an zwei Informationstagen die Kollegien über das gesamte Projekt informiert, insbesondere über

- die wesentlichen Punkte der zugrundeliegenden Konzeption auf theoretischer und auch praktischer Ebene;
- die methodische Arbeitsweise der am Projekt Beteiligten;
- die Frage, wie spezifische Bedingungen der jeweiligen Schule im Projekt ihren Platz finden.

Im nächsten Schritt werden jeweils die 5. Klassen der beteiligten Schulen in konstruktiver Konfliktbearbeitung trainiert. Der Zeitraum dieses Projektabschnitts umfaßt ein halbes Schuljahr mit wöchentlich je zwei Unterrichtsstunden. Die Arbeit der Lehrerinnen in den 5. Klassen kann mit Unterstützung durch eine Trainerin durchgeführt oder durch regelmäßige Beratungsstunden der Trainerinnen begleitet werden.

Im weiteren Schritt wird in den beteiligten Schulen eine StreitschlichterInnen-AG aus Schülerinnen oberer Klassen gebildet. Hier werden Schülerinnen darin ausgebildet, wie sie in einem Konflikt zwischen Streitenden vermitteln können. Die Streitschlichtung soll damit auf der Ebene der Schülerinnen selbst angelegt werden.

Schulische und außerschulische Institutionen in anderen Regionen sollen nach Beendigung des Projekts durch entsprechende Transferangebote zu ähnlichen Prozessen der institutionellen, der sozialräumlichen und der regionalen Entwicklung im Bildungsbereich angeregt werden, die es ermöglichen, gesellschaftliche Schlüsselfragen durch Kooperation aufzugreifen und zu bearbeiten.

8. Elemente des gewaltfreien Widerstands

Was hat dies alles nun mit gewaltfreiem Wiederstand zu tun? Wie weiter oben geschildert und in der Aufzählung der Projekte sichtbar, hat sich der BSV weit mehr in konstruktiver, gewaltfreier Konfliktbearbeitung engagiert als gewaltfreien Widerstand zu einzelnen gesellschaftspolitisch relevanten Themen zu organisieren. Dennoch ist dieser Bereich ein wichtiger Bestandteil unseres politischen Selbstverständnisses. In die aktuellen politischen Debatten greifen wir immer wieder ein und unterstützen verschiedene Kampagnen, so zuletzt die Landminenkampagne, die von unterschiedlichen Organisationen der Friedensbewegung getragen wird. Als Dachverband sehen wir eine Wesentliche Aufgabe darin, die Kampagnenfähigkeit unserer Organisation zu erhalten bzw. noch zu erweitern.

In der Arbeit zur Gewaltverminderung gehen wir davon aus, daß viele Menschen Unterstützung brauchen, um sich öffentlich der auftretenden Gewalt entgegenzustellen. In der Kampagne Wege aus der Gewalt werden Trainings und Kurse angeboten, die genau diese Unterstützung liefern und die Menschen mehr und mehr befähigen, von einem selbstsicheren Standpunkt aus Widerstand zu leisten und der zunehmend umsichgreifenden Verunsicherung und Angst in bezug auf Gewalttäter entgegenzuwirken. So lernen Menschen, sich im gesellschaftlichen Raum zu artikulieren und Stellung zu beziehen.

Konstruktive Konfliktbearbeitung in der Friedenserziehung

GÜNTHER GUGEL

Erziehung kann verstanden werden als Begleitung im Alltag und als Lernhilfe in schwierigen Situationen. Friedenserziehung kann verstanden werden als Lernhilfe zur konstruktiven Konfliktaustragung, wobei der spezifisch erzieherische Aspekt die Förderung von personalen und gruppenspezifischen Voraussetzungen hierfür wäre, also das Angebot und die Vermittlung emotionaler, kognitiver und handlungsorientierter Grundlagen von Konfliktfähigkeit.

Die Frage nach einer angemessenen Auseinandersetzung mit Konflikten gehört zum Kernbestand der Friedenserziehung.
In den letzten Jahren läßt sich eine deutliche Intensivierung der Bemühungen um konstruktive Konfliktbearbeitung auch im pädagogischen Bereich feststellen.

Im folgenden soll ein Beispiel konstruktiver Konfliktbearbeitung im Schulbereich kurz skizziert werden um anschließend Kompetenzbereiche für den Umgang mit Konflikten im Nahbereich zu identifizieren und Überlegungen über mögliche Lernorte anzustellen.

1. Konstruktive Konfliktbearbeitung in der pädagogischen Praxis

Streit- und Konfliktschlichtung im schulischen Bereich

Seit Anfang der 90er Jahre werden die Anstrengungen verstärkt, Programme konstruktiver Konfliktbearbeitung für den schulischen Bereich zu entwickeln und diese für den Schulalltag und für die Lehrerfortbildung fruchtbar zu machen. Im Vordergrund stehen dabei Schüler-Schüler-Konflikte, die im schulischen Kontext aufbrechen.[1]
Große Schulbuchverlage wie Klett und Cornelsen haben entsprechende Handlungsanleitungen rasch in ihr Programm aufgenommen. Dadurch wurden

---

[1] Diese Anstrengungen haben verschiedentlich auch in Beschlüsse und Erlasse Eingang gefunden, so z.B. in dem Beschluß des Landtages von Thüringen über „Friedenserziehung in den Schulen Thüringens“ vom 22.12.1993. Hier steht das Thema „Konflikte im menschlichen Zusammenleben und ihre Bewältigung“ an erster Stelle einer Themenliste. Vgl. Thüringer Landtag, 1. Wahlperiode, Drucksache 1/2961.

insbesondere Modelle wie das der „Konfliktlotsen" oder das Schüler-Streit-Schlichtungs-Programm" auch einem größeren Publikum bekannt.[2]

Das Schüler-Streit-Schlichtungs-Modell wie es u.a. beim Landesinstitut für Schule und Weiterbildung, Soest /NRW, in der Lehrerfortbildung Eingang gefunden hat, ist für den Bereich der täglichen sozialen Konflikte im Nahbereich unter Kindern und Jugendlichen entwickelt worden und soll helfen, eine „tragfähige Regelung" von Konflikten zu ermöglichen.[3]
Das Schlichtungsverfahren weist die gleichen Kennzeichen auf wie andere Mediationsverfahren auch:

- Es basiert auf Freiwilligkeit;
- sowohl die beiden Konfliktparteien als auch eine unpartische, dritte Person sind anwesend;
- die Lösung soll selbstverantwortlich ausgehandelt und schriftlich festgehalten werden.

Entscheidend ist jedoch, daß nicht Lehrer, sondern Schüler die Schülerkonflikte schlichten; wobei der Konflikt zeitnah aufgegriffen wird und i.d.R. in den Schulpausen oder der unmittelbar anschließenden Stunde geschlichtet werden soll.
Bei dieser Art von Streit-Schlichtung geht es den Initiatoren darum, „den Konfliktparteien Versöhnung und eine neuen Anfang zu ermöglichen."[4]

Das Schlichtungsgespräch ist stark ritualisiert und durchläuft vier Schritte:

1. Einleitung: Begrüßen, Ziele verdeutlichen, Grundsätze benennen – Vertraulichkeit und Neutralität – , Schlichtungsprozeß klären, Gesprächsregeln erläutern, Gesprächsbeginn vereinbaren.
2. Klärungen: Berichten, Zusammenfassen, Nachfragen, Befindlichkeiten ausdrücken, Anteile am Konflikt artikulieren, Überleiten.

---

[2] Vgl. Ortrud Hagedorn: Konfliktlotsen. Stuttgart u.a. 1995. K. Jefferys / U. Noack: Streiten, Vermitteln, Lösen. Das Schüler-Streit-Schlichter-Programm. Lichtenau 1995.

[3] Vgl. Landesinstitut für Schule und Weiterbildung: Streit-Schlichtung: Schülerinnen und Schüler übernehmen Verantwortung für Konfliktlösungen in der Schule. Begleitmaterial zum Film „Streit-Schlichtung". Soest 1996.

[4] Ebd., S. 42.

3. Lösungen: Lösungsmöglichkeiten überlegen, Lösungsmöglichkeiten aufschreiben, Lösungen auswählen, Lösungen vereinbaren.
4. Vereinbarungen: Vereinbarungen aufschreiben, Vereinbarungen unterschreiben, Verabschieden.

Um die Vereinbarung festzuhalten, wurde ein spezielles Schlichtungsformular entwickelt.
SchlichterInnen werden meist in der Klasse 9 ausgebildet und dann in der Klasse 10 eingesetzt. In der Regel schlichten sie Steitigkeiten zwischen Schülern der Klassen 5 und 6. Die SchlichterInnenausbildung dauert ca. 15 Wochen.
Nach dreijährigen Erfahrungen mit diesem Streitschlichtungsprogramm an einer Gesamtschule in Sudern im Sauerland berichten die Initiatoren, daß sich eine Verbesserung des Schulklimas abzeichne und die Bereitschaft der SchülerInnen zu reden statt zu schlagen zunehme.[5]
Unter dem Aspekt der Eigenverantwortlichkeit ist an diesem Modell äußerst positiv zu bewerten, daß SchülerInnen als Konfliktlotsen geschult werden und ihnen dabei rasch Verantwortung übertragen wird. Konflikte werden dabei nicht von Oben per Ordnung oder Anweisung zu „lösen" versucht, oder gar unterdrückt, sondern aufgegriffen und einer Bearbeitung zugänglich gemacht.[6]
Mit diesem Programm ist ein stark ritualisiertes und in der Praxis erprobtes Verfahren für den Schulbereich verfügbar, das auch relativ leicht zu erlernen ist.

Die Defizite dieses Modells werden sichtbar, wenn man der Frage nachgeht, inwieweit dieses oder vergleichbare Modelle in der Lage sind, Ursachen der Schüler-Schüler-Konflikte zu erfassen und gar zu bearbeiten.
Denn Schüler-Schüler-Streitschlichtungsprogramme könnten leicht den Geruch von Befriedungsstrategien und Symptomkurierung bekommen, falls die dahinterliegenden Motive für ihre Anwendung in der Wiederherstellung der altgewohnten Schulruhe lägen.

---

5 Vgl. Imke Hekel: Schlichten statt Schlagen. Aus alten Beschuldigungen wurden pädagogische Neuansätze. In: Beilage der Süddeutschen Zeitung vom 23.5.1996.

6 Genau dies war auch das Anliegen von Adornos berühmten Aufsatz einer Erziehung nach Auschwitz. Vgl. Theodor W. Adorno: Erziehung zur Mündigkeit. Frankfurt 1975.

Solche Streitschlichtungsmodelle müssen deshalb durch Aktivitäten der Schulentwicklung begleitet werden und dürfen kein Inseldasein im Schulbereich führen. Sie müssen eingebunden werden in eine Veränderung des gesamten Schulklimas und Lehrer und Eltern einbeziehen.
Mit diesen Programmen wird natürlich nur ein schmales Segment der tatsächlichen Konflikte an Schulen aufgegriffen. Für Lehrer-Schüler-Konflikte, Lehrer-Lehrer-Konflikte, oder auch in der Schulorganisation begründete strukturelle Konflikte ist es notwendig, jeweils eigene adäquate Konfliktbearbeitungsprogramme zu entwickeln.

Gewarnt werden muß jedoch vor einer Sichtweise die den Umgang mit Konflikten nur als eine Sache der richtigen Technik betrachtet. Die Funktion von Konflikten als Indikatoren für tieferliegende Probleme können nicht und dürfen auch nicht auf der Ebene der Mediation geglättet werden.[7]

2. Kompetenzen für konstruktive Konfliktbearbeitung im Nahbereich

Die für konstruktive Konfliktbearbeitung im Nahbereich notwendigen Kompetenzen lassen sich zunächst in drei Bereiche aufgliedern:
1. In kommunikative Kompetenzen;
2. in Kooperative Kompetenzen;
3. in Deeskalations-Kompetenzen.

Kommuniktive Kompetenzen

Die Vermittlung sozialer Fähigkeiten für eine befriedigende Kommunikation werden in praktisch allen Streitschlichtungsprogrammen als zentrale Momente aufgegriffen. Sie beinhalten im wesentlichen
- die Verbesserung der Selbst- und Fremdwahrnehmung;
- den Umgang mit den eigenen und mit fremden Emotionen;
- das Erkennen eigener und fremder Reaktionsweisen, die im zwischenmenschlichen Bereich und insbesondere innerhalb einer Konfliktdynamik störend oder hilfreich sind;

---

[7] Zu interessanten Ergebnissen könnten Streitschlichtungsprogramme nicht nur durch notwendige altersspezifische, sondern auch durch geschlechtsspezifische Differenzierungen gelangen. Wie werden Konflikte unter Mädchen, wie unter Jungen im Rahmen von Streitschlichtungsprogrammen gelöst?

- die Fähigkeit, Menschen und Probleme getrennt sehen zu können;
- die Entwicklung von Einfühlungsvermögen;
- die Respektierung des Gegenübers / Konfliktpartners als Person
- das Erkennen und Formulieren eigener und fremder Interessen;
- die Entwicklung von Möglichkeiten der angemessenen Selbstbehauptung.[8]

Gerade dieser letzte Punkt scheint wichtig zu sein, denn es kann nicht nur um Kooperations- und Kompromißverhalten gehen, sondern auch darum, eigene Bedürfnisse und Interessen verfolgen und auch durchsetzen zu können. So hängt z.B. Zivilcourage eben nicht nur von Kommunikationsfähigkeit, sondern auch von Ichstärke und Durchsetzungskraft ab.

Kooperative Kompetenzen

Kooperatives Verhalten wird ebenfalls als eine der zentralen Fähigkeiten im Rahmen konstruktiver Konfliktbearbeitung gesehen. In diesem Kontext werden immer wieder sog. „win-win"-Strategien als zentrale Verhaltensweisen beschrieben.

Wie leicht die Formulierung solcher Strategien in kaum einlösbare Verhaltenspostulate abgleiten kann, zeigt folgendes Beispiel:

„Vorbehaltlos konstruktive Strategie

Wir tun Dinge, die sowohl für die Beziehung als auch für uns von Vorteil sind, ohne Rücksicht darauf, ob die Gegenseite ebenso handelt oder nicht.

1. Rationalität. Auch wenn die anderen emotional reagieren, sollten wir versuchen, unsere Emotionen durch Vernunft auszugleichen.
2. Verständnis. Auch wenn die anderen uns mißverstehen, sollten wir trotzdem versuchen, sie zu verstehen.
3. Kommunikation. Auch wenn die anderen uns nicht zuhören, so sollten wir doch mit ihnen Rücksprache halten, bevor wir Entscheidungen treffen, die sie betreffen.
4. Unglaubwürdigkeit. Auch wenn die anderen versuchen uns zu täuschen, und wir allen Grund haben, ihnen nicht zu trauen, sollten wir doch unsererseits

---

8 Diese kommunikativen Fähigkeiten werden auch im Bereich der humanistischen Psychologie und der Gruppendynamik als zentral für eine befriedigende Kommunikationsfähigkeit eingestuft.

nicht versuchen, sie zu hintergehen; wir sollten selbst vertrauenswürdig sein.

5. Zwangfreie Methoden der Einflußnahme. Auch wenn die anderen versuchen, auf uns Druck auszuüben, sollten wir diesem Druck weder nachgeben, noch selbst versuchen, sie unter Druck zu setzen; wir sollten offen für überzeugende Argumente sein und selbst versuchen die anderen zu überzeugen.
6. Den anderen akzeptieren. Auch wenn die anderen uns und unsere Interessen nicht der Beachtung wert finden, sollten wir sie und ihre Interessen ernst nehmen, uns mit ihnen auseinandersetzen und bereit sein, von ihnen zu lernen."[9]

Kooperatives Verhalten läßt sich moralisch nicht erzwingen und auch nicht einfach kognitiv steuern, sondern es ist von einer Vielzahl von Variablen abhängig.
Die Sozialpsychologie hat hierzu eine Reihe interessanter Details beigetragen.[10]
Danach hängt kooperatives Verhalten in Konfliktsituationen u.a. von der Geschichte der Interaktion der Konfliktpartner und der Intensität der Kommunikation ab, wobei sich eine größere Kommunikationsdichte eindeutig positiv auf kooperatives Verhalten auswirkt.
Ferner spielt die Anzahl der beteiligten Personen eine wichtige Rolle. D.h., mit der Größe der Gruppe nimmt das Maß an Kooperation ab, da dann der Gruppenzusammenhalt und die Gruppennormen wichtiger werden. Anerkannte Regeln der Fairneß, die das Risiko einer Konflikteskalation abmildern, sind ebenfalls Kooperation stiftende Elemente.

Ein beträchtlicher Teil des kooperativen wie auch des nicht-kooperativen Verhaltens besteht aus Reaktionen, die zu einem früheren Zeitpunkt erworben wurden oder die der Vermeidung von früher bestraftem Verhalten dienen. Dies hängt auch damit zusammen, daß in Konfliktsituationen subjektiv eine

---

9 Roger Fisher/Scott Brown: Gute Beziehungen. Die Kunst der Konfliktvermeidung, Konfliktlösung und Kooperation. München 1996, S. 59 f.

10 J. Grzelak: Konflikt und Kooperation. In: Wolfgang Stroebe u.a. (Hrsg.): Sozialpsychologie. Eine Einführung. Berlin u.a. 1990, S. 305 - 329.

Reduktion der Komplexität vorgenommen wird und sich dabei auch die eigenen Verhaltensoptionen auf wenige Wahlmöglichkeiten reduzieren.[11]

Deeskalations-Kompetenzen

Der dritte Bereich der Kompetenzen läßt sich mit dem Begriff der „Deeskalastionsfähigkeit" umschreiben.

Eines der größten Probleme in Zusammenhang mit konstruktiver Konfliktaustragung ist die Überschreitung der Gewaltschwelle im Rahmen einer Konflikteskalation.[12] Der erste Schritt, ja die Grundvoraussetzung für Pädagogik muß jedoch sein, die körperliche und psychische Integrität der am Konflikt beteiligten Personen zu gewährleisten.[13]

---

11 Kooperatives Verhalten im Konflikt muß zudem als auf lange Sicht profitabler als eine Wettbewerbssituation eingeschätzt werden.

12 Diese Überschreitung ist – für die Betroffenen oft mit schweren Folgen, mit physischen und psychischen Verletzungen, Demütigungen, Kränkungen und auch Schockerlebnissen oder Traumen verbunden.
In den letzten Jahren wird im Zusammenhang mit der Jugendgewalt von einem schnelleren Rückgriff auf Gewalt und von sinkenden Hemmschwellen gegenüber den Opfern gesprochen. Die in den Medien oft behauptete quantitative Zunahme jugendlicher Gewalttätigkeiten wird durch empirische Untersuchungen an Schulen nicht gestützt. Eindeutig zugenommen haben jedoch verbale Attacken. Am häufigsten wird von Förder- und Hauptschulen über Gewalt berichtet. An Grundschulen und Gymnasien scheint das Gewaltproblem noch an geringsten zu sein. Eindeutig ist auch, daß es sich bei den Tätern zu über 90 Prozent um Jungen handelt.

13 Vgl. Lothar Böhnisch, in: KABI, Nr. 17, 13.5.1994.
„Das erste Element ist immer: Räume schaffen, wo sich die Gruppen unbehelligt treffen können. Zweitens: Für einen geregelten Alltag zu sorgen. Jugendliche müssen regelmäßig kommen können, vielleicht auch etwas zu essen kriegen, sich zurückziehen, Streß abbauen können, dem sie ausgesetzt sind, weil sie anders sind. Drittens gehört dazu, daß die Runden Tische weiter funktionieren, in den Kommunen, in den Stadtteilen. Nur so können gemeinsam Gewalteskalationen und Mißverständnisse vermieden werden. Dann müssen – viertens – Informationen reinkommen in die Szene. Die meisten dieser Jugendlichen haben ganz abstruse politische Vorstellungen. Wenn man sie fragt, wie hoch der Prozentsatz von Ausländern oder Asylanten in Deutschland ist, nennen sie Zahlen von 20 oder 30 Prozent oder gar höher."
Frage: Was hat das mit Pägagogik zu tun?
Böhnisch: „Das bewegt sich alles unterhalb der klassischen Vorstellung von dem, was Pädagogik ist, und geht überhaupt nicht mit dem Bild des „pädagogisch Eigentlichen" zusammen, das die westdeutsche Pädagogik vor sich herträgt. Diese ganz einfachen Dinge – einen Raum finden, Arbeit vermitteln, Essen zubereiten, sich um eine Wohung zu kümmern – sind aber unglaublich wichtig für die Jugendlichen. In England heißt das community work. Der Jugendarbeiter, der community agent, versteht sich dort als eine Art pädagogischer Makler."
Lothar Böhnisch, in: KABI, Nr. 17, 13.5.1994.

Dies auch tatsächlich umzusetzen, ist eine besondere Herausforderung, nicht nur angesichts der permanenten Erfahrung vieler Kindern und Jugendlichen, daß erst Gewalthandlungen ihnen Gehör verschaffen bzw. daß erst auf dem Hintergrund von Gewalthandlungen pädagogisch (und gesellschaftlich) interventiert wird und sie als Person zur Kenntnis genommen werden. Sondern auch unter Berücksichtigung dessen, daß Gewalthandlungen bei Kindern und Jugendlichen vielfältige symbolhafte Funktionen erfüllen.
Stichworte sind hier Gewalt als *Männlichkeitsbeweis;*
Gewalt als *Kommunikationsmittel* oder gar als Hilfeschrei;
Gewalt als *als Mittel gegen Langeweile und Frust:*
Oder auch Gewalt als subjektiv legitim betrachtete *Gegengewalt.*

Gewalt übt auf Kinder und Jugendliche deshalb eine eigenartige Faszination aus, weil sie scheinbar Eindeutigkeit in unklaren und unübersichtlichen Situationen schafft, weil durch sie scheinbar klar wird, wer der Stärkere und wer der Schwächere ist. Und weil Gewalt scheinbar Probleme zu lösen vermag. Diese Funktionen sind in ihrer subjektiven Bedeutung in einer Welt, die zunehmend als undurchschaubar und unübersichtlich erlebt wird, nicht zu unterschätzen.
Hier wird deutlich, daß konstruktive Konfliktbearbeitung und Gewaltprävention, bzw. Gewaltdeeskalation als sozialpädagogische und politische Strategien eng zusammengehören und nicht voneinander zu trennen sind.

3. Lernorte

Wichtige Grundlagen für die Vermittlung der dargestellten Kompetenzbereiche werden in familiären Interaktionszusammenhängen gelegt. Eine Ausdifferenzierung oder auch Korrektur findet in speziellen Trainingsprogrammen statt. Es gibt aber auch Lernorte und Lernzusammenhänge für den Erwerb dieser Kompetenzen an die zunächst nicht gedacht wird.

Einige Beispiele:
Wird z.B. in einem Artikel über Suchtprävention der Begriff Sucht durch Konflikt ersetzt, so ließ er sich wie für Konfliktprävention beschreiben:
„*Konflikt*-Prävention ist auch und vor allem Alltagsarbeit.
Neben der Umsetzung dieses Konzeptes sind wir uns im Kollegium darüber einig und im klaren, daß *Konflikt*-Prävention ein gemeinsamer Erziehungs-

auftrag aller Beteiligten in der Schule ist, also der Lehrer, der Schulleitung und auch der Eltern. Und daß dieser Erziehungsauftrag vor allem darin besteht, den Jugendlichen Chancen zur Entwicklung des Selbstwertgefühls, zur Ichfindung zu geben, daß sie eigene Erfahrungen, eigene Gefühle, aber auch Wünsche, Träume, Phantasien, Empfindungen und Ängste loswerden, reflektieren und verarbeiten können und daß die Beziehungsebene zwischen den SchülerInnen und LehrerInnen immer wieder hergestellt wird. Dazu gehört u.a. auch, daß schulische Leistungen nicht zum Maßstab für die Persönlichkeit des Schülers gemacht und Druck und Ängste vor den Anforderungen der Schule abgebaut, aber auch Belastungs- und Konfliktfähigkeit gefördert werden."[14]
Das Zitat verdeutlicht, daß ganzheitliche Erziehungskonzepte im Bereich der Gesundheitsförderung von ähnlichen oder sogar gleichen Grundvoraussetzungen ausgehen, wie Programme zur Gewaltprävention und zur konstruktiven Konfliktaustragung.[15] Offensichtlich gibt es also eine Reihe von Basisfähigkeiten, die sich auf das soziale Miteinander positiv auswirken und die in unterschiedlichen Kontexten vermittelt werden können. Die für den Bereich der Suchtprophylaxe formulierten Verhaltens-Ziele sind praktisch identisch mit denen, die für konstruktive Konfliktaustragung als relevant angesehen werden.[16]

Ein zweites Beispiel:
Eine grundlegende Fähigkeit für prosoziales Verhalten, insbesondere auch für konstruktive Konfliktbearbeitung ist „das gegenseitige aufeinander Hören

---

14 Hanspeter Ochs, in: Barmer Ersatzkasse, Abt. Gesundheitsförderung (Hrsg.): Prävention von süchtigem Verhalten. o.O., o.J., S. 34.

15 Sicherlich ist es kein Zufall, daß ein Forscher der Gewaltprävention, Klaus Hurrelmann, vor allem auch im Bereich der Gesundheitserziehung arbeitet.

16 Für den Bereich der Suchtprävention werden diese Ziele z.B. so beschrieben:
„– Selbstbewußtsein/Selbstwertgefühl fördern;
– Problem-/Konfliktbearbeitungsstrategien trainieren;
– Mit Angst umgehen trainieren;
– Verantwortung tragen lassen;
– Hilfbereitschaft fördern;
– Toleranz fördern;
– Aktivität (Kreativität) fördern;
– gemeinsam Spaß haben."
Alle diese Begriffe wurden bereits im Zusammenhang mit persönlichen Voraussetzungen konstruktiver Konfliktbewältigung genannt.

können“, sich zurücknehmen und mit anderen kooperieren können. Übungen zur Selbst- und Fremdwahrnehmung sind deshalb fester Bestandteil von Konfliktlösungstrainings.

Genau dieses wird z.B beim Singen in einem Chor oder beim Musizieren in einem Ensemble oder einer Band, also im Zusammenhang mit Musik benötigt und gefördert. Auch hier werden offensichtlich Grundvoraussetzungen konstruktiver Konfliktaustragung in einem Feld, dem musisch-kulturellen, gelegt, das mit dem bisherigen Verständnis von Konfliktbearbeitung (nämlich als Teil politischer Bildung) wenig oder nichts zu tun zu haben scheint.

Während einer Projektwoche führten Lehrerinnen und Lehrer der Fächer Musik, Sport und Kunst einer Pfullinger Schule ein fächerübergreifendes Projekt zu dem Musical „West-Side-Story“ durch. Eine Schülergruppe setzte den Ort und die Stimmung des Musicals in Kulissen um, eine andere Gruppe erarbeitete Ballett- und Tanzszenen, ein Chor, SolosängerInnen und eine Musikgruppe erarbeiteten ein 45 Min-Stück, das dann vor Schülerinnen und Eltern vorgeführt wurde.

Der Inhalt des Stückes berührt genau unser Thema: Wodurch entstehen Konflikte, was trägt zu ihrer Eskalaltion bei, und wie kann man Wege aus der drohenden Gewalt finden.

In einem solchen Projekt werden, ohne daß die OrganisatorInnen und die TeilnehmInner die Begriffe verwenden, Grundlagen für eine konstruktive Konfliktbearbeitung gelegt.

Kann man also von einer immanten Friedenspädagogik sprechen, die an vielen Orten anzutreffen ist und die nur noch ins Bewußtsein gehoben zu werden braucht?

4. Konfliktstrategien – ein Mittel der Bildungsarbeit?

Die dargestellten Kompetenzbereiche blieben unvollständig, wenn nicht ein weiterer Bereich hinzukäme, den ich als „Konfrontations-Kompetenz“ bezeichnen möchte.

Als Ergänzung oder auch als Gegenpol zu kooperationsorientierten Ansätzen läßt sich die Zuspitzung oder gar Inszenierung gesellschaftlicher Konflikte im Rahmen von Partizipationsstrategien sehen. Erfahrungen aus der Gemeinwesenarbeit, aus Bürgerinitiativen und gewaltfreien Aktionen zeigen, daß Parteilichkeit, eingebettet in eine Perspektive „von unten“ durchaus dazu beitragen kann,

Konfliktpotentiale erst ins Bewußtsein zu rücken, um sie so überhaupt bearbeitbar zu machen.[17]
Dies erscheint besonders heute wichtig, da politische Bildungsarbeit ihr zweites Standbein, die politische Aktion, in den letzten Jahren weitgehend verloren hat. Konflikte im Rahmen von politischer Aktion aufzugreifen sprengt zwar den klassischen Rahmen von politischer Bildungsarbeit, die sich in Seminaren und Tagungshäusern abspielt, beinhaltet jedoch enorme Lernchancen im Bereich der politischen Teilhabe.[18] Die hierfür notwendigen „Konfrontations-Kompetenzen" beinhalten Elemente der Zivilcourage ebenso wie der politischen Analyse gesellschaftlicher Konflikte und der politischen Aktion.[19]

In diesen kurz skizzierten vier Bereichen: Kommunikation, Kooperation, Deeskalation und Konfrontation muß Friedenspädagogik Fähigkeiten und Fertigkeiten, aber auch Kenntnisse und Wissen vermitteln. Dies sowohl nach Zielgruppen als auch nach Konflikttypen zu differenzieren und entsprechend aufzuarbeiten, ist bisher nur in Ansätzen gelungen.

Die eher kurzfristig, personal und lokal orientierten Ansätze konstruktiver Konfliktbearbeitung im pädagogischen Bereich, die ihre volle Berechtigung haben, müssen durch mittelfristig, gesellschaftlich und regional orientierte ergänzt und durch langfristig, ökologisch und global orientierte erweitert werden.[20]

---

17 Vgl. Raimer Gronemeyer: Leerstellen der Konfliktsoziologie: Zum konflikttheoretischen Bezugsrahmen für Gemeinwesenarbeit. In: Hans-Eckehard Bahr / Reimer Gronemeyer: Konfliktorientierte Gemeinwesenarbeit, a.a.O., S. 68.

18 Dieses Verständnis der Rolle von Konflikten im gesellschaftlichen Transformationsprozeß wurde immer wieder kritisiert. Vgl. Alfred Heck: Friedenspädagogik. Analyse und Kritik. Essen 1993, S. 136 ff. Heck versucht hier mit seiner in einer konservativen Tradition sich bewegenden Kritik nachzuweisen, daß sich Friedenserziehung mit diesem Verständnis von seiner ursprünglichen Absicht entfernt habe und es um eine andere gesellschaftliche Ordnung gehe.

19 Vgl. S. Schiele: Konsens und Konflikt. In: Wolfgang W. Mickel / Dietrich Zitzlaff (Hrsg.): Handbuch politische Bildungsarbeit. Bonn 1988, S. 72 ff.

20 Vgl.Rolf Huschke-Rhein: Systemische Pädagogik – auch ein neues Konzept für die Friedenserziehung. In: Volker Buddrus / Gerhard W. Schnaitmann (Hrsg.): Friedenspädagogik im Paradigmenwechsel. Allgemeinbildung im Atomzeitalter: Empirie und Praxis. Weinheim 1991, S. 242

5. Zukunftsorientierte Aufgaben der Friedenserziehung

Der Umgang mit Konflikten im Erziehungs- und Bildungsbereich muß also weit über Streitschlichtunsprogramme hinausgehen.

Er muß diese Programme in gesamtgesellschaftliche Entwicklungen und Zusammenhänge einbinden und vor allem auf Organisationen und Institutionen ausweiten. So müssen z.B. an Schulen neben personenorientierten Streitschlichtungs-Programmen auch Konzepte der Organisationsentwicklung und der Schulreform kommen, um hier geeignete Rahmenbedingungen für Veränderungen zu schaffen.[21]

Pädagogische Ansätze müssen durch politische Akzente ergänzt und gestützt werden. Neben Deeskalationsprogrammen für Jugendgewalt müssen deshalb gesellschaftliche Perspektiven für Jugendliche treten, aus denen diese die Sinnhaftigkeit ihres Daseins entwickeln und so auch eigene Lebensperspektiven entwerfen können. Bildungspoltik muß durch Wirtschafts- und Sozialpolitik ergänzt und gestützt werden. Dies ist besonders in einer Zeit des schnellen Wertewandels und der Globalisierung nahezu sämtlicher Lebensbereiche von besonderer Bedeutung.

Unter didaktischen Gesichtspunkten muß Friedenspädagogik Möglichkeiten konstruktiven Handelns in Konflikten systematisch aufzeigen und entsprechende Materialien und Kursangebote erarbeiten und anbieten.[22]

Friedenserziehung muß dabei auch auf die großen Auseinandersetzungen und Konflikte, die sich abzeichnen, vorbereiten:

- auf massive Verteilungskonflikte nicht nur innerhalb der Gesellschaft, sondern vor allem auch zwischen verschiedenen Staaten und Gesellschaften;
- auf die Konflikte, die sich aus den globalen Veränderungen und Bedrohungen ergeben (als Stichwort seien hier nur die Problembereiche der Umwelt und Entwickung genannt);
- auf Konflikte, die sich durch das Aufbrechen der bisherigen Staatenwelt und den zunehmenden Einfluß der Gesellschaftswelt ergeben.

---

[21] Ansätze hierfür sind u.a. zu finden in: Bildungskommission NRW: Zukunft der Bildung. Schule der Zukunft. Neuwied 1995.

[22] Eine solche erste Systematisierung konstruktiver Konfliktlösungsansätze im Bereich transnationaler Friedensarbeit ist vom Verein für Friedenspädagogik geleistet worden. Weitere Konkretisierungen für die Bildungsarbeit müssen folgen. Vgl. Uli Jäger. Softpower. Tübingen 1996.

Friedenspädagogik kann so dazu beitragen, daß
- Kinder und Jugendliche (und natürlich auch Erwachsene) die Angst vor Konflikten verlieren.
- die Konfliktdynamik im zwischenmenschlichen und Gruppenbereich nicht bis zur Gewaltanwendung eskaliert.
- Basiswissen über konstruktive Konfliktaustragung zu einem Allgemeingut wird.

Sie kann dies jedoch nicht völlig aus eigener Kraft bewerkstelligen. Insbesondere kann sie nicht alleine die notwendigen Rahmenbedingungen für eine Gesellschaft schaffen, die Gewalt tabuisiert und das ausufernde Konkurrenzprinzip zurückschneidet. Hierzu ist sie auf viele unterstützende und begleitende Initiativen angewiesen.

Die Bildungsminister der Länder dieser Erde haben auf der 44. Sitzung der Internationalen Bildungskonferenz, Genf, 3. bis 8. Oktober 1994 darauf hingewiesen, daß sie sich mit aller Entschiedenheit bemühen werden „der Verbesserung von Lehrplänen, des Inhalts von Schulbüchern und anderer Unterrichtsmaterialien sowie der Nutzung neuer Technologien besondere Aufmerksamkeit zu widmen, um sozial engagierte und verantwortungsbewußte Bürger heranzubilden, die anderen Kulturen offen gegenüberstehen, fähig sind, den Wert der Freiheit zu würdigen, die menschliche Würde zu achten sowie Unterschiede anzuerkennen, und die in der Lage sind, Konflikte schon im Vorfeld zu verhindern oder sie auf gewaltfreie Weise zu lösen.“[23]

Die Einsicht ist vorhanden, die materielle Umsetzung steht erst am Anfang.

---

[23] Unesco heute IV, 1994, S. 17

Didaktische Strukturelemente zu einem offenen Curriculum „Zivile Konfliktbearbeitung“

JOHANNES ESSER

1. Zum Ausgangspunkt

Meine nachfolgenden wegen zu kurzer Vorbereitungszeit leider nur knappen didaktischen Überlegungen stellen eine erste Problemskizze dar, die Mitte Dezember 1997 anläßlich einer Fachdiskussion zur bisherigen Modellausbildung in Ziviler Konfliktbearbeitung vorgetragen wurde. Das Modellprojekt Zivile Konfliktbearbeitung finanziert und begleitet die Staatskanzlei der nordrhein-westfälischen Landesregierung Düsseldorf; die Organisation und Strukturierung dieser Evaluationsveranstaltung verantwortete für eine Zwischenauswertung durch ExpertInnen die Arbeitsstelle Friedensforschung Bonn.

Die vorgelegten und zur Diskussion gestellten Texte betreffen den "Ausbildungsplan für die Freiwilligen des Zivilen Friedensdienstes" (Hg. vom Forum Ziviler Friedensdienst), das Paper "Zur Ausbildung für den Zivilen Friedensdienst in der Startphase 1996" sowie das 3-seitige Papier "Zu den didaktischen Prinzipien des Grundkurses(...)" und zu aktuellen Problemen zum Beispiel der "Interkulturalität" von G. Zellentin/H. Fischer.

Vorab ist zu den Texten bei einer kritischen pädagogischen und politischen Würdigung insgesamt festzustellen: Die Texte kennzeichnet insgesamt als herausragendes Moment, daß sie erstaunlicherweise eine unakzeptable große Distanz zu unverzichtbaren pädagogischen und politischen Grundpositionen und Lernprinzipien aufweisen, die jegliche Art von politischer Gestaltungs- und Veränderungsarbeit erheblich erschweren dürften.

2. Kritische Anmerkungen zur Notwendigkeit von pädagogischen Essentials im offenen Curriculum

Ich möchte an den Anfang meiner Überlegungen stellen, daß zu einer ausdifferenzierten und komplexen friedenspädagogischen Kommentierung einer Modellausbildung in Ziviler Konfliktbearbeitung vor allem etwa eine konkrete Partizipation am alltäglichen Lern- und Gruppenprozeß zum Beispiel der Lehrangsgruppe(n) erforderlich sein sollte. Da mir diese konkrete Einschätzungs- und Erfahrungsbasis am Problemthema heute nicht zur Verfügung steht, spreche ich stattdessen andere Evaluationsschwerpunkte an, die sich für die weitere Kurs-Arbeit anbieten.

Zu meinen Überlegungen gehören vor allem einige zentrale Gesichtspunkte zur Frage, ob die „didaktischen Prinzipien" das Konzept eines offenen Curriculums "Zivile Konfliktbearbeitung" überhaupt angemessen strukturieren (vgl. Zellentin/Fischer 12/1997). Des weiteren geht es um einige Stichworte zur Interkulturalität.

Die didaktischen Prinzipien des o.g. Papiers wie „Ideologie-Freiheit" bzw. „Gewaltfreiheit", „Verstärkung und Nutzung der vorhandenen Potentiale", „Praxis- und Handlungsorientierung", „Selbstorganisation", „Rhytmysierung", „Offenheit und Transparanz" sind eher mit einem offenen Curriulum-Konzept zu verbinden als mit einem geschlossenen Konzept. Erkenntnis- und Handlungskriterien eines offenen Curriculums, die beim Gegenstand Zivile Konfliktbearbeitung Lernprozesse von Erwachsenen definieren sollen, und das ist ja die zentrale Zielgruppe, sind strukturell zum einen bestimmt durch prozeßorientierte Unterrichtsphasen, zum anderen durch offene Arrangements von Lernsituationen, bei denen die Lernenden Lernziele und Lernmethoden kooperativ mitdefinieren.

Lernende werden im offenen Curriculum vor allem als Subjekte gesehen.
Das aber impliziert entscheidende Fragen:
- Wie bedingen Ziele und Methoden die konkrete Arbeit?
- Warum, wann, wie können Ziele beispielsweise im erfahrungsorientierten Lernen der Gruppe Subjekt-Probleme beeinflussen?

Das sind richtungsweisende Erschließungsaspekte. Im offenen Curriculum tragen des weiteren kommunikative Lernprozesse unbedingt einen Experiment- und Versuchscharakter, der jeder Lerngruppe situationsspezifische Konfliktlagen zur Bearbeitung und Bewältigung zumutet.

Weitere Stichworte sind spezifische Situationen der Lerngruppe und der realen Lernumfelder.
Nicht zuletzt kennzeichnet ein offenes Curriculum "Zivile Konfliktbearbeitung" im fortwährenden Lernprozeß der Beteiligten aufgabenorientiertes Lernen unter

Einbeziehung der Lernvoraussetzungen, der verhandelten bzw. der noch nicht verhandelten subjektiven Bedürfnisse und der konkreten Interessen. Bedürfnisse und aufgabenorientiertes Lernen entsprechen einander. Daraus folgt nicht zuletzt: Sowohl eine biographisch bedingte Fixierung auf Lehr-Lern-Prozesse als auch die Instrumentalisierung von Lehr-Lern-Prozessen können zugunsten subjektiver/gruppenspezifischer Bedürfnisse und Interessen überwunden werden.

Produktorientierte geschlossene Curricula gründen demgegenüber auf Programme, auf enge Konzepte, auf Lernmaterialien, auf Erfolgskontrollen und z.B. auf Tests. Lernende werden hier eher als Objekte eingeordnet. Entscheidungen und Ziele formulieren in der Regel andere, z.B. Wissenschaftler, Ministerien, Dozenten und Dozentinnen. Das geschlossene Curriculum wird aus der Sicht von Lehraufgaben realisiert. Probleme der Fremdsteuerung von Lernprozessen sind in diesem Konzept nicht ungewöhnlich.

Welches Konzept nun für den Gegenstand "Zivile Konfliktbearbeitung" auch zur systematischen Entfaltung der didaktischen Prinzipien wegweisende Impulse liefert, scheint mir gegenwärtig überhaupt nicht ausdiskutiert zu sein und vernachlässigt zu werden.

Oder noch grundsätzlicher: Für welche Konfliktsituationen eignen sich die didaktischen Prinzipien wann und unter welchen Umständen nicht?
In welchem Verhältnis stehen die didaktischen Prinzipien des Zellentin/Fischer-Papiers (12/1997) eigentlich zueinander?
Existieren keine didaktischen Prinzipien, die eher im Querschnitt stehen und dazu wieder zu anderen (bisher nicht angeführten) Prinzipien zu plazieren sind, die dann aber wieder eine andere curriculare und lerngruppenspezifische Information, Aufklärung, Motivationsarbeit und pragmatische Organisation erfordern?

Es sollte auch nicht übersehen werden, daß es in diesem Kontext von großer Bedeutung ist, wenn inzwischen eingeführte Konzepte und Methoden der Aneignung von Konfliktfähigkeit für Erwachsene auf eine breitere Praxistauglichkeit für Krisen- und insbesondere gar für Extremsituationen noch auszuwerten sind.

Deshalb gehe ich noch davon aus, daß die Klärung und der Vollzug der Umsetzung der didaktischen Prinzipien eine Curriculumdiskussion erfordert, die gesellschafts- und ideologiekritisch, perspektivisch und vor allem veränderungs- und alltagsorientiert ansetzt.

Beim offenen Curriculum sind jedoch Lernprozesse ohne eine ständige Evaluation, die Ergebnisse und Korrekturen der qualifizierten Veränderungspraxis erfaßt, nicht zu gestalten. Das gilt als eine wesentliche Grundvoraussetzung für effektives und prozeßorientiertes pragmatisches Lernen. Evaluation soll hier zu selbstkritischen Einstellungen und Leistungen, zu neuen Qualifikationen anregen.

Für die weitere Modellentwicklung einer Zivilen Konfliktbearbeitung ist nach dem bisherigen Stand unbedingt auch noch in breiter und differenzierter Weise zu diskutieren, ob und wie die erkenntnis- und handlungsleitenden Interessen und politischen Ziele derjenigen, die das Kursprogramm entwickelt und initiiert haben, mit den an den Lehrgangskursen Beteiligten in Entsprechung stehen. Möglicherweise sind zwischenzeitlich unbewältigte und erschwerende Konzept-Gegensätze bzw. -Widersprüche entstanden, die etwa eine korrigierte Planungsarbeit oder eine fundierte Veränderungspraxis ernsthaft behindern.

3. Zur Interkulturalität

Interkulturelles Leben und Lernen dient dem Zusammenleben von Menschen unterschiedlicher kultureller Herkunft. In einem Forschungsbericht (vgl. Esser, u.a.: Frieden vor Ort, 1997) wurden zu diesem Instrument der Praxisforschung, ferner auch zu diesem Verhältnis von lokalen institutionellen, programmatischen Absichten und konkreten adäquaten, gesellschaftlichen Auswirkungen mit konkreten und erfolgreichen Veränderungen interessante und neue Ergebnisse vorgelegt.

Gleichwohl haben sich auch in diesem Forschungsprojekt erneut solche Lernmethoden bewährt, die motivierende Impulse durch biographisch bedingte Alltags- und Lebenserfahrung, durch phantasiefördernde Initiativen, durch kleinste Lerneinheiten zur Begründung von Partizipation von unten in den Vordergrund stellen.

Etliche Anregungen sind des weiteren den Arbeiten von Auernheimer (vgl. Lit. ab 1990) zu entnehmen. Im Handbuch Kritische Pädagogik (Deutscher Studien Verlag, 1997) stellt Auernheimer die Frage, "ob und inwiefern sich interkulturelle Kommunikation von sonstiger Kommunikation unterscheiden sollte" (350f). Ich denke, daß dieser Ansatz den Kernaspekt der aufgelisteten Hinweise berührt.

Entscheidend dürfte es hierzu auch sein, sich im Prozeß einer interkulturellen Arbeit stets der Handlungsziele bewußt zu sein, unterschiedliche Anspruchsstrukturen nicht zu ignorieren, auf Überforderungen zu achten, Lernzugänge und Anwendungssituationen kritisch einzuordnen, eigenkulturelle und fremdkulturelle Faktoren vorurteilsfrei aufzunehmen.

Offenheit, Verständnis, Empathie, Kooperationssicherheit sind Schlüsselvoraussetzungen zu einer interkulturellen Kompetenz. Hierin liegen auch die nachgefragten methodischen Zugänge.

Literatur

Auernheimer, G.: Interkulturelle Pädagogik. In: Bernhard, A./Rothermel, L.(Hg.): Handbuch Kritische Pädagogik. Weinheim 1997, 344-356

Ausbildungskurs "Zivile Konfliktbearbeitung". Evaluation des Modellprojekts im Auftrag des Landes Nordrhein-Westfalen. Verantwortlich: G. Zellentin / M. Fischer. Zwischenbericht, September 1997

Bund für Soziale Verteidigung (Hg.): Ausbildungsplan. Für die Freiwilligen des Zivilen Friedensdienstes. Minden o.J.

Dokumentation des Modellvorhabens "Ausbildung in Ziviler Konfliktbearbeitung". (Hg.): Div. Einrichtungen für Friedensfachdienste. o.J. (Bestell-Anschrift: Kurve Wustrow, 29462 Wustrow, Kirchstr. 14)

Ebert, Th.: Ziviler Friedensdienst. Alternative zum Militär. Grundausbildung im gewaltfreien Handeln. Münster 1997

Esser, Joh. /D. von Kietzell u.a.: Frieden vor Ort. Alltagsfriedensforschung - Subjektentwicklung - Partizipationspraxis. Münster 1997

Rohwedder, J.: Zivile Konfliktbearbeitung. In: antimilitarismus information. Heft Juni 1998, 44ff.

Zellentin, G. /Fischer, M.: Zu den didaktischen Prinzipien des Grundkurses "Zivile Konfliktbearbeitung". Im Man 3 S. Gesamthochschule - Universität - Wuppertal. Dezember 1997

Ziviler Friedensdienst im Einsatz in Ex-Jugoslawien. Pilotprojekt aus NRW steht vor seiner praktischen Prüfung. In: antimilitarismus information. Heft September 1997, 35-37.

Wege aus der Gewalt - Annäherungen an ein Thema auch für die Pflege

FRANCO REST

Frau Timm, laut Karteikarte eine Patientin mit „Cerebralsklerose, Altersdepressionen, Altersherzinsuffizienz mit Arrhythmie, suizidgefährdet", gilt als launisch und wechselnd in ihren Stimmungen, „teils aggressiv, teils lieb", sagt man uns. Leider liege sie im Sterben. Schwester Agnes sitzt bei ihr. Aber sobald der Puls wiederkommt und sich also herausstellt, daß sie wohl doch nicht sterben wird, geht Schwester Agnes wieder hinaus. Nach einer halben Stunde schaut sie noch einmal kurz ins Zimmer. Bis zum Schichtwechsel hat sie keine weitere Zeit dafür, weil bereits „so viel liegen geblieben ist", wie sie sagt. Einige Tage später wird sie, weil sie zu sehr schnarcht, zu einer anderen Mitbewohnerin, Frau Gall, verlegt, die davon „wohl nichts mitbekommt, weil sie schlecht hört". Frau Timm könnte zwar durchaus mit Hilfe noch laufen, aber weil sie sich schon einmal versucht habe zu strangulieren, hat man durch den Betreuer Bettgitter genehmigt bekommen. Zwei weitere Tage später beschwert sich Frau Gall über „den Mann, der da neben ihr im Sterben liegt". Intensiv bemühen sich die Schwestern nun um Frau Gall; Frau Timm liegt nur stumm dabei. Am nächsten Tag schickt man Frau Gall zum Friseur, derweil Frau Timm im Beisein von Schwester Agnes stirbt.

Hier, in einer alltäglichen Situation, ist Gewalt im Spiel: bei der Diagnose einer Cerebralsklerose, die es ja überhaupt nicht gibt, bei der Bewertung der Stimmungen von Frau Timm, beim Dienstplan, der Schwester Agnes aus dem Zimmer zwingt, bei der Verlegung aus der gewohnten Umgebung, bei den Zumutungen an die Mitbewohnerin, bei den eingehängten Bettgittern, die gut durch Menschen ersetzt werden könnten, bei der Verteilung von Zuwendung auf die beiden Bewohnerinnen, bei der Heimlichkeit, mit welcher man den Tod umgibt, bei der Begrenztheit der durchgeführten Begleitung der Sterbenden.[1]

1. Was ist „Gewalt" im zwischenmenschlichen Bereich?

Im Zusammenhang mit der Thematik der Gewalt gegen alte Menschen, der

---

[1] Vgl. Franco Rest, Praktische Orthothanasie (Sterbebeistand) im Arbeitsfeld sozialer Praxis. Teil 1: Entwicklung von Verhaltensmerkmalen zum Umgang mit Sterbenden in der Altenhilfe. Opladen 1977, 231

Gewalt im Pflegeverhältnis und unseres Umgangs mit Gewalt soll dieses Phänomen grundsätzlich einer Klärung näher gebracht werden. Aber das ist leichter als Problem erkannt, als gelöst. Deshalb habe ich meine Ausführungen auch mit einem Untertitel versehen, also zum Thema "Wege aus der Gewalt" die Erwartungen mindern durch den Zusatz: "Annäherungen an ein Thema".
"Als Herr Keuner, der Denkende, sich in einem Saale vor vielen gegen die Gewalt aussprach, merkte er, wie die Leute vor ihm zurückwichen und weggingen. Er blickte sich um und sah hinter sich stehen - die Gewalt. "Was sagtest du?", fragte ihn die Gewalt. "Ich sprach mich für die Gewalt aus", antwortete Herr Keuner. Als Herr Keuner weggegangen war, fragten ihn seine Schüler nach seinem Rückgrat. Herr Keuner antwortete: "Ich habe kein Rückgrat zum zerschlagen. Gerade ich muß länger leben als die Gewalt!" [2]

So mag es mir ebenfalls ergehen. Denn indem ich mich gegen die Gewalt ausspreche, muß ich dies mit Macht und also in gewissem Sinne gewalttätig tun, mich in einen inneren Widerspruch begeben. Andererseits reflektiere ich die Wechselwirkung von Gewalt und Gegengewalt, also die Behauptung, mit Gewalt nur dann zu reagieren, wenn andere auf mich Gewalt ausüben. Ggf. ist es die Gewalt selbst, die sich gegen mich wendet, und derer ich mich nur durch die Anwendung von Gewalt erwehren kann.
"Interessenkonflikte unter den Menschen werden prinzipiell durch die Anwendung von Gewalt entschieden", schrieb Sigmund Freud an Albert Einstein [3]. "So ist es im Tierreich, von dem der Mensch sich nicht ausschließen sollte; für den Menschen kommen allerdings noch Meinungskonflikte hinzu, die bis zu den höchsten Höhen der Abstraktion reichen und eine andere Technik der Entscheidung zu fordern scheinen... Anfänglich, in einer kleinen Menschenhorde, entschied die stärkere Muskelkraft darüber, wem etwas gehören und wessen Wille zur Ausführung gebracht werden sollte. Muskelkraft verstärkte und ersetzte sich bald durch den Gebrauch von Werkzeugen; es siegt, wer die besseren Waffen hat oder sie geschickter verwendet... Die Endabsicht bleibt... die nämliche, der eine Teil soll durch die Schädigung, die er erfährt, und durch die Lähmung seiner Kräfte gezwungen werden, seinen Anspruch und

[2] Bertolt Brecht. Vgl. hierzu auch Ottheim Rammstedt, Zum Leiden an der Gewalt. In: Horn, Luhmann u.a., Gewaltverhältnisse und die Ohnmacht der Kritik. Frankfurt 1974, 235 ff.

[3] Sigmund Freud, Warum Krieg? Ein Brief an Albert Einstein. In: Ges. Werke Bd. XVI, 13-27

Widerspruch aufzugeben. Dies wird am gründlichsten erreicht, wenn die Gewalt den Gegner dauernd beseitigt, also tötet. Es hat zwei Vorteile: daß er seine Gegnerschaft nicht ein andermal wieder aufnehmen kann, und daß sein Schicksal andere abschreckt, seinem Beispiel zu folgen." So weit zunächst einmal Sigmund Freud. Seine Überlegungen sind durchaus auf das Gewaltverhältnis in der Pflege übertragbar.

Da ist der durchaus archaische Einsatz von Muskelkraft z.B. beim Heben und Tragen, ergänzt und erweitert durch Werkzeug wie Spritzen und Medikamente wie Sedierungen. Dann ist da das Ziel, der Gewaltempfänger möge seinen Widerspruch und seine Ansprüche aufgeben. Da ist auch das Streben der Gewalt, auf Dauer wirken zu können, und den "Gegner" daran zu hindern, seinen Kampf erneut aufzunehmen, ergänzt durch den Wunsch, die Epidemie des Widerstandes prophylaktisch anzugehen. Schließlich wissen wir auch von den Vorgängen im Zusammenhang mit Tötungen von Pflegebedürftigen in Wuppertal, Wien und anderswo. Die "Tötungsheilbehandlung" hat durchaus Tradition [4].

2. Vom Verhältnis zwischen Recht, Macht und Gewalt

Bei den Überlegungen über die Gegenmittel zu solcher Gewalt kommt Freud auf das Recht zu sprechen. "Gewalt wird gebrochen durch Einigung", schreibt er, "die Macht der Geeinigten stellt nun das Recht dar... Das Recht ist die Macht einer Gemeinschaft. Es ist noch immer Gewalt, bereit, sich gegen jeden Einzelnen zu wenden, der sich ihr widersetzt, arbeitet mit denselben Mitteln, verfolgt dieselben Zwecke. Der Unterschied liegt wirklich nur darin, daß es nicht mehr die Gewalt eines Einzelnen ist, die sich durchsetzt, sondern die der Gemeinschaft." Wir könnten daraus folgern, daß die Gewalt im pflegerischen Bereich tatsächlich reduziert werden kann, einerseits durch das von der Gemeinschaft akzeptierte und respektierte Recht, zu dem auch die Pflegeversicherung gehört, die wenigstens die Pflege überhaupt erst ins Recht gebracht hat, oder das Betreuungsgesetz, das die Entmündigungen abschaffte,

---

[4] Vgl. K. Binding / A. Hoche, Die Freigabe der Vernichtung lebensunwerten Lebens. Leipzig 1920. Dazu und zur Tradition der Tötungsheilbehandlung bis zum heutigen Tag: Franco Rest, Das kontrollierte Töten. Gütersloh 1992

oder das PsychKG, welches die Selbstgefährdung sozial-pflegerisch angehen will, und andererseits durch die Gemeinschaft selbst.

Das Recht der Hausordnungen z.B. kommt zustande, indem die Konfliktpartner sich darauf einigen, also Bewohner, der Heimbeirat und das Personal bzw. das Personal untereinander, die Bewohner untereinander. Die Wirksamkeit derartiger Einigungen ist grundsätzlich abhängig von der Qualität der Gemeinschaft, ihrer Dauerhaftigkeit, ihrer Unabhängigkeit von den daran beteiligten Personen, von der Wirksamkeit solcher Vorschriften, auch wenn ihnen eine Bindung an die aktuelle Bejahung der Personen wechselseitig nicht zugrunde liegt. Das Maß der inneren Bindung der Gemeinschaft entscheidet jedoch über die Wirksamkeit des Rechts und also über die Reduktion der Gewalt.

Definitorisch läßt sich also die Gewalt auch durch die Macht ersetzen. Aber die Einführung dieses Begriffes macht sogleich deutlich, daß daran wiederum Bedingungen geknüpft werden können, nämlich die Bedingung der gleichen Stärke der Beteiligten. Bei ungleicher Stärke kommt es nicht zur Macht der Regeln und Rechte, sondern zu ihrer Wirksamkeit wiederum allein aufgrund der Gewalt in den Händen der Bestimmenden. Dann gibt es künftig zwei Bestrebungen: Das Streben der Mächtigen, aus der Rechtsherrschaft erneut wieder Gewaltherrschaft zu machen, die sich dann nicht mehr rechtfertigen und legitimieren müßte; und andererseits das Bestreben der Beherrschten, mehr Macht zu erringen. "Eine sichere Verhütung der Kriege ist nur möglich, wenn sich die Menschen zur Einsetzung einer Zentralgewalt einigen, welcher der Richtspruch in allen Interessenkonflikten übertragen wird", sagt wiederum Sigmund Freud. Aber diese Zentralgewalt ist durchaus nicht immer und überall in Sicht. Außerdem müßte sie zugleich über eine auch äußere Erzwingbarkeit ihrer Beschlüsse verfügen, also wiederum über Macht und Gewalt. Die Zentralgewalt ist so mächtig und so schwach, wie sie ihre Beschlüsse mit Nachdruck durchsetzen kann.

Nun glaubte Freud ja bekanntlich die Wirksamkeit von zwei Grundtrieben in den Menschen erkennen zu können, des Lebens- und des Todestriebs, des Eros und der Destruktion. Destruktives Streben kann in seinen Vorstellungen durch die Macht des Erotischen gebremst werden.

Wir benötigten also eine Fülle von Gefühlsbindungen, um dem Mißbrauch der Gewalt vorzubeugen bzw. entgegentreten zu können. Beziehungen wie zu einem Liebesobjekt und Beziehungen, die von Identifikationen geprägt wären. Auf Identifikationen beruht die menschliche Gemeinschaft.
Aber vermutlich ist es im zwischenmenschlichen Bereich doch anders als im Politischen, wo die Unwirksamkeit der UNO dadurch unterstrichen wird, daß sie als Zentralgewalt eben nicht über die Machtmittel verfügt, ihr Wollen zur Durchsetzung zu bringen. Die Zentralgewalt im Zwischenmenschlichen ist vielleicht von ganz anderer Natur, von ganz anderem Stoff. Romano Guardini schrieb: "Die Macht ist aufbauend, so lange der, der sie inne hat, in der Ordnung des Daseins steht. So lange in ihm der Machttrieb ins Ganze eingefügt und nach Maß wie Richtung kontrolliert ist. So lange er das Gleichgewichts-system überblickt, in welchem jeder Impuls an einer Stelle Veränderungen an anderen hervorbringt, jeder gewonnene Wert mit dem Verlust anderer bezahlt wird. So lange er sich dafür verantwortlich weiß, daß das Recht geschehe, und der Trieb zur Macht diesem Gebot des Rechten untergeordnet bleibt".[5] Das Problem spitzt sich demnach zu auf die höhere "Ordnung des Daseins", auf das tiefere Gebot des Rechts, auf das Verhältnis von äußerem Verhalten einerseits und innerer Einstellung andererseits; oder man könnte auch sagen auf das Verhältnis von rechtlicher und sittlicher Verhinderung des Gewaltmißbrauchs.

3. Äußeres Handeln und sittliche Einstellung

Beobachtungen an einem Tag: Der ersten Bewohnerin wird verboten, das Haus zu verlassen, indem ihr der Mantel weggeschlossen wird, weil man weiß, daß die Pforte niemanden ohne Mantel aus dem Haus lassen würde, diese Bewohnerin aber als „verwirrt“ gilt. Eine andere Bewohnerin möchte noch vor dem Waschen „auf den Topf“; die Schwester reagiert darauf mit dem Satz: Das geht jetzt nicht, nach dem Waschen!“ Plötzlich stellt man fest, daß ein Medikament zuende gegangen ist; man bedient sich beim Medikamentenstand einer anderen Bewohnerin. Dann wird eine Bewohnerin in das Doppelzimmer einer anderen verlegt, die bis zu diesem Zeitpunkt wenigstens einige Tage allein gewesen ist; die Reaktion der Bewohnerin: „Oh, kommt sie schon heute; ich dachte, ich hätte erst mal einen Tag Ruhe; in der einen Schublade sind ja noch

---

[5] Romano Guardini, Der unvollständige Mensch und die Macht. In: Ders., Sorge um den Menschen.Würzburg 1962, 49.

Sachen von mir, die muß ich dann sofort ausladen, aber wohin?", wird beantwortet mit dem Satz: „Sie waren doch schon viel zu lange allein!"[6]

Es ist wahrlich ein Fortschritt der Kulturentwicklung, daß die Gewalt durch zwei Instanzen gezähmt werden soll: durch das Recht und durch die Sittlichkeit. Das Recht steht dabei der Erzwingbarkeit näher und verbindet sich deshalb ggf. mit der Staatsmacht. In Strafgesetzen werden Unrechtsverbote aufgestellt und mit Unrechtsfolgen verknüpft. Das so ausgestattete Recht zielt auf das äußere Verhalten des Menschen ab. Deshalb ist z.B. die direkte, erkennbare Tötungshandlung in der aktiven Sterbehilfe strafbar auch ohne Prüfung der dabei einfließenden Beweggründe.

Auch die Sittlichkeit und das Sittengesetz wollen gelten, wie das Recht. Aber sie beanspruchen Gültigkeit zu jeder Zeit und unter allen Umständen, während Gesetze auf eine gewisse Vorläufigkeit angelegt sind. Aber Sittlichkeit verzichtet ausdrücklich auf die äußere Erzwingbarkeit z.B. durch Gerichte, Polizei oder Kontrollinstanzen. Ihre Gültigkeit ist auch nicht an Unrechtsfolgen z.B. für den Gewaltmißbrauch gebunden. Entscheidend ist, daß die innere Gesinnung Sorge dafür trägt, daß das Verhalten nicht entgleist.
Das Recht erlaubt, gebietet, verbietet äußeres Verhalten der Menschen; die Sittlichkeit dagegen billigt oder verwirft die durch menschliche Freiheit ermöglichten Entscheidungen unabhängig davon, ob und in welcher Form sie sich in Handlung umgesetzt haben. Das Recht betrachtet eine menschliche Handlung gewissermaßen von Außen nach Innen (Wer hat wann, wie, womit, gegen wen gehandelt?); das innere Leben des Handelnden, seine Gesinnung ist Gegenstand der Sittlichkeit und damit ihrer Betrachtung von Innen nach Außen (Warum hat eine, wie geartete Person, unter welchen Zwängen, Beweggründen, Motiven, in welcher ihr gemäßen Form gehandelt?). Wenn sich die Gewalt in der Pflege nicht mehr durch die Bettgitter äußerlich erkennbar austoben kann und darf (vgl. das Betreuungsrecht), und z.B. stattdessen Betten bevorzugt, die bis auf den Fußboden abgesenkt werden können, dann fällt die Entscheidung über die Bewertung dieser neuerlichen Gewalttat nicht in der äußeren Tatsache,

---

6 Vgl. Franco Rest, Praktische Orthothanasie, a.a.O., 114

sondern in der inneren Absicht oder in der sozial-dialogischen Absprache zwischen den Handelnden.

Die Instanz der inneren Einstellung muß aber geprägt werden durch eine "Vervollständigung des handelnden Menschen", wie es Guardini ausdrücken würde. Denn der unvollständige Mensch wird sehr leicht zum Gewaltmißbrauch neigen. Unvollständig ist der moderne Mensch, weil er z.B. das Schweigen nicht mehr beherrscht, und also Gewalt mit Worten ausübt, in Zurechtweisungen, Anweisungen, Befehlen oder im Zerreden von Betroffenheit und Gefühlen. Man kann einen Menschen nicht nur mit der Axt, sondern auch mit Worten erschlagen.

Unvollständig für die Gewaltkontrolle ist der Mensch, dem keine Ruhe und Muße mehr gegönnt bzw. selbstverständlich sind; wer sich gezwungen sieht, sich durch Arbeit, Kampf, behandelndes Handeln zu definieren, wird Gewalt ausüben aus fehlender Ruhe heraus. Unvollständig ist der Mensch, dem die Scham abhanden gekommen ist; bei ihn beginnt die Gewalt mit der Öffentlichkeit und Veröffentlichung des Intimsten; Gewalt schlägt um in Schamlosigkeit, und umgekehrt. Unvollständig ist auch der Mensch, dem die Gabe der Unterscheidung abhanden gekommen ist.

4. Gebote pflegerischen Verhaltens im Spannungsfeld zwischen persönlicher und struktureller Gewalt?

Eine Patientin fiel den MitarbeiterInnen, Ärzten und Besuchern dadurch auf, daß sie immer wieder sagte, sie wolle „endlich heraus aus ihrer Haut". Schließlich beauftragte man einen Hautarzt zur Durchführung eines Allergietests. Uns sagte diese Patientin: „Ich versteh das nicht! Meine Haut juckt nicht, schwitzt nicht, ist nicht kalt; ich will doch nur aus der Haut fahren, weil sich niemand um mich kümmert."

Wie gelingt es der Pflege, zum Kern des Menschen vorzudringen, der da z.B. außer sich geraten möchte, aber gegen die Definitionsmacht diagnostischer Betrachtungsweisen ohnmächtig ist? In unserm Innern möchten wir alle irgendwie aus und heraus; aber vielfach wird es uns nicht erlaubt und erlauben wir es uns selbst nicht. Vor diesem Hintergrund kann es hilfreich sein, Gebote für die Pflege aufzustellen, die nur umsetzbar sind vom vollständigen

Menschen, der sich seiner inneren Einstellung gewiß geworden ist, oder doch mindestens bereit ist, in den Spiegel und nicht nur ins Gesetzbuch oder in das Pflegehandbuch zu schauen. Ich habe 37 solcher Gebote benannt, die damit eine innere Macht ausüben zur Kontrolle der Gewalt:

(1). Stelle dir immer den Menschen ohne seine Gebrechen und Beeinträchtigungen vor.

(2). Identifiziere den Menschen niemals mit seinen Gebrechen bzw. seinem derzeitigen Zustand; er ist immer anders als sein Zustand; dieser gehört zwar zu ihm, aber er gehört nicht seinem Zustand.

(3). Zieh immer die Folgen seines jetzigen Zustandes in Betracht, ohne diese Folgen jedoch zu fördern oder herbeizupflegen.

(4). Laß den Menschen immer wieder über die Veränderungen in seinem Leben sprechen, so gut er es vermag und in der von ihm jeweils gewählten Form.

(5). Versuche bedeutende Personen aus dem Leben des Menschen in deinen Umgang mit ihm einzubeziehen, indem du dich um deren Anwesenheit bemühst oder durch Zulassen und Zuhören bei den Erinnerungen und Träumen.

(6). Versuche die charakteristische Persönlichkeit des Menschen zu begreifen und im Biographischen wiederzufinden.

(7). Beobachte und korrigiere deine eigenen Gefühle gegenüber dem Menschen, indem du ihm und dir nicht nur "Ja"-, sondern auch "Nein"-Sagen erlaubst.

(8). Versuche sachlich angemessen, aber niemals gefühllos zu sein.

(9). Laß den Menschen so viele Entscheidungen selber treffen, wie es eben möglich ist.

(10). Hilf ihm, sein Leben einschließlich seines Todes - wenn auch ggf. "unter Protest" - zu akzeptieren und also lebenssatt zu werden.

(11). Beachte bei seinem Ringen um Tod und Sterben besonders die psychosozialen Komplikationen und die Anmutungen, die dadurch bei dir ausgelöst werden, ohne daß du ihnen unbedingt nachgibst.

(12). Sei nahzu umfassend verfügbar, so weit es deinem eigenen Lebenskonzept zuzumuten ist; entziehe dich ihm nur, wenn du es ihm zu erklären versucht hast.

(13). Hilf dem Menschen wenigstens in der Annäherung so sein Leben zu leben, zu beschließen und auch zu sterben, wie er es sich vorgestellt hat, selbst dann, wenn du nicht weißt, wie er es sich vorgestellt hat.

(14). Beachte immer die Souveränität des Menschen und deine im Grundsätzlichen bestimmende Gleichheit mit ihm.

(15). Der pflege- und behandlungsbedürftige Mensch ist die wichtigste Person in seinem Haus oder in dem Haus deines Berufes, nicht der Arzt, die Angehörigen, der Verwaltungsleiter, die Schwester usw.

(16). Der pflege- und behandlungsbedürftige Mensch stellt keine Unterbrechung deiner Arbeit dar; er ist Teil deines Lebens und also auch deiner Arbeit.

(17). Er tut uns keinen Gefallen, wenn er uns ruft; also erweisen wir ihm auch keine Vergüstigungen, wenn wir für ihn da sind.

(18). Der kranke und sterbende Mensch ist in gewisser Weise zwar abhängig von uns, aber unser Ansehen ist abhängig von ihm.

(19). Enthalte dich stets jeglicher Formen von persönlicher oder auch struktureller Gewalt und der Androhung solcher Gewalt.

(20). Verübe keinen Anschlag auf die Integrität und Freiheit des Menschen.

(21). Der Mensch ist keine Nummer und kein beschädigtes Organ, sondern umfassend ein Mensch aus Fleisch und Blut, mit Gefühlen und Sehnsüchten, mit stimmigen Gedanken und Wirrnissen wie wir selbst.

(22). Mische dich nicht ein in die persönlichsten Angelegenheiten des Menschen.

(23). Arbeite möglichst in Allem mit dem Kranken zusammen; das meint Begleitung.

(24). Denke immer daran, daß, wenn die Menschen nicht alt, krank und sterbend würden, dieser Bedarf nach dir nicht mehr bestünde; man könnte dich diesbezüglich also auch wegrationalisieren.

(25). Halte aber trotzdem stets den notwendigen Abstand zu ihm, denn Distanz ist Grundlage von Nähe und Loslassen, Grundlage von Liebe.

(26). Kontrolliere dich dahingehend, daß in dir nicht der Wunsch entsteht, mitsterben zu wollen.

(27). Setze auch deine Fähigkeit, "Nein" zu sagen kontrolliert und bewußt ein, ohne daß du dir damit einen Vorwurf machen müßtest.

(28). Sei bereit, selbst um Hilfe zu bitten bei allen, die sich dir bieten, einschl. des Kranken; aber nimm die angebotene Hilfe auch an.

(29). Beobachte deinen eigenen Streß, die Nervosität, Überaktivität, Empfindlichkeit, den Alkohol- und Nikotinkonsum, die aufkommenden Gefühle von Unzulänglichkeit; aber teile deine Beobachtungen auch mit.

(30). Laß deine Wut ggf. bei Gleichstarken heraus; denn gleichstarke Kräfte können sich zusammentun und gegen Mächte und Gewalten eher bestehen.

(31). Unterscheide zwischen den Leiden und Schmerzen, die dem Menschen angetan werden, und denen, die zu seinem Lebenskonzept gehören. Behandle die einen (z.B. durch geeignete Schmerztherapie), schütze die anderen (z.B. durch rechte "Palliation" und "Begleitung").

(32). Warte nicht bis ein "Bedarf" entsteht, sondern eile dem Bedarf voraus.

(33). Nirgendwo darf ein Patient besser (oder schlechter) leben als anderswo.

(34). Besser der Mensch wird geliebt, als daß er (nur) die "richtige Medizin" bekommt.

(35). Achte darauf, daß ein Mensch immer auch Teil eines Systems (z.B. Familie, Freundeskreis) ist, das mit ihm lebt und stirbt und vielleicht auch deinen Beistand braucht.

(36). Es gibt keine hoffnungslose Diagnose, sondern allenfalls Menschen, die nicht wissen, was die Hoffnung eines Menschen sein könnte.

(37). Die "Wahrheit" eines sterbenden Menschen ist nicht identisch mit der Realität seines Zustandes oder den Informationen einer Diagnose; die Wahrheit ist einmalig, individuell, geschenkweise, persönlich.

In der Aufstellung solcher Gebote taucht ein wichtiger Unterschied zwischen den Gewalten auf: das Gegenüber von persönlicher und struktureller Gewalt. Die manifesten Formen von Gewalt stehen neben den subtileren. Gewalt verhindert - mindestens tendentiell - die somatisch-geistige Selbstverwirklichung und Selbstwerdung des Menschen, also auch seine Lebenssättigung. Wir unterscheiden zwischen psychischer Gewalt (z.B. durch Liebesentzug) und physischer (z.B. durch Zwangsernährung); zwischen negativer in der Form der Bestrafung für unwertes Verhalten und positiver Gewalt in der Form der Belohnung für gewünschtes Verhalten; zwischen objektbezogener Gewalt, die mit Gewaltmitteln erkennbar arbeitet und deren Mittel benannt werden können, und objektloser Gewalt, bei der keine direkte Verletzung erfolgt und doch Gewalt ausgeübt wird, z.B. die Hausordnung oder Besuchszeitregelungen. Wir unterscheiden zwischen einer Gewalt durch ein erkennbares Subjekt, also durch den Arzt, die Pflegedienstleitung, die Stationsleitung, die Pflegekraft, den Träger usw., und einer Gewalt ohne erkennbares Subjekt, die also allein durch die Strukturen gebildet wird, z.B. durch die Größe von Bewohnerzimmern, durch die Heimpersonalverordnungen, durch das Heimgesetz, durch ökonomische Verhältnisse, die z.B. Einfluß darauf nehmen, wer z.Zt. den pflegerischen Beruf anstrebt.

5. Differenzierungen im Gewaltverhältnis

Frau Landau beschwert sich bei der Stationsleitung über das Verhalten von Schwester Barbara. Darauf wird sie in ein anderes Zimmer verlegt, wo Schwester Monika zuständig ist. Aber diese hatte Frau Landau kurz zuvor eine Decke weggenommen, die man für überflüssig erklärt hatte und für gefahrvoll, weil sich „Frau Landau sicher eine Lungenentzündung holt, wenn sie ständig so schwitzt, weil sie sich ständig in Decken einhüllt". Trotzdem wird Schwester Barbara noch ins „Gebet" genommen. Im übrigen wird von diesem Tag an Frau Landau als „verwirrt" bezeichnet.

Es gibt eine intendierte Gewalt, für die es also einen ausdrücklich Schuldigen gibt, der die Absicht der Gewaltausübung hatte, z.B. den Menschen, der das Betreuungsrecht mißbraucht oder das PsychKG oder die Pflegeversicherung als Legitimationshilfe für die ohnehin stattfindende Gewalt gegenüber einem alten, pflegebedürftigen Menschen. Der intendierten Gewalt steht aber eine nicht intendierte, eine funktionale Gewalt gegenüber; gemeint ist damit ein Handeln, das sich erst in seiner Konsequenz als Gewalt manifestiert, jedoch so nicht gemeint war, z.B. ein zu langes oder zu kurzes Schlafenlassen des Bewohners, oder z.B die Nichtausübung von Gewalt bei der Zufuhr einer bestimmten Trinkmenge bei alten Menschen, wodurch dieser Mensch als Konsequenz in seiner Durchblutung gestört wird.

Wir müssen auch unterscheiden zwischen einer manifest gewordenen Gewalt, die an Verwundungen, Mißhandlungsspuren, objektbezogenen Ängsten erkennbar wird, und einer latenten Gewalt, wie sie z.B. im Gefühl der Überlegenheit oder des besseren Wissens, der besseren Ausbildung wirksam wird.

Dieses Spektrum möglicher Gewalt wird zudem noch dadurch bestimmt, daß sich die genannten Formen im Alltag nahezu beliebig mischen. Außerdem verstecken sich oftmals persönliche Gewaltformen hinter den strukturellen. Z.B. wird eine tatsächlich erfolgte Gewalt bei Liebesentzug, unregelmäßigen Besuchen, Mängeln in der Pflegeplanung und unbeachtet gebliebene Aspekte des Pflegeprozesses mit Personalmangel oder irgendwelchen Verordnungen begründet.

Ich hab das bereits vor Jahren am Fehlen einer Beteiligung der Pflegebedürftigen an den Entscheidungen über die Aufstellung ihrer Betten im Raum verdeutlicht: Aufstellung an der Wand oder in der Raummitte, mit Blick zum Fenster oder zur Tür. Kann ich entscheiden, wohin ich blicken muß, oder werde ich bereits im Raum aufgebaut wie in der Leichenhalle mit leerem Raum neben mir zu beiden Seiten? Immer wieder fanden wir "Unhinterfragtes", das in der Pflege einfach deshalb geschah, weil "man es immer so gemacht hat", weil angeblich die Bedingungen es so verlangten. Ich erinnere hier z.B. an meinen Satz, der mir nicht nur Freunde eingebracht hat: "Besser der Mensch wird geliebt, als daß er (nur) die richtige Medizin bekommt".

Nun stellt sich die Frage, ob persönliche Gewalt ggf. tatsächlich durch Verstärkung der strukturellen Gewalt behoben werden muß. Selbstverständlich können die Strukturen in einem Hause die persönlichen Gewaltformen reduzieren; aber ggf. sind sie selbst Formen der Gewalt. Man stelle sich vor, wir würden eine Raumüberwachung durch Video-Anlagen in einem Pflegeheim schaffen. Begründungen ließen sich finden und auch die Zustimmung der Überwachten: die Bewohner empfinden z.B. mehr Sicherheit, können besser durchschauen, wofür "ihr Geld" verwendet wird usw.; die Pflegepersonen können sich besser verteidigen gegen die Angriffe, sie würden ja doch nur immer im Schwesternzimmer sitzen, Zigaretten rauchen und nicht kommen, wenn man sie ruft.

Trotzdem wäre die Video-Überwachung wohl eine strukturelle Gewalt, die ungewollt schwere Verletzungen zurückließe. Ähnliches gilt für die mit den Dokumentationen nicht zugleich beabsichtigten Überprüfungen. In einer dienenden Verwaltung sind Dokumentationen in erster Linie Bausteine zur

Sicherung der Kontinuität einer Betreuung, nicht aber Hilfsmittel zur Abrechnung und zur Dienstkontrolle.

In der Politik wurde darüber nachgedacht, ob persönliche Gewalt nötig sein könnte, um strukturelle Gewalt zu beseitigen. Muß ich eine Bank überfallen, weil die strukturelle Arbeitslosigkeit mir die Lebensbasis zerstört hat? Muß ich den Diktator erschießen, weil die demokratischen Mittel zur Beseitigung der Diktatur erschöpft sind? Diese Überlegungen gelten auch umgekehrt. Die persönliche Gewalt soll durch bessere strukturelle Gewalt behoben werden, z.B. die Vergewaltigung in der Ehe durch ein verbessertes Strafrecht; die Gewalt der Familienangehörigen gegen einem Pflegebedürftigen im Rahmen der Pflegeversicherungs-Gesetze durch verbesserte Überwachung der häuslichen Pflege; der latente Mißbrauch von Geldern im Heim durch eine verbesserte Heimaufsicht.

Die Realutopie des sozialen Friedens ist ein Zustand sozialer Gerechtigkeit und der Abwesenheit persönlicher Gewalt. Dieser Zustand ist ohne Gewaltanwendung offensichtlich nicht zu erreichen. Der darin verborgene scheinbare Widerspruch kann von uns nur ausgehalten und beobachtet, nicht jedoch behoben werden. Wir müssen durchaus in der Lage sein, durch persönlichen Einsatz Bedingungen zu verändern und durch Schaffung von Bedingungen die persönlichen Übergriffe gegen Hilfsbedürftige zu stoppen, in der Politik (Beispiel: Asyl, Fremdenfeindlichkeit) wie auch in der pflegerischen Arbeit. Wir dürfen einen Arzt, der sich mit dümmlichen Gründen weigert, eine vernünftige Schmerztherapie zu sichern, durchaus einmal anbrüllen und mit Hilfe eines funktionierenden Stationsteams „zur Schnecke machen". Aber wir dürfen auch die freie Arztwahl nutzen, damit sich der Patient gegen einen schwachen Arzt und gegen die immer „unnötigen Schmerzen" wehren kann.

6. Im Spannungsfeld von dürfen, sollen und müssen

Ggf. kann man auch dazu übergehen, Techniken zur Ausübung von Gewalt geradezu einzuüben. Subversivität kann durchaus zur Bürgerpflicht werden; aber dazu muß sie eingeübt sein. Wer nur dazu trainiert wird, immer das Gegebene und also auch die darin verborgene Gewalt hinzunehmen, wird die verletzende Gewalt niemals beseitigen können; er muß den Mut und die Fähigkeit entwickeln, die Verhältnisse zu ändern, ggf. auch mit kontrollierter Gewalt.

Galtung hat vor Jahren die Unterscheidung zwischen symmetrischen und asymmetrischen Konfliktlagen ins Gewalten-Gedanken-Spiel eingebracht[7]. Sofern die Konfliktpartner und Konfliktgruppen annähernd über gleiche Ressourcen und Methoden verfügen, kann ein Ausgleich der Interessen auf symmetrischer Ebene erfolgen. Der Einsatz von Gewalt reduziert sich auf ein Minimum. Symmetrische Konflikte, also z.B. die Regelung der Dienstpläne im Pflegeteam, wo alle Beteiligten über gleiche Rechte und Möglichkeiten verfügen, lassen sich durch integrative Elemente z.B. regelmäßigen Teambesprechungen oder Supervisionen regeln. Im Planungsteam hat z.B. jeder das gleiche Rederecht. Evtl. kann man sogar das "Prinzip der Einstimmigkeit" einführen. Aber in die Symmetrie mischen sich dann doch Kommunikationsprobleme, verfehlte Interpretationen und Zuschreibungen, die nicht ausgesprochen werden, Rollenmuster, die nicht reflektiert sind usw. Dadurch fließen selbst ins Team Formen der Asymmetrie, der Ungleichheit, der verschiedenen Stärken ein.

Nun gilt die Regel, daß Asymmetrien zunächst wieder in Symmetrie gebracht werden müssen, bevor eine gewaltfreie Regelung erreicht werden kann. Asymmetrien, also ungerechte Ungleichheiten sind oftmals sogar strukturell bedingt. Da gibt es die Differenz zwischen den examinierten Pflegekräften und den PflegehelferInnen, zwischen festem Personal und den Zivildienstleistenden, zwischen Heim- und Pflegedienstleitung einerseits und den Angestellten andererseits, aber auch zwischen den Profis und den Laien, schließlich zwischen den Hilfegebern und den Hilfeempfängern. Solche Ungleichheiten in Symmetrie zu verwandeln, bedarf oftmals des Einsatzes von Gewaltmitteln, vielleicht persönlicher Gewalt, vielleicht struktureller Gewalt, also der gemeinsam gefundenen Verordnungen und Regeln. Im Politischen erkennen wir z.B. die strukturelle Verbrüderung zwischen Kroaten und Moslems als Voraussetzung für eine Symmetrisierung des Konfliktes mit den bis dahin überlegenen Serben; und dann wird persönliche Gewalt eingesetzt, um die Parteien an den Verhandlungstisch zu zwingen.

Gewalt ist demnach nicht an sich destruktiv. Es ist die nähmliche oder doch wenigstens eine sehr verwandte Gewalt, die im Delikt, in der Straftat verboten und in der Sanktion, also in der Bestrafung gebilligt bzw. sogar gefordert ist.

---

[7] Vgl. u.a. Johan Galtung, A Structural Theory of Aggression. In: Journal of Peace Research, Bd.1, 1964, 95-119

Gewaltanwendung kann zur Sozialstrategie werden. Dabei wird dann diese Gewalt vielleicht als die letzte bezeichnet: "Wenn wir dieses oder jenes geregelt haben, dann brauchen wird das Gewaltmittel nicht mehr; dann werden alle begriffen haben, daß es so nicht mehr weiterging". Das Problem einerseits der „Verwohlständigung" alter Menschen dadurch, daß noch nie zuvor so viel Reichtum in den Händen älterer und alter Menschen gelegen hat wie zu unserer Zeit, und der neuen Armut bei vor allem älteren Frauen, aber auch jungen Menschen in Deutschland andererseits u.a. dadurch, daß wir an den Reichtum nicht herankommen, könnte durch den Bürgerkrieg zwischen den Gernerationen oder den Bürgerkrieg der Geschlechter, aber auch durch neue Formen der Sozialbindung und Enteignung oder doch wenigstens durch höchste Versteuerungen von Erbschaften gemildert werden.

7. Von den Strukturen und Hierarchien

Unter den Tieren war ein Rangstreit ausgebrochen. Ihn zu schlichten, schlug das Pferd vor, den Menschen hinzuzuziehen, der ja wohl unparteiisch sei. Trotz des Zweifels des Maulwurfes, der Mensch werde wohl die oft tief verborgenen Vollkommenheiten der Tiere nicht entdecken können, wurde der Mensch zum Richter bestellt. Auf die Frage des Löwen, nach welchem Maßstab er denn den Wert des einzelnen Tieres ermessen wolle, antwortete der Mensch, es gäbe nur einen zweifelsfreien Maßstab, nämlich die Nützlichkeit des Tieres für den Menschen. Da warf ihn der Löwe aus der Versammlung, weil er nach diesem Urteil wohl zu sehr unterhalb des Esels rangieren müsse. Dann sprach er: "Der Rangstreit ist ein nichtswürdiger Streit! Haltet mich für den Vornehmsten oder Geringsten; es ist mir gleich. Ich kenne mich!" Damit verließ er die Versammlung. Ihm folgten der weise Elefant, der kühne Tiger, der ernsthafte Bär, der kluge Fuchs, das edle Pferd, kurzum alle, die ihren Wert fühlten. Die sich zuletzt murrend wegbegaben waren - der Affe und der Esel.

Diese Geschichte zeigt die Anwendung von körperlicher und struktureller Gewalt. Die Versammlung ist etwas strukturelles, aber auch die Anwendung des Nützlichkeitsprinzips zum Beispiel bei der Abschätzung des Nutzens bestimmter Menschen wäre eine solche Gewalt. Der Löwe wirft den Menschen aus der Versammlung hinaus; ein persönlicher Gewaltakt. Aber genau dies wird auch zugleich zur Voraussetzung dafür, daß jeder seinen Wert erkennt, und der Streit behoben wird.

In der Pflege ist der einzig Nützliche der Patient. Aller Nutzen ist von ihm abhängig. Patientenzentrierte und biographische Pflege ist die am wenigsten gewaltgeladene. Die Gewalt aber wird vor allem in dem Maße aufgehoben, wie jeder, vom Patienten über den Angehörigen bis zur Pflegekraft und zur Leitung, ihren eigenen Wert erkennen, vor allem aber auch den Wert des jeweiligen anderen. Denn die beiden etwas vergraulten Tiere am Schluß der Fabel haben diesen Vorgang wohl nicht verstanden und gehen deshalb zum Murren und Maulen über: der Affe bestimmt sich durch das Nachäffen, also indem er sich durch andere definieren läßt; der Esel läßt sich tatsächlich von der Nützlichkeit für den Menschen bestimmen.
Die Gewalt der Hackordnung des Hühnerhofes bringt uns nicht weiter. Hier bleibt es z.B. bei der Gewalt der Zwei-Klassen-Gesellschaft, wo die Genesenden und Rehabilitierbaren auf Kosten der Sich-nicht-wehren-Könnenden, also der Sterbenden und Schwerstkranken zu ihrem Recht kommen. Hier bleibt es bei der "totalen Institution", wo Organe und Schäden behoben werden, aber die Begegnung von Mensch zu Mensch vielleicht auf der Strecke bleibt. Dort wird über Menschen bestimmt, die also nicht zur Vollendung ihres Lebens kommen können. Im Staate Orgeon wurde 1987 ein Gesetz verabschiedet, durch das Sozialhilfeempfängern und ihren Familien die Chancen einer Organtransplantation vorenthalten werden; sie dürfen Organe geben, aber keine Organe bekommen. In solcher Hackordnung haben die meisten unserer alten Menschen ebenfalls keine Chancen mehr.

8. Schlußbemerkung und Konsequenz

Zwei Bemerkungen zum Schluß.
Erste Bemerkung: Wir sollten uns nicht nur mit der Problematik „Gewalt in der Pflege“ beschäftigen, sondern auch mit der Problematik „Gewalt trotz der Pflege“, soll heißen, daß es eine Gewalt gibt, und diese Gewalt oftmals der anderen sogar vorausgeht, die trotz guter und sogar bester Pflege in unserer Sozialordnung nicht nur vorkommt, sondern sogar strukturell verankert ist. Ich möchte mich auf den Hinweis beschränken, daß Pflegeversicherung, wie ich soeben erfahren mußte, sogar unmittelbar Obdachlosigkeit schafft: Nach 28 Tagen Krankenhausaufenthalt wird der Heimplatz für eine Bewohnerin nicht mehr vorgehalten. Danach müssen sie oder die Angehörigen selbst zahlen bis zur Armutsgrenze oder die ehemalige Bewohnerin geht in die Obdachlosikkeit oder durchläuft verschiedene Kurzzeitpflegen und dann die Obdachlosigkeit

bzw. einen anderen Heimplatz als den vorherigen. Das ist strukturelle Gewalt bis zur Menschenverachtung „trotz der Pflege“. Aber das darzustellen, wäre ein neuer Beitrag.

Die zweite Bemerkung geht auf Hacker[8] zurück, der feststellt, daß manifeste Gewalt zumeist nur der sichtbare Teil eines Eisberges ist, welcher aus latenter, maskierter, kaschierter, klamm-heimlicher Gewalt besteht. Macht, Vernunft und Verantwortung sind verwandt und auf wechselseitige Unterstützung angewiesen. Manchmal dient die manifest werdende Gewalt dazu, latente Gewalt offenbar zu machen, Aufmerksamkeit auf sie zu lenken und einen Alarm auszulösen. Aber die manifeste Gewalt schleift sich in ihrer Wirkung schnell ab oder verführt zu Gewalteskalationen, bevor die alarmierende Absicht überhaupt erkannt werden konnte. Also müßte sehr schnell bei manifester, persönlicher, unmittelbarer Gewalt nach den Hintergründen und der tatsächlichen Zielrichtung des Gewaltaktes gefragt werden. Zu schnell versucht sich die reaktive Gewalt als provozierte Gewalt darzustellen. Die anschließende Brutalität wird durch ihre scheinbare Legitimiertheit um ein vielfaches erhöht. Gewalt enthält immer eine geheime Botschaft. Ehe wir auf die Gewalt gewaltsam reagieren, sollten wir versuchen, diese geheime Botschaft der Gewalt zu entschlüsseln und auf sie sachgemäß, also kompetent zu reagieren.

Diese nun dem Geheimen entrissene Botschaft lautet[9]:

1. Verringerung der Not. Not ist Auslöser von Gewalt; knapper Lebensraum, knappe Ressourcen usw. evozieren den Versuch, mit Gewalt die Not aufzuheben. In dem Maße, wie Not gemindert wird, kommen wir dem Frieden näher; soziale Gerechtigkeit ist ein Indikator für Frieden.
2. Vermeidung von Gewalt. Die tatsächlich stattfindende Gewalt will den Wunsch signalisieren, daß mit ihrem erfolgreichen Einsatz künftig die Gewalt nicht mehr stattfinden soll und muß. Die Gewalt gilt der Aufhebung der Gewalt. Das ist zwar widersinnig, aber trotzdem wahr. Der prinzipielle Gewaltverzicht hat ebenso wenig wie ebenso viel den Frieden sichern helfen

---

8 Friedrich Hacker, Zehn Thesen zur Aggressivität und Gewalt. In: Franco H.O. Rest (Hg.), Waffenlos zwischen den Fronten. Graz-Wien-Köln 1971, 254 ff.

9 Vgl. W. Huber / H.-R. Reuter, Friedensethik. Stuttgart 1990, 22 ff.

wie die Androhung von Gewalt. Sogar die apokalyptische Gewalt soll durch die zeitliche Gewalt mindestens hinausgezögert werden.

3. Verminderung der Unfreiheit. Friede ist ein Zustand verminderter Unfreiheit. Diesem Friedensziel gilt sowohl der Gewalteinsatz als auch die Gewaltlosigkeit. In dem Maße, wie die Unfreiheit verschwindet, verliert auch die Gewalt ihre Legitimationen.

Das Christentum gilt als Friedensreligion. Aber gerade die Botschaft dieser Religion baut auf dem Widersinn der Gewalt auf. Der brutale, gewaltsame Tod Jesu Christi, diese tödliche Gewalttat, soll der Beginn der umfassenden Versöhnung der Welt darstellen. Jesus hat in seinem Leben und gerade durch seinen Tod die Agressivität nicht tabuisiert, sondern bloßgelegt. Unsere Auseinandersetzung mit der Gewalt darf sie nicht legitimieren, nicht tabuisieren, sondern muß sie bloßlegen und in ihrer Anwendung auf ihre Aufhebung erpicht bleiben.

Die einzigen Pflegekräfte, die von den biblischen Texten her zu uns sprechen, setzten die Gewalt ihrer Kompetenz gegen die Gewalt des Staates und gegen das Verbrechen. Schifra und Pua, so hießen die beiden, sollten als Hebammen die männlichen Kinder der Hebräerinnen während der Geburt töten. Sie taten das jedoch nicht. Vom mörderischen König zur Rede gestellt, sagten sie etwas, was zwar Lüge war, also Gewaltcharakter hatte, von dem sie aber wußten, daß sie den Pharao damit besiegen konnten. Sie behaupteten einfach, die Hebräerinnen seien kräftiger als die Ägypterinnen und hätten stets - wie bei den Tieren - die Kinder bereits geworfen, bevor die Hebammen bei ihnen tätig werden konnten. Dazu fehlte dem Pharao jedes Argument, denn auf diesem Gebiete war er weder zuständig noch kompetent.

Der Einsatz der Macht einer Pflegekompetenz, auch wenn sie im Inhalt "erstunken und erlogen" ist, muß legitim bleiben, um die Gewalt des Mörders zu brechen. Deshalb, so sagt das Buch Exodus, schenkte ihnen Gott viele Nachkommen. Nicht, daß die beiden Frauen später heirateten und viele Kinder bekamen, ist hier gemeint; vielmehr: alle Pflegepersonen, die ihre Kompetenz-Macht gegen Tötungs-Gewalt einsetzen, sind Nachkommen von Schifra und Pua.

Das Instrument „Runder Tisch“ als Kommunikationsmedium und Konfliktbearbeitungsinstanz der DDR-Opposition 1989/90

UWE KOCH

Das gesellschaftliche Leben, das Miteinander von staatlichen Institutionen, sozialen Bewegungen und Interessensgruppen einzelner Bürgerinnen und Bürger, war in der ehemaligen DDR geprägt von drei hemmenden Faktoren. Diese waren:

1. das Meinungs- und Interpretationsmonopol der staatstragenden Sozialistischen Einheitspartei. Es gab im Sprachgebrauch der DDR-Politik keine *Andersdenkenden*, selbst in halboffiziellen Äußerungen wurde darauf verwiesen, daß es „lediglich Richtigdenkende und Falschdenkende gibt und damit die Machtfrage geklärt ist“. Der Zusammenschluß der verschiedenen im Parlament, der Volkskammer, vertretenen Parteien im Zwangsbündnis der „Nationalen Front“, ließ keinerlei parlamentarische Opposition zu. Die vielfach mit politischem Druck bewirkte Mitgliedschaft breiter Bevölkerungskreise in sogenannten „Massenorganisationen“, von den Gewerkschaften über die paramilitärische „Gesellschaft für Sport und Technik“ bis zur „Gesellschaft für Deutsch-Sowjetische Freundschaft“, erzeugte den Eindruck, daß staatsparteiliche Kontrolle und Reglementierung unausweichlich sei. Diese politische Monopolstellung der SED setzte sich fort bis in den Freizeitbereich mit den wenigen zugelassenen Verbänden und Vereinen, vom einzigen Jugendverband, der „Freien Deutschen Jugend“ über die Sportverbände (die in ihrer Mehrheit „Armeesportklubs“ waren) bis zum SED-gelenkten „Kulturbund“.
2. die Unterdrückung von Verhaltens- und Handlungspluralität. Das Sozial- und Gesundheitswesen sowie das Ausbildungs- und Berufslenkungssystem der DDR bewirkten in der Tat, daß es eine soziale Grundsicherung für alle Bürgerinnen und Bürger unabhängig von ihrem Einkommen, ihrem Leistungsvermögen und ihrem sozialen Status gab. Zugleich aber wurde die Handlungsfreiheit des Einzelnen durch diese systemische Reglementierung weitestgehend behindert. Die Freiheit der Arztwahl beispielsweise war durch das Fehlen niedergelassener Kassenärzte und die Zuordnung der Patienten zu Wohngebiets-Polikliniken des staatlichen Gesundheitswesens eingeschränkt. Auch die Berufswahl wurde durch, vielfach bereits in den Schulen tätig werdende Lenkungsinstitutionen vorgegeben; im Bedarfsfall wurden die

Schulabgänger einfach auf die freien Lehrstellen der staatlichen Großbetriebe und Kombinate ihrer Wohnregion aufgeteilt. Kinder aus politisch oppositionellen und religiösen Familien wurden bis zum Ende der DDR durch verdeckte oder offene Repressionen am Besuch weiterführender Schulen, am Studium und an der freien Berufswahl gehindert. Selbst die Zulassung von Rechtsanwälten und deren berufsständische Organisation in Soziäteten und Kammern wurde unmittelbar durch das Justizministerium geregelt und vom Ministerium für Staatssicherheit kontrolliert.

3. das Fehlen von Kommunikationsformen und -strukturen. Die innergesellschaftliche Kommunikation in der DDR erfolgte in einem *System konzentrischer Röhren*. Dies bedeutet, daß es nicht möglich war, zur Klärung einer strittigen Angelegenheit auf der jeweiligen Ebene einer Kommune, eines Kreises oder eines Bezirkes mit Kompetenzträgern unterschiedlicher Bereiche (z.B. Inneres, Kultur, Wirtschaft) zu verhandeln. Die Verhandlungsebenen verliefen vielmehr so, daß die Anliegen der Bürgerinnen und Bürger innerhalb der jeweiligen konzentrischen Strukturröhre (z.B. Wirtschaft) von der Kommunal-, Kreis- oder Bezirksebene jeweils nach oben weitergegeben wurde bis zum zuständigen Ministerium in Berlin und nach dortiger Bearbeitung zur Einbeziehung einer anderen instanzlichen Röhre (z.B. Inneres) wieder auf die jeweilige untergeordnete Ebene zurückkehrten. Fragen und Anliegen der Bevölkerung wurden also nicht durch unmittelbare ämterübergreifende Kommunikation auf der jeweiligen Kompetenzebene geklärt, sondern waren durch ein „Eingaben-Gesetz" geregelt, welches zu einem nachgerade feudalistischen Petitionswesen führte: „der Bürger" erfuhr sich als lästiger Bittsteller bei einer staatstragenden Gesamtverwaltungsbehörde. Dieses Fehlen einer bürgernahen Kommunikationskultur beschrieb der Erfurter Theologe und Bürgerrechtler Heino Falcke Mitte der 80er Jahre einmal mit folgenden Worten: „Beim Vortragen politischer Anliegen werden wir von den Regierungsvertretern behandelt wie kleine Kinder, welche die Eltern aus dem Zimmer schicken, weil sie etwas Erwachsenenwichtiges zu besprechen haben". Und der Gründungsaufruf des *Neuen Forum*, der wohl bekanntesten Bürgerrechtsorganisation der Wendezeit, begann mit dem Satz: „In unserem Land ist die Kommunikation zwischen Staat und Gesellschaft offensichtlich gestört".

Diese drei Faktoren haben unmittelbar zum zunehmenden Vertrauensverlust des SED-Regimes bei der DDR-Bevölkerung und somit zum Widerstand gegen das System und zur Auflösung der staatlichen Ordnung im Herbst 1989 beigetragen. Zugleich benennen sie die hauptsächlichen Defizite, welche es zu überwinden galt, als der Dialog der herrschenden Institutionen mit der Bürgerrechtsbewegung und den seit August 1989 neugegründeten sozialen Bewegungen und Parteien unumgänglich wurde. Die Monopolstellung, die Pluralitätsverweigerung und der Kommunikationsunwille der SED, die Machtstruktur von Oben und Unten, Herrschern und feudal Beherrschten, Weisungsberechtigten und Weisungsempfängern, zu denen „etwas durchgestellt wurde“, ließen sich nicht länger aufrecht erhalten, als die Bevölkerung aussprach: „*Wir* sind das Volk“. Die Entwicklung war Ende 1989 soweit fortgeschritten, daß sich weite Teile der Bevölkerung auch durch kosmetische Systemkorrekturen, z.B. im Parteiengesetz und den Reiseverordnungen der Regierung, nicht mehr abspeisen ließen. Es waren neue Kommunikationsinstrumente nötig, welche den paritätischen und partizipatorischen Umgang der Dialogparteien miteinander ermöglichten. Die Einrichtung der *politischen Runden Tische* war ein solches Instrument.

2. Die Bildung von Runden Tischen in der DDR des Herbst 1989

Die politische Situation in der DDR im Sommer und Herbst des Jahres 1989 ist bereits hinlänglich dargestellt worden (siehe Literaturhinweise). Die Auseinandersetzungen um die offenkundige Fälschung der Kommunalwahlergebnisse im Mai 1989, die öffentliche Sympathie der DDR-Regierung für die gewaltsame Niederschlagung der chinesischen Demokratiebewegung im Juli des Jahres und schließlich die Ausreisewelle mit den Botschaftsbesetzungen und der Öffnung der ungarisch-österreichischen Grenze im August führten dazu, daß immer mehr Oppositionsgruppen ihren Protest öffentlich demonstrierten. Dies bewirkte, vor allem durch massive Ausschreitungen der Polizei und des Staatssicherheitsdienstes, eine zunehmend gewaltlatente Situation.

In der ersten Oktoberwoche kam es in Dresden zu wachsenden Übergriffen von Polizeieinheiten gegen Demonstranten mit zahlreichen Verhaftungen. Zum 7. Oktober, dem 40. Gründungstag der DDR, gab es in über fünfundzwanzig Städten Demonstrationen, gegen die zum Teil mit äußerster Brutalität durch die Staatsorgane vorgegangen wurde. Am 8. Oktober hatte die Polizei in der Dresdener Innenstadt mehrere tausend Demonstranten eingekesselt. Diese

wählten aus ihren Reihen eine Verhandlungsgruppe von zwanzig Personen, welche am folgenden Tag an einem neutralen Ort, der Kreuzkirche, mit Staatsvertretern über die Freilassung von Gefangenen, die Zulassung des *Neuen Forum* sowie weitere Forderungen der Demonstranten verhandeln sollte. Diese *Gruppe der Zwanzig* unter Leitung des evangelischen Superintendenten Christof Ziemer war quasi ein Vorläufer der Runden Tische.
Ebenfalls am 8. Oktober wendete sich die renommierte DDR-Schriftstellerin Christa Wolf über den *Deutschlandfunk* mit einem Aufruf an die Regierung und die Bevölkerung der DDR. Der Auslöser für dieses Eingreifen der Schriftstellerin in die Tagespolitik lag darin, daß Wolfs Tochter am Abend des 7. Oktober in der Berliner Innenstadt als eigentlich Unbeteiligte in eine Polizeiaktion geriet, festgenommen, in ein Internierungsobjekt gebracht und dort Zeugin von Mißhandlungen geworden war. Christa Wolf forderte in ihrem Interview die Demonstranten zu Geduld und die SED-Spitze zu Gewaltlosigkeit auf und mahnte die Einrichtung eines Runden Tisches an.
Die Bürgerbewegungen nahmen diesen Aufruf auf und entwickelten ihn mit konkreten Forderungen weiter. Bei einem Friedensgebet in der Berliner Gethsemanekirche am 27. Oktober forderte die DDR-weite Oppositionsgruppe *Demokratie jetzt* die Einberufung eines Runden Tisches, welcher eine Volksabstimmung über die führende Rolle der SED vorbereiten sollte. Drei Tage später trafen sich in Berlin Vertreter der sieben bedeutendsten Oppositionsgruppen *Neues Forum, Demokratie jetzt, Demokratischer Aufbruch, Sozial-demokratische Partei (SDP), Gründungsinitiative GRÜNE PARTEI, Vereinigte Linke* sowie *Initiative für Frieden und Menschenrechte (IFM)* zur Gründung einer Kontaktgruppe und verabschiedeten eine gemeinsame Erklärung, in der es hieß: „Angesichts der krisenhaften Situation in unserem Land, die mit den bisherigen Macht- und Verantwortungsstrukturen nicht mehr bewältigt werden kann, fordern wir, daß sich Vertreter der Bevölkerung der DDR zu Verhandlungen am Runden Tisch zusammensetzen, um Voraussetzungen für eine Verfassungsreform und für freie Wahlen zu schaffen“.
Am 17. November nahm eine Vorbereitungsgruppe des Runden Tisches ihre Arbeit auf. Sie legte fest, daß am Runden Tisch neben den genannten sieben Oppositionsgruppen die sieben in der Volkskammer vertretenen Blockparteien sowie Massenorganisationen (*SED, CDU, LDPD, NDPD, Bauerpartei, FDGB, FDJ*) vertreten sein sollten. Die Moderation des Runden Tisches wurde den Kirchen angetragen und in der Folge von drei Geistlichen wahrgenommen, je

einem Vertreter des Bundes Evangelischer Kirchen, der Katholischen Bischofskonferenz und der Arbeitsgemeinschaft Christlicher Kirchen in der DDR.
Am 7. Dezember begann der Runde Tisch in Berlin zu tagen. Laut Gründungsbeschluß war seine Aufgabe „die Offenlegung der ökologischen, wirtschaftlichen und finanziellen Situation“ der DDR und die „öffentliche Kontrolle des Landes ... bis zur Durchführung freier, demokratischer und geheimer Wahlen“ unter Beteiligung der neu entstehenden Parteien.
Ab Januar 1990 entwickelten sich zu den Hauptaufgabenfeldern des Runden Tisches die Auflösung des Ministeriums für Staatssicherheit / Amtes für Nationale Sicherheit (MfS/ ANS) sowie die Vorbereitung einer Verfassungskommission, welche den Entwurf für ein neues Grundgesetz der DDR vorlegen sollte.
Auch in den vierzehn Regierungsbezirken der DDR entstanden im Laufe des Dezember 1989 verschiedene regionale Runde Tische. Neben den politischen Runden Tischen, über welche die Oppositionsgruppen in der Administration der Bezirke mitwirken wollten und die Auflösung der Bezirksverwaltungen des MfS/ ANS betrieben, gab es auf Bezirks- und Kreisebene Runde Tische für bestimmte Sachthemen (z. B. *Runder Tisch Jugendpolitik*) sowie zielgruppenorientierte Gremien (z.B. *Runder Tisch der Frauen* in Magdeburg; *Runder Tisch Freie Gewerkschaften* in Dresden).
Eine besondere Form des Runden Tisches waren die *„Wuhlheider Gespräche“*, ein sporadisch tagendes Forum, zu dem der letzte DDR-Verteidigungsminister Rainer Eppelmann im Zeitraum März bis September 1990 Vertreter von Friedens- und Bürgerrechtsbewegungen einlud, um diese Gruppen in die Debatte über Umstrukturierung bzw. Auflösung der *Nationalen Volksarmee* der DDR einzubeziehen.

Von Anfang an verstanden sich die Runden Tische sowohl als Kontrollorgan der Machtverhältnisse (z.B. durch Untersuchungsausschüsse zu Polizeiübergriffen, Freilassung politischer Gefangener, Auflösung von Internierungslagern etc), wie auch als Mediationsinstrument, welches zwischen den unterschiedlichen politischen Interessen der alten Machteliten und der neuen Bürgerbewegungen vermitteln wollte. Dabei muß erinnert werden, daß zum Zeitpunkt der Entstehung der Runden Tische sicher keiner der Beteiligten ernsthaft damit gerechnet hat, daß sich die Administrationseinheit DDR innerhalb eines knappen Jahres auflösen würde. Vielmehr gingen auch die

Oppositionsgruppen und Kirchenvertreter davon aus, über einen längeren Zeitraum hin Regularien für eine rechtsstaatliche Machtausübung und Gewaltenteilung in der DDR entwickeln zu wollen.

Nachdem die Oppositionsgruppen über verschiedene Wahlbündnisse an den Kommunal- und Volkskammerwahlen im Frühjahr 1990 beteiligt waren und sich die Verhandlungen über den Beitritt der DDR zur Bundesrepublik abzeichneten, löste sich der in Berlin tagende zentrale Runde Tisch im Mai 1990 auf. Die regionalen Runden Tische bestanden jedoch fort, viele von ihnen bis Ende 1991, einige (z. B. die *Runden Tische der Frauen*) bis heute.

Die regionalen Runden Tische hatten vielfach andere, stärker ausgeprägte Verfahrenssregeln als der zentrale Runde Tisch. So wurde die Moderatorenrolle nicht generell Kirchenvertretern übertragen, sondern wechselte häufig nach Rotationsprinzip zwischen den beteiligten Verhandlungspartnern. Bei der Festlegung der Verhandlungsgegenstände hatten die Oppositionsgruppen meist ein Vetorecht, soweit die Themen das SED-Machtmonopol oder die vier staatstragenden Säulen *Inneres*, *Justiz*, *Volksbildung*, *Staatssicherheitsdienst* betrafen. In verfahrenen Konfliktlagen wurden neben regionalen Kirchenvertretern auch überregional bekannte Intellektuelle und Künstler als externe Mediatoren hinzugezogen (z.B. Kurt Masur in Leipzig, Friedrich Schorlemmer in Halle). Die klare Trennung von Moderatoren- und Mediatorenrolle wurde zunehmend wichtiger, je stärker der Differenzierungsprozeß zwischen den aus Oppositionsgruppen entstandenen neuen Parteien in den Wahlkämpfen des Jahres 1990 fortschritt.

Die charakteristischen Merkmale der Runden Tische hießen:

1. paritätische Besetzung mit allen vorhandenen Konfliktparteien;
2. keine präsidiale Funktion einer Konfliktpartei;
3. die Verhandlungen finden an einem neutralen Ort statt;
4. gleiche Rechte hinsichtlich Redezeit, Antragsrecht und Beratungskompetenz;
5. die Verhandlungen werden nach dem Konsens-Prinzip geführt;
6. Störungen und Mißtrauensvoten haben Vorrang;
7. alle Verhandlungen am Runden Tisch finden öffentlich statt;
8. Verhandlungsergebnisse werden sofort presseöffentlich.

Im Wirken der regionalen Runden Tische kann man folgende Phasen unterscheiden:

1. Phase = Dezember 1989 bis Februar 1990: Konstitution und Krisenmanagement.
In dieser Phase begleiteten die Runden Tische vor allem die Übernahme und Sicherung der Aktenbestände der MfS-Objekte durch die Bürgerkomitees, die Entwaffnung der hauptamtlichen Mitarbeiter des Staatssicherheitsdienstes und die Auflösung dieses Geheimdienstes. In dieser Phase galt es auch, Strategien zu entwickeln zur Vermeidung bzw. Einschränkung von Übergriffen und persönlichen Racheakten, sowohl seitens dienstentlassener Polizisten und Stasi-Mitarbeiter wie auch seitens aufgebrachter Demonstranten. Daneben gab es erste Ansätze, sich eine Übersicht über die Parteienvermögen und die Finanzlage der Bezirks- und Kreisadministrationen zu verschaffen und das „Abtauchen“ von Geld- und Sachwerten zu verhindern. Diese „Krenz & Modrow“-Phase war geprägt durch die Auseinandersetzung um Partizipationsmöglichkeiten der Opposition an den nach wie vor von der SED gelenkten Administrationsstrukturen.

2. Phase = März bis Juni 1990: Konsolidierung und politische Einflußnahme.
In dieser Phase vollzog sich endgültig die Umwandlung der Oppositionsgruppen in Parteien bzw. Wahlbündnisse (z.B. *Neues Forum*, *Demokratie jetzt* und *IFM* zu *BÜNDNIS 90*) und zugleich die Auflösung der DDR-Volkskammerparteien (außer der SED) in westdeutsche Volksparteien. Die Rolle der Runden Tische verlagerte sich damit vom politischen Partizipationsinstrument zur quasiadministrativen Handlungsinstitution. Damit ist gemeint, daß die Runden Tische auf Bezirksebene mitwirkten an der Auflösung bzw. dem Neuaufbau von administrativen Strukturen, die vielfach nicht auf Gesetze, sondern Verordnungen und administrative Weisungen der Volkskammer zurückgingen (z.B. Auflösung von DDR-Massenorganisationen, Bildung von Überprüfungsgremien in Sachen Stasi-Mitarbeit, Neu- und Umgründungen von Verbänden und Vereinen, Aufbau der Arbeitsämter und der Bezirksverwaltungen für den Zivildienst etc.). Diese Phase endete Ende Juni mit der Ankündigung des Einigungsvertrages, welcher die Übernahme der bundesrepublikanischen Gesetzgebung im Oktober 1990 ankündigte.

3. Phase = Juli bis Dezember 1990: Neuorientierung der Aufgabenstellung
Diese Phase bedeutete eine völlige Neuorientierung der Runden Tische, nachdem sich die Oppositionsgruppen der DDR weitgehend in parlamentarische

Parteien verwandelt hatten, neu entstandene Verbände bzw. „Ost-Ableger“ westdeutscher Vereine (z.B. *Greenpeace*, *BUND*, *amnesty international*, aber auch: *Kommunistischer Bund Westdeutschlands*) an die Runden Tische drängten und die Arbeit an regionalen bzw. kommunalen Sachthemen häufig durch Koalitionsgezänk konkurrierender Gruppen gestört wurde. In dieser Phase waren die Runden Tische vor allem ein Diskursinstrument im Interessenkonflikt zwischen östlichen Bürgerbewegungen und der mit dem 3. Oktober 1990 wirksam gewordenen bundesdeutschen Administration. Ursprüngliche Forderungen der ostdeutschen Oppositionsbewegung (Stillegung aller AKW, ökologische Marktwirtschaft, Aufhebung der Wehrpflicht in der DDR und entmilitarisiertes Territorium etc., aber auch: Beibehaltung der Bodenreform von 1946) relativierten sich, die Auseinandersetzung mit dem neuen Rechts- und Verwaltungsgefüge trat in den Vordergrund. Die ersten regionalen Runden Tische begannen sich in dieser Phase aufzulösen, einzelne Gruppen (z.B. Opferverbände politisch Inhaftierter und Verfolgter) wanderten aus den Runden Tischen aus und gründeten eigene Vereine oder Interessensvertretungen.

In der *4. Phase* ab 1991 existierten Runde Tische noch als sachthemenbezogene Diskursforen (z.B. *Runde Tische Jugendpolitik* bis zum endgültigen Aufbau der Landesjugendringe Ende 1991) beziehungsweise wieder als Krisenreaktionsinstrument (z.B. *Runde Tische gegen Gewalt, (...) gegen Fremdenfeindlichkeit und Rassismus*).

Zusammenfassend kann gesagt werden, daß in den zwölf Monaten von Dezember 1989 bis Dezember 1990 die ursprüngliche Zielstellung der Runde Tische, durch paraparlamentarische Kommunikationsprozesse eine radikale Demokratisierung der Gesellschaft herbeizuführen, nur teilweise erreicht wurde. Dies hatte unter anderem folgende Gründe:

- das stark differenzierte Spektrum der oppositionellen Gruppen in der DDR war personell zu gering besetzt und hatte nicht genügend Zeit, konzeptionelle Einigkeit zu finden;
- der schnelle Beitritt einiger Oppositionsgruppen zu etablierten Parteien (z.B. *Demokratischer Aufbruch* zu *CDU; Vereinigte Linke* zu *PDS*) führte zur Zerklüftung der Oppositionsbewegung und zu Disparitäten an den Runden Tischen;

- es gab keine ausreichenden Kenntnisse von Mediationsregeln für innergesellschaftliche Konfliktlagen dieser Art und zu wenig Erfahrungen damit;
- die Arbeit der Runden Tische war durch diverse Störfaktoren von Anfang an konterkariert worden (*Inoffizielle Mitarbeiter des MfS* unter den Vertretern der Oppositionsgruppen; Auflösung SED-staatlicher Massenorganisationen bei gleichzeitiger Neugründung zahlreicher Deckorganisationen durch die alten SED-Kader, welche dann in verstärkter Zahl an den Runden Tischen saßen).

Dennoch haben die Runden Tische wesentlich zum gewaltfreien Ausgang der Umwälzungen im Herbst 1989 beigetragen und durch Einübung paraparlamentarischer Kommunikationsformen einen Politisierungsschub für Teile der DDR-Bevölkerung bewirkt.

3. Konfliktbearbeitung am Beispiel des Runden Tisches Jugendpolitik

Bei der Konferenz der Landesjugendpfarrer der acht ostdeutschen Landeskirchen, welche in der ersten Dezemberwoche 1989 in Berlin stattfand, mehrten sich die Anzeichen dafür, daß es Auflösungserscheinungen der staatlichen Jugendorganisationen gab. Einzelne FDJ-Funktionäre waren mit großen Geldbeträgen verschwunden, aus Jugendklubeinrichtungen wurde unbefugt teures Gerät entnommen oder veräußert, Informationen über die Vermögen der staatlichen Massenorganisationen *Thälmann-Pioniere, Freie Deutsche Jugend (FDJ), Sportjugend des Deutschen Turn- und Sportbundes (DTSB)* und *Gesellschaft für Sport und Technik (GST)* wurden zurückgehalten. Die Landesjugendpfarrerkonferenz, der ich damals als Landesjugendpfarrer der Evang. Kirche der Kirchenprovinz Sachsen angehörte, beschloß deshalb, umgehend für die Einberufung *Runder Tische zur Jugendpolitik* aktiv zu werden. Nach Rückkopplung mit den Oppositionsbewegungen in den Bezirken Magdeburg und Halle nahm ich in der zweiten Dezemberwoche Kontakt zur *FDJ*-Bezirksleitung in Magdeburg auf und übermittelte die Forderung, binnen vier Wochen einen Runden Tisch einzuberufen, an welchem neben Vertretern der Staatsjugendverbände auch Vertreter der kirchlichen Jugendarbeit sowie der in Gründung befindlichen Jugendgruppen der Oppositionsbewegung (*Jusos, Junges Neues Forum, Grüne Jugend* u.a.) mitwirken sollten. Dieses Ansinnen wurde zuerst brüsk abgelehnt, dann jedoch ein Termin für den 14. Januar 1990 anberaumt.

Die seitens der Kirchen und Oppositionsbewegungen angestrebten Ziele dieses Runden Tisches waren folgende:

- Offenlegung der *FDJ*-Jugendklubs sowie anderer Freizeit- und Ferieneinrichtungen sowie deren Finanzierung in den Bezirken Magdeburg und Halle;
- Offenlegung noch vorhandener Restfinanzen der Jugendarbeit aus dem Jahr 1989 und deren anteilige Vergabe an die Jugendarbeit in Trägerschaft der Kirchen und Oppositionsbewegungen;
- Offenlegung der Finanzfonds für *Vormilitärische Ausbildung der Jugend*, *paramilitärische Kindermanöver* (Kennwort„*Manöver Schneeflocke*"), *paramilitärische Hans-Beimler-Wettkämpfe* an Berufschulen, Einstellung dieser Aktivitäten und Vergabe der Finanzmittel an Träger der freien Jugendpflege;
- Beteiligung der kirchlichen und oppositionellen Jugendgruppen an der bevorstehenden Finanzplanung für 1990 und Einsetzung eines unabhängigen Prüfungsgremiums für das FDJ-Vermögen;
- Einsetzung eines Untersuchungsausschusses, welcher die Zustände in geschlossenen Jugenderziehungsheimen und „Jugendwerkhöfen" analysieren sollte.

Die ersten Sitzungen des Runden Tisches im Januar 1990 mußten seitens der Kirchen- und Oppositionsvertreter abgebrochen werden, da die Vertreter der staatlichen Jugendorganisationen entgegen unseren Forderungen zahlenmäßig überproportional erschienen und die Sitzungsleitung und Festlegung der Tagesordnung beanspruchten. Zudem war keine Bereitschaft vorhanden, die geforderten Auskünfte zu erteilen. Offenkundig meinten *Pionier-Organisation* und *FDJ* zu diesem Zeitpunkt noch, den status quo von Anfang Dezember 1989 aufrecht erhalten und die Anliegen der Oppositionsbewegung mit „Almosen" (z.B. dem Mitwirkungsrecht in Jugendklubräten) abtun zu können. Das indirekte Ziel der Opposition, das jugendpolitische Monopol der FDJ schnell aufzuheben, ließ sich erst viel später, im Herbst 1990, erreichen durch die Mehrheitsverhältnisse neuer freier Träger der Jugendarbeit (Sportjugend, Naturfreundejugend, CVJM u.a.). Unabhängige Jugendgruppen und Bürgerbewegungen reagierten auf diese Situation Anfang 1990 mit wachsender Radikalität und erwogen die Besetzung von staatlichen Jugendklubs, Ferienheimen und Gebäuden der *FDJ*-Kreisleitungen.

Die überwiegend aus dem kirchlichen Bereich kommenden Initiatoren des Runden Tisches gerieten dadurch in ein doppeltes Dilemma. Zum einen waren sie durch ihre Interessen zugleich Konfliktpartei und zudem befangen, da kirchliche Jugendarbeit über Jahrzehnte hinweg durch das SED-Regime behindert und drangsaliert worden war; zum anderen wurden sie gedrängt, eine Vermittlerrolle einzunehmen, welche die Kirchen an anderen Stellen, z.B. bei der Auflösung des Staatssicherheitsdienstes und der Baueinheiten der Nationalen Volksarmee bereits übernommen hatte. Das zweite Dilemma bestand darin, daß die Kirchen einerseits durch ihr konsequentes Eintreten für Gewaltfreiheit und diplomatische Konfliktvermittlung zwar einen hohen Vertrauensvorschuß in weiten Teilen der Bevölkerung besaßen, andererseits aber die staatliche Jugendorganisation wie auch neu entstandene linke Jugendgruppen den Verdacht hegten, daß die Kirchen aufgrund ihrer ökumenischen Westkontakte daran interessiert seien, zum eigenen Nutzen die Strukturen westlicher Jugendhilfe einführen zu wollen.

An dieser Stelle zeigten sich gravierende strukturelle Defizite des Runden Tisches, die allerdings angesichts der rasanten tagespolitischen Entwicklungen (untertauchen von *FDJ*-Funktionären; „verschwundene" Konten; Übergriffe und anonyme Attentatsdrohungen gegen Gründungsrepräsentanten neuer Jugendverbände) und der Reaktionen darauf kaum bearbeitet werden konnten.

Diese Defizite waren:

- unterschiedliches Demokratie- und Partizipationsverständnis bei den Beteiligten, welches sich aufgrund unterschiedlicher Biographien und Sozialisierungen nicht kurzfristig beheben ließ;
- fehlende neutrale Mediationskompetenz, da alle verfügbaren Personen irgendwie Konfliktpartei waren;
- fehlende methodische und psychologische Kenntnisse der Moderation von Kommunikationsprozessen (welche in der DDR selbst an Hochschulen nicht vermittelt wurden);
- fehlende Kenntnisse der Strukturen der Administration, die der Öffentlichkeit nicht zugänglich waren (in der DDR waren über zehn Prozent der in Forschung, Lehre, Industrie, Handel und Verwaltung tätigen Bevölkerung vergatterte „Geheimnisträger");
- fehlende politische Koalitionsbereitschaft verschiedener Jugendverbände aufgrund von Vorurteilen und noch nicht erworbenen politischen Erfahrungen.

Rückblickend möchte ich sagen, daß der erfolgreiche Aufbau freier Träger der Jugendarbeit in der ehemaligen DDR nur zu maximal 50 % ein Erfolg demokratischer Strukturen und Bürgerinitiativen war, wahrscheinlich eher zur Hälfte auf den „ideologischen Selbstzerstörungsmechanismus" der *FDJ* durch deren Stagnation und mangelnde Reform- und Dialogbereitschaft zurückzuführen ist.

4. Schlußfolgerungen für das Modell der „Runden Tische"

In den neuen Bundesländern gibt es zur Zeit über fünfzig Runde Tische in Kommunen und auf Länderebene; sie beschäftigen sich vor allem mit den Themen Jugend und Gewalt, Arbeitsvorhaben gegen Fremdenfeindlichkeit, Rassismus und Gewalt, Bündnisse zur Überwindung der Arbeitslosigkeit und zur regionalen Strukturentwicklung sowie ökologischen Anliegen von Bürgerinitiativen. Einige von ihnen vereinen in problematischer Einheit die Funktion von Runden Tischen und Polizeibeiräten. Die Zahl der Runden Tische oder anderer nach ähnlichen Kriterien tätigen Instrumentarien, welche nach den Anschlägen von Mölln und Lübeck in der alten Bundesrepublik entstanden sind, ist mir unbekannt.
Das Modell der Runden Tische ist eigentlich kein neues, es geht vielmehr zurück auf Verhandlungsmodelle der themenzentrierten Interaktion, der konsensorientierten Interessenklärung und der Mediation multilateraler Konflikte und verschiedener Instrumentarien zur Gewaltprävention (vgl. Nolting, Galtung, Ebert u.a.).

Aus meiner persönlichen Erfahrung der Mitwirkung bzw. Moderation an diversen Runden Tischen in den zurückliegenden acht Jahren ergeben sich folgende Anregungen:

1. Runde Tische sind weder kontinuerlich arbeitende Parlamente noch unverbindliche Debattierklubs noch gar intellektuelle Stammtische. Sie dienen der gezielten Konfliktbearbeitung durch verschiedene Konfliktparteien, für deren Zusammenwirken es keine anderen, kontinuierlich vorhandenen Strukturen gibt. Zur Bildung eines Runden Tisches gehören deshalb unabdingbar Absprachen über die Zielstellung, das Mandat der Beteiligten, die Zusammensetzung der Mitwirkenden sowie Sitzungsturnus und -modalitäten.

2. Von Anfang an ist zu klären, daß nicht administrativ tätige Verwaltungsorganisationen („Machteliten“) oder im Verhandlungprozeß eingebundene Konfliktparteien die Regulierung und Moderation der Runden Tische übernehmen.
3. Über den Status und die Zahl der am Verhandlungsprozeß Beteiligten sind präzise Absprachen zu treffen, um ein Unterlaufen der paritätischen Zusammensetzung durch Bildung von Suborganisationen der beteiligten Konfliktparteien zu verhindern.
4. Es sollte ein gemeinsamer Zeichenvorrat zur Intenvention („Störungen haben Vorrang“) vereinbart werden, um Mißverständnisse zu vermeiden.
5. Über die Verhandlungsgegenstände und -ziele sollten zu Verhandlungsbeginn möglichst detaillierte Absprachen getroffen werden, da einzelne Konfliktparteien u.U. konkrete Verhandlungsaufträge und -mandate ihrer jeweiligen Gruppe haben können.
6. Moderatorenaufgaben sind deutlich zu trennen von Mediationsaufgaben. Als Moderatoren sollten mindestens zwei Personen tätig sein (ein/e Gesprächsleiter/in und ein/e monitoring person). Moderatorenaufgaben sollten nicht von Personen wahrgenommen werden, gegen die eine Konfliktpartei einen begründeten Befangenheitsverdacht äußert.
7. Wenn mehr als zwei beteiligte Konfliktparteien eine neutrale Vermittlung durch externe Vermittler wünscht, sollten unbedingt qualifizierte Mediatoren hinzugezogen werden. Dabei sollte es sich in der Regel mindestens um zwei in der Zusammenarbeit erfahrene Personen handeln. Zwischen den Mediatoren und den Mitwirkenden des Runden Tisches sollte eine schriftliche Vereinbarung, mindestens aber eine verbindliche Absprache über den zeitlichen Umfang und die Ziele des Mediationsprozesses getroffen werden.
8. Ergebnisabsprachen an Runden Tischen bedürfen einer qualifizierten Reflektion, um die Formulierung des erreichten Konsenses bzw. eines bestehenbleibenden Dissenses verbindlich zu fassen. (Ich habe es immer wieder erlebt, daß sich Konfliktparteien überhaupt nicht wiederfanden in der Formulierung von Verhandlungsergebnissen, welches z. B. Moderatoren anschließend der Presse mitteilten.)
9. Da Runde Tische im Unterschied zu kontinuierlich tätigen Gremien ergebnisorientiert arbeiten, sollten sie ihre Tätigkeit einstellen, wenn über gesteckte Ziele (z. B. Auseinandersetzung über die Einwendung einer

Umweltinitiative; Klärung eines Stadtteilkonfliktes) tragbare Verhandlungsergebnisse vorliegen.

10. Die Beendigung der Arbeit eines Runden Tisches sollte verbunden sein mit einer durchschaubaren Evaluation des Verhandlungsprozesses und auf einer Konsensentscheidung beruhen.

Runde Tische als Kommunikations- und Konfliktbearbeitungsinstrument unterliegen nach meiner Beobachtung der Gefahr, gelegentlich zum „Krisenfeuerwehrfeigenblatt" zu mutieren. Der Überfall auf ein Asylbewerberheim fordert offenbar bei manchem Kommunalpolitiker den Ruf nach einem „ganz schnellen Runden Tisch" nur so heraus. Um dieser Mutation zu wehren, ist die weitere sozialwissenschaftliche Arbeit an der Ziel-, Inhalts- und Aufgabenbestimmung des Instruments Runder Tisch dringend nötig.

Literatur

Horst Dähn (Hrsg.), Die Rolle der Kirchen in der DDR, Reihe Geschichte und Staat, Band 291, München, 1993

Deutscher Bundestag (Hrsg.), Materialien der Enquete-Kommission „Aufarbeitung von Geschichte und Folgen der SED-Diktatur in Deutschland", Frankfurt/M., 1995

Uwe Koch, Das Ministerium für Staatssicherheit und die Verweigererbewegung in der DDR - Übersicht über den Forschungsstand in den Unterlagen der Gauck-Behörde, Schriftenreihe: Sachbeiträge Band 6 der Landesbeauftragten für die Stasi-Unterlagen in Sachsen-Anhalt u. Mecklenburg-Vorpommern, Magdeburg, 1997

Erhart Neubert, Geschichte der Opposition in der DDR 1949 - 1989, Reihe Forschungen zur DDR-Gesellschaft, Berlin, 1997

Roland Pechmann / Jürgen Vogel (Hrsg.), Abgesang der Stasi - Das Jahr 1989 in Presseartikeln und Stasi-Dokumenten, Braunschweig, 1991

Gerhard Rein (Hrsg.), Die Opposition in der DDR - Texte, Programme, Statuten, Beiträge und Interviews aus dem Herbst 1989, Berlin, 1989

Sachbeiträge. Band 6 der Landesbeauftragten für die Stasi-Unterlagen in Sachsen-Anhalt und Mecklenburg-Vorpommern, Magdeburg 1997

Hilfe gegen Abwege in die Gewalt

HELMUT METZLER

Nachdenken über Wege aus der Gewalt umfaßt als eine Variante, zu erwägen, wie Abwege in die Gewalt eingeschränkt werden können. Gesellschaftliche Konzepte hierzu sind vielfach erörtert worden, beispielsweise

- für Individuen: gesellschaftliche Frustrationsquellen wie Arbeitslosigkeit, Obdachlosigkeit und Berufsbildungsmisere abzubauen bzw. solche, wie die Entwicklungsschere zwischen sprunghaft steigendem Reichtum bei einer kleinen Menschengruppe und wachsender Verarmung größerer Bevölkerungsteile, zu schließen;
- für Gruppen, Institutionen und Organisationen in einer Gesellschaft: Bereitstellung gesetzlicher Rahmenbedingungen und Instrumentarien zur gewaltfreien Bewältigung von auftretenden Konflikten wie Einrichtung von Arbeitnehmervertretungen in Unternehmen und im öffentlichen Dienst, Reglements für den Umgang zwischen Arbeitgeber- und Arbeitnehmerverbänden u.ä.m.;
- für gesellschaftliche Konflikte: Einschränkung des Einsatzes staatlicher Gewaltmittel im eigenen Staat sowie gegen andere Staaten, dies einschließlich der Reduzierung von Rüstungsausgaben zugunsten von Mitteln für Umwelt- und Sozialprobleme.

1. Konfliktlösungskompetenz ist gefragt

Im folgenden wird nicht auf die einleitend in Erinnerung gerufenen Aspekte der Problemstellung eingegangen, sondern auf solche der Bildung, die also in den Handlungsbereich von Lehrern an Schulen und Hochschulen fallen (zu ähnlichen Bemühungen vgl. Esser 1996, S. 91ff.). Gehen wir noch einmal auf die anfangs aufgeführten gesellschaftlichen Konzepte zurück, so liegt all diesen Fällen zugrunde, daß spontan wirkende Gewaltquellen immer wieder Konfliktverläufe beeinflussen. Sie lassen sich nicht gedanklich oder im öffentlichen Diskurs populistisch hinwegdisputieren. Im Rahmen der Friedens- und Konfliktforschung sind ausgiebig Untersuchungen geführt worden, um die in Gegenwart und Zukunft unvermeidlich auftretenden Konflikte gewaltfrei bzw. mit möglichst schwachen Gewaltäußerungen zu lösen. Eine der wesentlichen Erkenntnisse zum Konfliktmanagement ist, daß die Früherkennung von Konflikten, d.h. deren Erfassen in der Keimform, einen Eingriff

vor der Entstehung von Gewaltpotentialen und deren explosiver Äußerung erleichtert.
Desweiteren gehören zu einem in der Gewalteinschränkung erfolgreichen Konfliktmanagement Variantendenken, Kreativität und ausgereifte Kommunikationsfähigkeit. Aus politischen Auseinandersetzungen geborene psychologische Erkenntnisse, etwa in Auseinandersetzung mit dem Vietnamkrieg der USA in Morton Deutschs klassischem Werk „Konfliktregelung" veröffentlicht, werden heute verbreitet im Managementtraining für Unternehmer und Verantwortliche im öffentlichen Dienst praktisch genutzt. Im Bemühen um Wege aus der Gewalt sollten wir prüfen, wie weit dieser Nutzungsraum auf die gesamte Gesellschaft erweitert werden kann und welchen Platz wir z.B. als Pädagogen darin einnehmen können.
Der Gedanke zum Konfliktmanagement, die Aufmerksamkeit bereits auf die Keimform von Konflikten zu lenken, sollte gemäß dem Konzept der Volksaufklärung zum Gedankengut der Mehrheit der Bevölkerung gemacht werden und nicht ein Erkenntnisprivileg einer relativ begrenzten Gruppe von Menschen sein.

Die Bedeutsamkeit von Volksaufklärung springt ins Auge, wenn wir uns den Fakt überlegen, daß Politiker und andere, gesellschaftliche Macht ausübende Personen im Gemeinwohl fördernden Bemühen wie auch im Mißbrauch nur in dem Maße Erfolg haben, wie die Mehrheit der Bürger sie in ihrem Verhalten zumindest toleriert oder weitergehend auch akzeptiert und unterstützt. Eine bewußte Unterstützung Gemeinwohl fördernden Verhaltens und eine Verhinderung des Mißbrauchs von Macht kann von Bürgern erwartet werden, wenn sie massenhaft aufgeklärt sind. Handlungsrelevant ist der Bürger hinsichtlich des Konfliktmanagements nur dann aufgeklärt, wenn er über ein *Wissen* hinaus *Kompetenz* zum Bewältigen von Konflikten erworben hat.

Es gäbe heute gewiß kein Training zum Konfliktmanagement für Führungskräfte, wenn der Kompetenzerwerb sich mit dem Erlangen von Wissen automatisch einstellen würde. Vermittelt die heutige Unterrichtspraxis in Schulen und Hochschulen bzw. Universitäten Kompetenz im Umgang mit Konflikten? Nach meinen Kenntnissen nur selten. Eine der Ursachen liegt in einer in der Antike begründeten didaktischen Konzeption, dort über die Aristotelische Logik in das Lehr- und Wissenschaftsdenken eingeführt. In dieser Logik werden Widerspruch bzw. Gegensatz und konfligierender Streit nach außen in die Diskurspraxis gedrängt und als eigentlicher Gedankengang nur ein von diesen „Stör"elementen bereinigter anerkannt. Die Denker, die Streit und darin verschiedene Widerspruchsformen besonders würdigten gerieten als Sophisten ins Abseits. Damit verloren die politischen Denker in ihrem Anspruch, den Logos zu erfassen und dementsprechend ein Regelsystem „Logik" bereitstellen zu können, gegenüber den am Ideal der Mathematik orientierten Denkern.

Diese Tradition beherrscht bis zum heutigen Tage das Bildungssystem. Sie hat zweifelsohne sowohl bemerkenswerte gedankliche als auch technische Früchte getragen, nämlich in Gestalt der Wissenschaften und der Rechentechnik, hat aber auch die genannte Einschränkung in der Beurteilung von Denken und verwendbaren Regelsystmen mit sich gebracht. Die Beherrschung sozialer Regelungsvorgänge verlangt den Umgang mit Widersprüchen bzw. Gegensätzen und mit deren zwischenmenschlicher Bewegungsform als Konfliktaustrag. Kompetenz können die Bürger nur erlangen, wenn sie lernen, damit in allen Bereichen menschlicher Existenz umzugehen.

Davon sind auch Natur- und Technikwissenschaften sowie deren praktische Umsetzung nicht ausgeschlossen. Eine prüfbare Erfahrung bieten die breit angelegten, von der seinerzeitigen Technikerorganisation der DDR „Kammer der Technik" eingerichteten Erfinderschulen zur Kompetenzentwicklung von Erfindern. Hier gehörte die Widerspruchsanalyse (treffender gesagt: „Gegensatzanalyse") nach dem Vorbild des sowjetischen Erfindungsmethodikers G. S. Altschuller zu den erprobten Instrumentarien. Dabei beginnt deren Einsatz mit der Aufbereitung der erfinderischen Problemstellung und zieht sich durch die verschiedenen Phasen des Prozesses des Erfindens bis hin zur Umsetzung der Erfindung in Produktion und Absatz auf dem Markt hindurch. Erweitert wurde die Kompetenzübung auf das Gebiet der sozialen Kompetenz, insbesondere im Umgang mit Gegensätzen und Konflikten in Projektgruppen, im Rahmen eines Kreativitätstrainings, das von einer Wissenschaftlergruppe entwickelt und in Zusammenarbeit von den Bildungseinrichtungen der Bauakademie der DDR und des Kombinates VEB Carl Zeiss JENA in nationalen und internationalen Lehrgängen verwendet wurde (zu einer abgewandelten Version vgl. Heidack, Koch, Stanke 1995).

Die Zielgruppe ging in diesem Training über die der technischen Erfinder hinaus, um beliebige Projektbearbeitung durch kleine Gemeinschaften zu fördern. Im Hinblick auf eine generelle Bereicherung der Bildungstätigkeit sind mir an den hierbei gewonnenen Erfahrungen besonders die methodische Einbeziehung von Gegensätzen bzw. Widersprüchen in eine gedankliche Arbeit auf technischem bzw. wissenschaftlichem sowie organisatorischem Gebiet hervorhebenswert und daß der Umgang mit Konflikten durch Basisarbeiter und nicht nur durch Führungskräfte geübt und gedanklich - auch in seiner psychologischen Dimension - reflektiert wurde. *Diese Erfahrung ermutigt mich, im Sinne einer dringend wünschenswerten Volksaufklärung auf ein Konflikttraining durchgängig durch alle Lehr- bzw. Bildungsfächer auf allen Bildungsstufen, mit dem jeweils angemessenen Anspruchsniveau zu drängen.*

Neben dem Umgang mit Widersprüchen bzw. Gegensätzen und Konflikten ist eine Kompetenz im Variantendenken erforderlich. Obwohl dieses nicht wie das gegensatz- bzw. widerspruchsbezogene Denken durch das traditionelle Logikkonzept aus der Bildungs- und wissenschaftlichen Ebene herausgedrängt wurde, wurde es nicht bevorzugt gepflegt. Einmal wurden verschiedene Lösungsvarianten eines Problems sehr schnell mit individuellen Interessen des jeweiligen Anhängers dieser oder jener Variante verkoppelt und damit Blindheit gegenüber der Sinnfälligkeit anderer, nicht selten effektiverer Varianten erzeugt. So fanden z. B. verschiedene Varianten einer nichteuklidischen Geometrie erst im vorigen Jahrhundert Eingang in Mathematik und wissenschaftliches bzw. auch öffentliches Bewußtsein. Von den mit Interessen gekoppelten Varianten können dann infolge von Interessenkonflikten einige auf eine solche Existenz eingeschränkt werden, daß sie dem öffentlichen Diskurs über lange Zeit verloren gehen.

Da zum anderen das Alltagsdenken durch das vereinfachende Verhalten des Menschen sowohl zur Gegensatzeliminierung als auch zur Varianteneinschränkung neigt, kann eine Kompetenz in den angegebenen Positionen nur durch sowohl konzertierte Anstrengung im Bildungsgeschehen als auch durch immer wieder notwendige Anstrengung der handelnden Individuen erreicht werden. Diese Anstrengungsbereitschaft einsichtig zu gewinnen, gehört auch zur Kompetenz des Konfliktmanagements einschließlich des Variantendenkens.

Daß die von mir aufgeworfenen Gedanken nicht nur praktischen Überlegungen entspringen, zeigt sich in der zeitgenössischen Wissenschaftsentwicklung an unterschiedlichen Stellen. Einige sollen hier genannt werden: Die moderne Logik wurde in verschiedener Weise erweitert, z. B. in Gestalt der dialogischen Logik von Lorenzen, die das Wechselgeschehen zwischen Proponent und Opponent in Argumenten und Gegenargumenten berücksichtigt. Lakatos zeigt, wie im geschichtlichen Verlauf Beweise und Widerlegungen zur Durchsetzung von Varianten beitragen. Die Operationsforschung wurde sowohl im Militärwesen als auch in der Wirtschaft als mathematisch orientierte Verfahrensweise entwickelt, um aus unterschiedlichen Entscheidungsvarianten nach einem explizit vorgegebenen Bewertungskriterium optimale herauszufinden. Konfliktforschung und -management wurden und werden in unserer Zeit von verschiedenen Disziplinen bearbeitet. All diese Anstrengungen verdeutlichen, daß den Menschen die einschlägigen Kompetenzen nicht, jedenfalls nicht auf dem Anspruchsniveau gegenwärtiger menschheitlicher Entwicklung auf dem üblichen Erfahrungsweg zufallen. Dementsprechend sollten sich auch die Lehrenden aller Bildungseinrichtungen und auf allen Bildungsstufen mit dieser Thematik so auseinanderetzen, daß sie am volksumfassenden Gewinnen der genannten Kompetenzen bildungsmäßig angemessen mitwirken. Variantendenken verlangt zuerst das Erzeugen unterschiedlicher Varianten und dann deren Bewertung und schließlich eine zumindest befriedigende Variante für die zu treffende Entscheidung bzw. für das vorgesehene Handeln auszuwählen. Variantendenken ist eng mit geistiger Kreativität verknüpft. Kreativitätsförderung ist infolgedessen untrennbarer Bestandteil der Übung von Variantendenken.

Ein gewaltfreies Konfliktmanagement unterstellt Verhandlungsfähigkeit der in einen Konflikt oder in mehrere Konflikte einbezogenen Menschen. Letztere fußt zu einem großen Teil auf einer ausgereiften Kommunikationsfähigkeit. Das Aufeinandertreffen der Menschen aus den alten und den neuen Bundesländern läßt in der Regel ein Gefälle in der Redekommunikationsfähigkeit von West nach Ost erkennen. Hier ist besonders für die letztere Gruppe ein Lernen von der ersteren möglich und angesagt. Kommunikationsfähigkeit ist für das Finden bzw. Erzeugen von Varianten ebenso notwendig wie für die Gegensatzanalyse und die Früherkennung sich anbahnender Konflikte, weil in all diesen Fällen die kollektive Weisheit in der Regel weiter reicht als die individuelle. Insofern kommt hier mehrfach der Bedarf an sozialer Kompetenz zum Ausdruck. Sie gehört unabdingbar zur Kompetenz für das Konfliktmanagement. In dem oben genannten Kreativitätstraining waren die aufgeführten Kompetenzen bzw. Fähigkeiten und Fertigkeiten Bestandteil des Ausbildungsgeschehens. Dieserart Bildungspraxis ist selbstverständlich nur *ein* Zugang neben vielen anderen didaktischen Möglichkeiten, um die vorangehend umrissenen pädagogischen Ziele zu erreichen.

2. Affiliation - eine Gewaltfreiheit fördernde natürliche Voraussetzung

Wer bis hierhin den Überlegungen wohlwollend gefolgt ist, kann sich jetzt die Frage stellen, ob das ganze Konzept nicht daran scheitern könnte, daß der Mensch von Natur aus aggressiv sei und in seiner damit verbundenen Gewaltbereitschaft gar nicht an einem Bildungsziel, nicht auf Abwege in die Gewalt zu kommen, interesssiert sei, daß er eventuell unbewußt sogar Beeinflussungsversuche in dieser Hinsicht abwehrt. Eine solche Frage liegt insbesondere dann nahe, wenn man verschiedene ethologische oder auch biologisch-psychologische Veröffentlichungen verarbeitet hat, in denen zum Thema „Sozialverhalten" nur Aggression behandelt wird (z. B. Markowitsch 1997) oder in der überhaupt Aggressivität als angeborener Trieb ausführlich dargelegt wird, ohne daß Konkurrierendes gleichermaßen ausgiebig erörtert oder zumindest ausdrücklich benannt wird (z. B. Pinel 1996; als Gegenbeispiele vgl. Birbaumer/Schmidt 1996; Eibl-Eibesfeld 1970; 1987; Irle 1975; Brockhaus Enzyklopädie 1986; Lexikon der Psychologie 1972; Wörterbuch der Psychologie 1981).

Aufgrund der entsetzlichen Kriege in unserem Jahrhundert und infolge der maßlos anwachsenden Gewaltkriminalität fand und findet das Aggressionsthema in der wissenschaftlichen Forschung verschiedener Disziplinen ebenso große Aufmerksamkeit wie in der massenmedial versorgten Öffentlichkeit. Die Vielzahl der Veröffentlichungen verstärkt noch den Eindruck höchster Bedeutsamkeit von Aggressivität als Naturgegebenheit für Mensch und Tier. Wer so denkt, unterliegt aber einer gesellschaftlich bedingten Täuschung. Aggressivität ist nur *eine* Naturanlage des Menschen neben anderen. Sie muß von den Individuen mit den anderen Naturanlagen ausbalanciert werden, und die gesellschaftlichen Rahmenbedingungen können dem Bemühen um Ausgewogenheit dienlich sein oder ihre Verzerrung fördern.

Daß Aggressivität nicht Grundlage menschlicher Kriegsbereitschaft bzw. Kriegsführung ist, wurde hinreichend nachgewiesen (vgl. Lagerspetz 1982).

Im Hinblick auf Minderung von Gewaltbereitschaft entsteht aber die Frage, welcher Antrieb konkurrierend der Aggressivität entgegenwirken kann, so daß dessen gesellschaftliche Unterstützung den einzelnen Menschen helfen kann, in ihrem Verhalten die notwendige Balance zwischen ihren verschiedenen genetisch angelegten Antrieben immer wieder zu finden bzw. herzustellen.

In der ethologischen und in der psychologischen Literatur werden hier die Termini „Affiliation", „Bindungsverhalten", „Geselligkeit", „Anschlußmotiv" oder abgewandelte Wortbildungen genutzt, die, begrifflich manchmal etwas unterschiedlich gedeutet, einen solchen Antrieb benennen. Dieser Antrieb wird als eine natürliche Voraussetzung für die menschliche Vergesellschaftung angesehen. Für das Tierreich hat er insbesondere das Interesse in der Erforschung des Verhaltens der höheren Primaten, aber darüberhinaus auch bei anderen Tierspezies gefunden. Eine frühe ethologische Annäherung an diesen Antrieb erfolgte bei Lorenz, wenn auch in seine gedankliche Auseinandersetzung mit der Aggressivität befangen, indem er das Aufzuchtverhalten aus einem speziellen Aggressionstrieb erklärte. Spätere Forscher, wie z.B. Eibl-Eibesfeldt verwenden jedoch hierauf den Affiliationsbegriff (vgl. 1987, S. 591; ds. 1970, S. 187f). Daß sich Affiliation u. ä. noch nicht einen angemessenen Platz in der Wissenschaft erobert hat, kann daran abgelesen werden, daß der Inhalt vielfach nicht thematisiert wird: So gibt es große Lexika (etwa: Meyers Großes Universallexikon) bzw. Enzyklopädien (z. B. in den zwei Bänden zur Biologischen Psychologie der Enzyklopädie der Psychologie) sowie einschlägige Fachlehrbücher zur biologischen Psychologie (vgl. Pinel 1997; Rosenzweig u.a. 1996), die sich umfassend zu Aggressivität, nicht aber zur Affiliation äußern.

Wer sich von dem Gedanken leiten läßt, daß der Mensch ein biopsychosoziales Wesen ist, der wird immer wieder in allen drei Richtungen nach Bestimmungsstücken für menschliches Verhalten Ausschau halten. Die Affiliationsbereitschaft als natürliche Anlage der Menschen ist heutigentages in unzureichender Weise Bestandteil der öffentlichen Meinungsbildung. Der Begriff der Aggressivität, diese in ihren verschiedenen gesellschaftlichen Einkleidungen, wie z.B. rücksichtslose Konkurrenz, Leben in einer Ellenbogengesellschaft, Kriminalität, polizeiliches, militärisches Gewalthandeln, übt eine generalisierende Funktion aus. So kann er auch in das Menschenbild einzelner gesellschaftlicher Gruppen bestimmend eingehen. Für die Affiliation läßt sich gleiches nicht behaupten. Sie muß daher einen angemessenen Platz im öffentlichen Bewußtsein erlangen und sollte, ähnlich wie bisher die Aggressivität, wissenschaftlich und literarisch eine intensivere Bearbeitung erfahren.

Über die gesellschaftliche Aufwertung dieses natürlichen Antriebs des Menschen wird der einzelne in seinem Bemühen unterstützt, das Wechselverhältnis zwischen Aggressivität und Affiliationsneigung so auszubalancieren, daß Gewalt in seinem Verhalten minimiert wird.

Der Zoologe v. Holst betont, daß die soziale Organisation, in der ein Individuum lebt, hochgradig bestimmt, wie sich Sozialverhalten auswirkt. Eine sich neoliberalistisch durchsetzende Marktwirtschaft stärkt selbstverständlich die Gewaltbereitschaft vieler Menschen. Die durch Kapitaleigentum bestimmte Machthierarchie fördert sowohl Unterwerfungsbereitschaft (nach oben) als andererseits auch Unterdrückungsbereitschaft (nach unten). Sie ist von vielfältigen Formen der Frustrationserzeugung begleitet, die ihrerseits zusätzlich Aggressivität provoziert. Affiliation entfaltet sich insbesondere unter Bedingungen heterarchischer Vernetzung der Individuen. Insofern kann in im team work arbeitenden Projektgruppen sich leichter Affiliation entwickeln als in hierarchischen Institutionen. Heterarchische Vernetzung sollte daher gefördert werden.

Gesellschaftlicher und individueller Lernbedarf besteht sowohl hinsichtlich des gewaltfreien Umgangs mit Konflikten in den genannten verschiedenen Aspekten als auch in der Gestaltung von Affiliation, diese dabei ausbalanciert mit der Aggressivitätsneigung. Dieser Lernbedarf betrifft sowohl Lehrende als auch Lernende. Lehren und Lernen in der skizzierten Richtung bietet eine, wenn auch bescheidene Hilfe, nicht zu leicht auf Abwege in die Gewalt zu geraten. Lehre ist ein Bereich, in dem wir kraft unseres Berufs bzw. unserer Ausbildung in der genannten Richtung wirksam werden können. Förderung heterarchischer Vernetzungen und neoliberalistischen Tendenzen der Zersetzung der sozialen

Marktwirtschaft die Stirn zu bieten, gehört zum gemeinsamen Engagement mit allen, die sich um Wege aus der Gewalt bemühen.

Literatur

Altschuller, G. S. 1973: Erfinden (k)ein Problem. Berlin

Birbaumer, Niels und Robert Schmidt 1996: Biologische Psychologie. Heidelberg

Brockhaus Enzyklopädie. „Affiliation", in: Band 1. 1986. Mannheim

Deutsch, Morton 1976: Konfliktregelung. Konstruktive und destruktive Prozesse. München

Eibl-Eibesfeldt, Irinäus 1970: Liebe und Haß. Zur Naturgeschichte elementarer Verhaltensweisen. München

Eibl-Eibesfeldt, Irinäus 1987: Grundriß der vergleichenden Verhaltensforschung. München; Zürich

Esser, Johannes 1996: Skizze zu Grundlagen einer neuen Partizipationspädagogik. In:Geitmann, Roland, Hartwig Boyan und Peter Krahulec (Hrsg.): Brücken bauen. Münster

Heidack, Clemens, Peter Koch und Klaus Stanke 1995: Training zur Erhöhung der rationalen und sozialen Kreativität. In: Heyse, Volker und Helmut Metzler (Hrsg.): Die Veränderung managen, das Management verändern. Münster; New York

v. Holst, D. 1995: Soziale Streßminderung: Anmerkungen zur Forschungsmethodik aus der Sicht eines Zoologen. In: Debus, G., G. Erdmann und B. W. Kallus (Hrsg.): Biopsychologie von Streß und emotionalen Reaktionen. Göttingen; Bern; Toronto; Seatle

Irle, Martin 1975: Lehrbuch der Sozialpsychologie. Göttingen; Toronto; Zürich

Lakatos, Imre 1979: Beweise und Widerlegungen. Braunschweig; Wiesbaden

Lexikon der Psychologie 1972: Affiliation. Freiburg; Basel; Wien

Lorenzen, Paul 1967: Formale Logik. Berlin

Markowitsch, H. J. (Hrsg.) 1997:Enzyklopädie der Psychologie 1997: Biologische Psychologie, Bd. 1, Kapitel 3: Analyse des Verhaltens; 3.6. Sozialverhalten: Aggressives Verhalten. Göttingen

Meyers Großes Universallexikon 1981: Affiliation. Bd. 1. Mannheim; Wien; Zürich

Pinel, John P. J. 1997: Biopsychology. Boston

Rosenzweig, Mark R., Leiman, Arnold L. und S. Marc Breedlove 1996: Biological Psychology. Sunderland, Mass.
Wörterbuch der Psychologie 1981: Affiliation. Leipzig

TeilnehmerInnen und ReferentInnen

Prof. Dr. Gisela Adam-Lauer	FH Lüneburg, Pro-Dekanin des FB Sozialwesen
Dr. Ulrich Arnswald	Universität Mannheim, Zentrum für Europäische Sozialforschung
Kathleen Battke, M.A.	FH Lüneburg, Referentin für Öffentlichkeitsarbeit
Hagen Berndt, Referent	Päd. Mitarbeiter der Bildungs- und Begegnungsstätte für gewaltfreie Aktion, Wustrow /Wendland
Prof. Dr. Hartwig Boyan	Verwaltungsfachhochschule Kassel
Prof. Dr. Chr. Butterwegge	FH Potsdam, FB Sozialwesen, und Universität Köln
Prof. Dr. Christa Cremer-Renz	Präsidentin der FH Lüneburg
Prof. Dr. Barbara Dietrich	FH Wiesbaden, FB Sozialwesen
Sven Drotbohm	FH Lüneburg, FB Sozialwesen, Student
Wolfgang Ehmke, Referent	Sprecher der Bürgerinitiative Umweltschutz, Lüchow-Dannenberg
Prof. Dr. Johannes Esser	FH Lüneburg, FB Sozialwesen
Prof. Dr. Roland Geitmann, Referent	FH Kehl, Hochschule für öffentliche Verwaltung

Günther Gugel, Dipl.-Päd.	Verein für Friedenspädagogik, Tübingen
Karl Hellmann	Geschichtswerkstatt Lüneburg
Dr. Angelika Henschel	FH Lüneburg, FB Sozialwesen
Prof. Dr. Hans G. Jansen	Hochschule Bremen, FB Naturwissenschaften
Prof. Dieter von Kietzell	Ev. Fachhochschule Hannover, FB Sozialwesen
Uwe Koch, Referent	Magdeburg, Pfarrer für Friedensarbeit
Prof. Dr. Peter Krahulec	FH Fulda, FB Sozialwesen; Sprecher des AK FRIEDEN
Prof. Dr. Horst Kreth	FH Hamburg, FB Fahrzeugtechnik; Vizepräsident der FH Hamburg
Christian Kruse	FH Lüneburg, FB Sozialwesen, Student
Prof. Dr. Harald Kugler	Berufsakademie Mosbach b/Stuttgart, Fachleiter Metallbautechnik
Prof. Dr. Hubertus Lauer	FH Lüneburg, FB Sozialwesen; Vizepräsident des Deutschen Kinderschutzbundes Hannover
Tilman Metzger, Referent	Mediationsstelle 'Brückenschlag' Lüneburg
Prof. Dr. em. Helmut Metzler	Universität Jena, Sektion Psychologie

Prof. Dr. Angela Mickley	FH Potsdam, FB Sozialwesen
Dr. Barbara Müller	Referentin, Forschungsprojekt "Gewaltfreie Intervention im bewaffneten Konflikt", Universität Hannover
Vivienne Naumann	Fulda, Lehrbeauftragte der FH Fulda
Heidelinde Neuhaus	Gesundheitsamt Lüneburg
Bernhard Nolz, Lehrer	Siegen, Sprecher der Initiative "Pädagogen für den Frieden" (PPF)
Dr. Uwe Painke, Referent	Tübingen
Dietrich Piencka	Jugendbeauftragter bei der Polizeidirektion Lüneburg; Vors. des Vereins "Brückenschlag", Arbeitsbereich: Gewaltprävention
Klaus Potthast, Lehrer	Fortbildungsbeauftragter bei der Bezirksregierung Lüneburg
Andreas Reichl	FH Lüneburg, FB Sozialwesen, Student
Prof. Dr. Franco Rest	FH Dortmund, FB Sozialwesen
Prof. Dr. Konrad Seyffarth	FH Wiesbaden, Forschungsanstalt Geisenheim
Kurt Südmersen, Referent	Minden, Bund für Soziale Verteidigung
Hans Wienecke, Dipl.-Soz.	Lüneburg

In eigener Sache

Der Arbeitskreis FRIEDEN in Forschung und Lehre an Fachhochschulen hat seine bisherigen Beratungen und Ergebnisse in acht Jahresberichten veröffentlicht:

Band I

Johannes Esser / Roland Geitmann / Dieter von Kietzell / Gerald Koeninger (Hrsg): Frieden in Forschung und Lehre an Fachhochschulen. Selbstverlag der FH Dortmund. Dortmund 1989, 208 Seiten

Band II

Johannes Esser / Wolfgang Frindte / Peter Krahulec (Hrsg): Friedenswissenschaft und Friedenslehre an Fachhochschulen und Universitäten. Frankfurt a. M.: Haag & Herchen 1991, 318 Seiten, ISBN 3-89228-599-3

Band III

Peter Krahulec / Horst Kreth (Hrsg): Deutscher Alltag als Risiko. Bilanzen -Lernorte. Mittäterschaften. Münster/Hamburg: Lit Verlag 1992, 196 Seiten, ISBN 3-89473-310-1

Band IV

Peter Krahulec (Hrsg): Der große Frieden und die kleinen Kriege. Jahrbuch des „Arbeitskreises Frieden in Forschung und Lehre an Fachhochschulen." Münster: agenda Verlag, Reihe agenda Frieden 1993, 298 Seiten, ISBN 3-929440-02-4

Band V

Barbara Dietrich / Peter Krahulec / Christiane Ludwig-Körner / Konrad Seyffarth (Hrsg): Den Frieden neu denken. Münster: agenda Verlag, Reihe agenda Frieden 1994, 257 Seiten, ISBN 3-929440-30-X

Band VI

Christiane Ludwig-Körner / Roland Geitmann / Frieder Burkhardt (Hrsg): Frieden gestalten. Zur Theorie und Praxis der Friedensarbeit an Fachhochschulen. Münster: agenda Verlag, Reihe agenda Frieden 1995,191 Seiten, ISBN 3-929440-59-8

Band VII

Roland Geitmann / Hartwig Boyan / Peter Krahulec (Hrsg.): Brücken bauen. Beiträge zu Fiedensforschung und Friedenslehre an Fachhochschulen. Münster: agenda Verlag 1996, 217 Seiten, ISBN 3-929440-78-4

Band VIII

Hartwig Boyan / Johannes Esser (Hrsg.): Zukunftsfähigkeit und Konfliktkompetenz. Fachhochschulen im Umbruch. Münster / Hamburg: Lit Verlag 1997, 218 Seiten, ISBN 3-8258-3211-2

Zum XIII. Jahreskolloquium unter dem Thema "Von unserem ungehobenen Reichtum – Lernfelder der Zukunft" vom 17. bis 19. September 1998 lädt der Arbeitskreis in das Europäische Kulturzentrum Thüringen in Erfurt.

Nähere Informationen:
Prof. Dr. Peter Krahulec, Gerloser Weg 12, 36037 Fulda